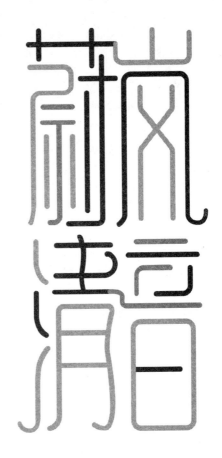

Wei Lan
Qing Yin

赵国弟
主编

上海市浦东新区
进才实验小学教育集团
教师文集 · 2022 卷

文汇出版社

本书编委会

主　　编：赵国弟

编　　委：江海虹　朱君可

　　　　　宋惠龙　陈韵艳

　　　　　李　杰　刘月英

　　　　　陆颖姝　马卫平

　　　　　俞　巍　韩夏曦

目 录 | CONTENTS

小学全面落实思政教育的策略与途径

上海市浦东新区进才实验小学　赵国弟

思政教育的目的是帮助学生树立正确的世界观、人生观、价值观，有爱国情、强国志、报国行，把个人价值的实现融入党和国家的前途命运。小学阶段主要是加强思政教育，提高思政课教学质量，帮助"学生扣好人生第一粒纽扣"，让学生成为社会主义合格的建设者和接班人。思政课质量的高低在一定程度上意味着社会主义建设者和接班人的政治素质高低。

思政课的建设意义重大，关系到中国特色社会主义事业的长远发展和中华民族伟大复兴梦想的实现。2019年3月18日，习近平总书记在学校思想政治理论课教师座谈会上强调："当前形势下，办好思政课，要放在世界百年未有之大变局、党和国家事业发展全局中来看待，要从坚持和发展中国特色社会主义、建设社会主义现代化强国、实现中华民族伟大复兴的高度来对待。"因此，加强思政教育，将思政教育作为小学教育的一个重要内容，反思落实过程，结合小学生年龄特点探索思政教学的策略与路径具有重大意义。

小学思政教育伴随小学生整个成长过程的方方面面，因此，学校、社会、家庭都有教育的责任。一段言语、一种做法、一个现象、一个行为、一种思想、一个观点都会影响到小学生。所以对小学生的思政教育有显性的，也有隐性的。显性的体现在学校教育中，目标非常明确，有一定计划和安排，融合于教育教学环节之中；或者家长、社会在明确的目标之下通过各种方式对孩子进行的思政教育。隐性的则是其生活环境中，人们的言行举止，价值观、人生观、世界观的表露等，无意识的行为对其产生潜移默化的影响。

我们坚信小学思政教育应该贯穿在小学教育的全过程中。在多年的教育实践中，我们探索了一系列的策略与路径。

一、实施策略

1. 正面教育

小学阶段，学生正处于人生观、价值观、世界观、道德品质、行为习惯、品德个性形成的萌芽和关键时期，用正面教育对小学生进行引导，有利于落实素质教育的要求，营造良好的教学氛围，在尊重小学生的主体地位的同时，启发智慧、挖掘潜能，鼓励他们个性发展，将他们身上的消极因素转变为积极因素，并进一步转化为学生们进步的动力，引导他们发现自己身上的优缺点，在不断对比和总结中改正缺点，从而落实思政教育。

2. 形象教育

形象教育是通过开展生动、形象的活动，对人的思想产生潜移默化的影响，寓教育活动于各种文化娱乐活动之中的教育方法。小学生的年龄特点决定了他们的学习状态——注意力较难长期集中，对于抽象的概念、思想、纯文本难以理解。他们的学习兴趣和热情也往往较难长久地维持。根据皮亚杰儿童认知发展理论，小学生尤其是低龄段的学生，在教学中需要具象的事物支撑才能较好地达到教学效果。例如在实施"课前两分钟演讲"中，学生可以根据自己的兴趣和认知选择不同的演讲内容。低年级学生选择贴近生活的新闻素材，随着年龄的增长，学生渐渐选取理性、思辨的新闻素材。男生偏爱体育新闻，女生偏爱娱乐新闻。在尊重个体差异的前提下，老师进行再引导，取得不错的教学效果。在教师的引导下，学生渐渐学会如何选择更适合课堂的新闻案例、学会更加多元地评价案例，以及学会学习新闻案例的关联知识点。用浅显易懂的教学材料，将思政知识解构，创设生活化的情境，把有距离感的思政内容外化为各种象形元素，使学生更容易接受。

3. 体验教育

所谓"体验"，简而言之，是指通过实践来认识事物。"体验教育"就是教育对象在实践中认知、明理和发展。课堂是思政教育的主阵地，枯燥的思政知识无法让学生产生兴趣。教师对教材要进行深入的研读和挖掘，优化教学内容，更多地与学生的实际生活紧密结合起来，创设生活化的教学情境，使其获得深刻的学习体验。在深入体验的过程中获得情感上的熏陶，提高思政教育的有效性。例如在与"诚信"相关的思政教学中，如果只是向学生讲述诚信是多么重要，每个人都应该讲诚信，这样无法引起学生的情感共鸣，教师此时就可以引导学生回想生活中的一些点滴事情,比如:"有没有谁欺骗过你? 是否购买过假冒伪劣商品? 被欺骗后,你的内心有什么样的感受? 有哪些人是非常讲诚信的,是值得交往的朋友?"这样生活化的教学会让学生获得丰富的情感体验,有助于培养他们良好的诚信品格。

4. 情感教育

情感教育是指在课堂教学过程中,教师创设有利于学生学习的和谐融洽的教学环境,妥善处理好教学过程中情感与认知的关系,充分发挥情感因素的积极作用,通过情感交流增强学生积极的情感体验,培养和发展学生丰富的情感,激发他们的求知欲和探索精神,促使他们形成独立健全的个性和人格特征的教学方法。思政教育以学生为主体,以学生的情感体验为主导,教师通过各种方式方法,挖掘思政教育知识,将其中深厚的情感内涵呈现出来,从而对学生的情感进行有效的熏陶,不仅落实思政课程目标、拉近他们与思政知识之间的距离,更利于增进学生的情感体验,培养情感,丰富课堂体验,完善价值体系的培育。

5. 自我教育

苏霍姆林斯基曾说,"真正的教育是自我教育"。在思政教育中,启发和培养学生的自我教育能力,调动学生的积极性与主动性,使我们的教育得到学生的认同,并内化为学生自愿的行为、自觉的要求,提升教育的效果。

通过各种活动,如两分钟演讲、乐乐电视台、小星星广播、升旗手发言等激发学生的参与热情,把被动的知识接受转变为主动的求知。再通过教师的指导,充分发挥他们提高思想品德的自觉性、积极性,使他们能把思政教育要求,变为自己努力的目标。运用教育智慧让受教育者自我教育,通过这一方式充分帮助学生树立明确的是非观念,善于区别真伪、善恶和美丑,鼓励他们追求真、善、美,反对假、恶、丑。

二、实施路径

1. 列入课表,重点关注

2021学年上海市课程计划的颁布,进一步明确课堂是实施思政教育的主渠道。上海市义务教育2021学年度课程计划中,明确在小学三年级、五年级两个年级中,每周安排一节课,加强思政教育。由此可见,2021学年度,思政课进入课表表明小学生思政教育进入一个新的时代,这样既保证了思政教育的时间,又提升了教育工作者思政教育的意识,也明确了思政教育的重点,在习近平新时代中国特色社会主义思想的指导下强化了思政教育,提升了思政教育的效果。

2. 结合"道法"，系统推行

小学阶段是开展思政教育的主阵地。小学道德与法治课程对于引导学生学习社会规范制度、塑造健康人格、形成一定的是非辨别能力具有重要意义。常言道"育人"先"育德"，立德树人是新时代教育事业的根本任务。小学道德和法治课程设置的目的是帮助学生树立正确的世界观、人生观、价值观，是将小学生从一个自然人转化为社会人的课程，是对学生较为系统、完整地进行道德教育的一门课程。思政教育结合道德与法治课教学，可以对学生的世界观、人生观、价值观进行完整的教育，形成正确的世界观、人生观、价值观。道德与法治课程中包括社会常识、公序良俗、法律法规、集体主义和爱国主义等内容，其教育内容的安排也是根据学生的年龄特点循序渐进。如爱国主义教育，从爱家、爱身边的人，到爱别人、爱集体、爱祖国，进行螺旋式提升。爱党的教育也是如此，教师在教学实践中充分发挥课程本身的价值引导功能，全面系统地开展思政教育。

再如在二年级下册第三单元第11课《我是一张纸》的教学中，教师先向学生讲解纸张生产原料、生产工序、主要表现形式、日常节约用纸的技巧等课本知识。接着，告诉学生造纸是我国四大发明之一，让学生切实体会到中华民族悠久的历史文化，增强学生的民族自豪感和爱国主义情怀。最后，让学生观看纸张生产和加工的视频《一张纸的诉说》，体会每一张纸的来之不易，从而帮助学生树立可持续发展的理念，懂得珍惜资源、勤俭节约、爱护环境。

3. 学科融合，相互渗透

每一门学科或多或少都有可以结合思政教育的内容，因此，在课程思政理念指导下，教师深入挖掘各学科的思政教育资源，在课堂教学主渠道中积极融入思政教育，加强对学生良好思想道德品质的培养。学科融合，打造"大思政"课堂。在全科理念下，学科知识、学科思维和学科伦理融合，通过充分挖掘各类课程中的育人要素，实现各学科课程思政价值的塑造，切实达到育人成效。例如，在语文课上，课文本身具有人文性，从作家的生活经历、作家的品质中可以挖掘出思政育人素材。在数学课上，教师可以将改革开放社会发展的成果作为思政教育的内容，融合于教学之中，还有中国健儿在奥运会上取得的傲人成绩，也可以作为思政教育的素材，融入数学课，宣传奥运精神、勇于拼搏精神、团队合作精神等，并在潜移默化中激发学生的爱国热情。在改革开放情境中学习数学，可以使学生更加深刻地树立历史荣辱观。探究课、自然课等学科可以渗透科学家们爱岗敬业、不畏艰苦、勇攀高峰等品德教育。学科融合的"大思政"课堂是实现课程思政与思政课程同向同行的一种选择,让课程向四面八方打开,打破学科的边界,让各学科之间相互促进、相互滋养、相融共生。

4.场馆互动,沉浸体验

小学思政教育不能局限于学校,社会许多资源也是进行思政教育的活教材。烈士陵园、纪念馆、城市展览馆、博物馆、企业发展馆等各种场馆,学生居住的社区、街道,乘坐的交通工具,娱乐生活的环境等,都是鲜活的思政教育的素材与载体,这些素材大都与学生的成长息息相关,学生有共鸣,更具教育性。这些素材既具体又生动,非常适合对小学生进行思政教育。正如习总书记所说,我们要"开门办思政"。我们要充分利用这些素材,开展思政教育。小学思政教育不只讲大道理、深理论,不是向学生简单灌输社会行为规范、法律法规条例等理论知识,而是带他们走进生活场景,用体验式教学方式,寓教于乐,将思政教育润物细无声地融入生活,让学生更易理解和接受。如在三年级下册第三单元第9课《生活离不开规则》教学中,教师可以组织学生到十字路口、超市和公交车站等地开展现场教学。在路口,让学生扮演交警学习交通指挥手势,指挥行人按照交通信号灯指引有序通行,亲身体验规则的重要作用;在超市,安排学生担任秩序维持员,引导购物者在结账时遵守秩序。学生通过沉浸式体验教学理解规则的内涵及遵守规则的重要性,从而增强遵守社会秩序、争做文明小公民的意识。又如,在学习党史时,带领学生来到高桥烈士陵园,场馆通过声、光、电还原了几十年前战争的场景。今昔对比,学生更加明白今天的生活来之不易,要传承革命精神,好好学习,努力做一个对国家对社会对人民有用的人。从日常教室进入仿真的情景教室,把学生带入火热的革命年代或建设年代,使其作为参与者而不是旁观者进入历史场景,以虚拟方式体验重大历史事件,有更强的代入感和参与感。在场馆中沉浸式教学让思政教育从学校小课堂走向了社会大课堂。这一创新性的思政课教学形式不仅拓展、丰富了思政课教学的资源,提升了教学效果,也让社会资源得以充分利用,众多的社会基地、场馆资源成为学生学习与成长的乐园。

5.专题活动,全面完善

学校教育中,每年都有许多主题教育活动。系列专题教育活动是学校德育的重要组成部分,也是思政教育的重要组成部分,旨在养成学生的道德素养,提高学生的品质修养,促进学生全面发展。如我国有丰富的节日文化,闹元宵、祭清明、赛端午、庆五一、庆七一、庆国庆、尊重阳等一系列节日文化,还有地球日、爱牙日等环保健康日等,学校完全可以在这些节日文化中注入思政教育的元素,开展有主题的专题教育,将道路自信、理论自信、制度自信、文化自信等教育融入其中。

学校举行的升旗仪式、艺术节、科技节、体育节、世界文化节、六一庆祝活动、新年音乐会等也是开展思政教育的绝好途径,在不同的主题教育中,培养学生爱祖国、爱家乡的情感,激发他们热爱艺术、热爱科学的热情,灌输尊重生命、豁达包容等处世理念。还有学校开展的社会主义核心价值体系列活动和学宪法、学习习爷爷讲话等主题教育以及班队会、爱心义卖等主题活动拓宽了思政教育的广度,构建了完整立体、可持续性的思政教育网络,使不同层次、不同兴趣爱好的学生都积极地参与其中。

6. 其他途径,自我提升

小学生的校园教育活动是极其丰富的,这些丰富的教育活动为学生的自我教育提供了很好的平台。极其丰富的教育活动,也是小学思政教育的路径。如学校红领巾广播、乐乐电视台和校园、教室里的文化墙等也是实施思政教育的很好阵地,这些阵地中,有教师的引领指导,但一般主角都是学生,我们完全可以充分发挥学生的自我教育功能,加强思政教育。

我校开展的课前两分钟微课程,更是实施思政教育的好平台。我校课前两分钟微课程的安排是:语文演讲,道德与法治新闻播报,艺术体育才艺展示、介绍艺术大师或体育健将等,生活劳动、自然常识等课介绍科技发展、科学家等。这两分钟微课程融入思政教育内容,发挥学生自我教育功能,既教育自己,也教育同伴,教育效果更为显著。如以抗疫为例。在疫情期间的两分钟演讲中,好多同学不约而同地选择了抗疫主题。他们讲中国共产党坚持人民至上,带领全国人民科学防控,众志成城、共克时艰的故事;讲中国人民在疫情防控中展现的中国力量、中国精神、中国效率;讲抗疫中充分体现的中国社会主义制度的优越性,激发学生的社会责任感、民族自豪感。

在抗疫中,学生也是亲历者,在"课前两分钟演讲"中让学生自己讲述抗疫故事,讲述他们的焦虑、恐慌和期盼,分享他们的震惊、喜悦和梦想。抗疫取得巨大成功后,激发了他们的爱国情、报国志。在这场抗疫大考中,中国人民铸就了"生命至上、举国同心、舍生忘死、尊重科学、命运与共"的伟大抗疫精神。短短两分钟,学生的爱国主义情怀得到极大的升华,纷纷为自己伟大的祖国感到骄傲。这些思政教育途径把学习方式变为学生的自主学习,激发学生主动学习思政课知识的积极性。这些方式,以学生的情感体验为主导,不仅实现了思政教育的目的,更利于增进学生的情感体验,完善价值体系的培育。学生积极参与情感体验的分享,在和老师、家长同学的交流中进行了价值观的碰撞、塑造,最终激发思政学习的内驱力,实现了学生自我教育能力的提升。

　　只有充分了解学生的成长发展规律,才能顺利地将国家和社会要求的思想道德转化成为学生的思想品德。遵循学生成长规律,充分把握学生在不同学段的身心、思想和行为特点,建构出适应并促进学生成长发展的思政教育方法,这要求我们每位思政工作者都应顺应时代潮流,革新教育技术和理念,并有针对性地探索教学方法。

浅谈家班共育系列活动之"浓情端午"的实践研究

上海市浦东新区晨阳小学　丁佳慧

著名教育家苏霍姆林斯基曾说过:"没有家庭教育的学校教育和没有学校教育的家庭教育都不能完成培养人这样一个极其细微的任务。"由此可见,要想收到理想的教育效果,就需要学校与家庭相互配合,而班级教育则是落实双方教育的"桥梁",在学生的健康成长中起着至关重要的作用。

爱国主义教育是班级教育的主旋律。对小学生加强爱国主义教育,能使他们从小就有一颗火热的爱国心,长大成为建设祖国、保卫祖国的新一代。然而,当代小学生的爱国主义教育常常流于形式,难以达到增强学生爱国主义情感的目的。

为此,结合居家学习的特殊时期,我尝试以"浓情端午"活动为载体,开发端午节的潜在资源,并与家长积极协同合作,期望通过参与端午节系列活动,让学生了解端午节文化,感受端午节内涵,从而激发他们的爱国主义情感,传承我国优秀的传统节日文化。

一、调查端午文化知晓状况

2009年,端午节被审议批准列入《人类非物质文化遗产代表名录》,成为中国首个入选世界非遗的节日。世代相传的端午节文化和民间习俗,是中华民族不可磨灭的印记,是民族精神的体现,更是民族凝聚力的象征。作为炎黄子孙,年青一代应该为拥有如此丰富多彩的民族文化感到骄傲与自豪,也更应该承担起将其发扬光大的历史责任。然而我们的孩子和家长对端午节的文化知识和内涵的了解却在逐步减退。

为更真实地了解学生对端午节的文化认知,我利用在线班会课对二(5)班36名学生进行了口头问卷调查。

学生端午节知识小调查

1. 你知道端午节是农历几月几日吗?

2. 你知道端午节是为了纪念谁吗? 能说出他的故事吗?

3. 你知道端午节有哪些习俗吗?

4. 你能说出几句有关端午节的诗词?

调查结果显示:全班36人中,有97.2%的学生能准确说出端午节是农历五月初五。但只有19.4%的学生能说出端午节是为了纪念屈原,以及了解有关屈原的故事。对于端午节的习俗,知道有吃粽子习俗的占97.2%,知道有赛龙舟习俗的占66.6%,只有两名学生知道有挂艾草、菖蒲的习俗,除此以外的其他端午节习俗就没有学生知道了。关于端午节的诗词,能说出一句的学生占11.1%,其他学生一句都说不出。

此外,我利用晓黑板平台对全班36位学生的家长也做了有关端午节知识的问卷调查。

家长端午节知识小调查

1. 你了解端午节的习俗吗?

    A. 一点不了解　　　B. 有些了解　　　C. 非常了解

2. 你们家对过端午节的态度怎么样?

    A. 很重视　　　B. 有些重视　　　C. 和平时一样

3. 你认为需要传承端午节的节日文化吗?

    A. 需要　　　B. 不需要　　　C. 无所谓

4. 你愿意和孩子一起学习端午节的节日文化吗?

    A. 非常愿意　　　B. 愿意,但没时间　　　C. 不愿意

从回收的36份家长问卷来看,69.4%的家长对端午节的习俗有一些了解,但不全面。在过端午节的态度上,22.2%的家长很重视,55.5%的家长有些重视,但也有

22.3%的家长反映端午节和平时一样度过,没有什么不同。此外,认为需要传承我国端午节文化的家长占95.2%,其中93.4%的家长表示愿意和孩子一起学习端午节文化。

综上可见,端午节这一传统节日,在学生、家长群体中缺失及家长不够重视,已经成为一个不争的现实。不过,绝大多数家长认为学习和传承端午节文化非常有必要,这为后续活动的顺利开展提供了有力支撑。

二、加强对端午节文化传承的指导

家庭教育是家长通过自己的言传身教和家庭生活实践,对子女实施全面教育的活动,对子女的健康成长起到了重要作用。家长的知识水平、教育方法、能力等都影响着对孩子的教育。家长只有不断提升自己,才能更好地教育孩子。

(一)班主任指导,提高认识

班主任作为教育活动的组织者和实施者,要主动搭建起家班之间密切沟通和联系的桥梁,开辟多形式的交流渠道。通过前期了解得知,在端午节文化知识和内涵方面,许多家长自己也知之甚少,根本无法有效地协同班主任教育指导孩子。针对这一情况,我通过举办线上家长学校予以教育指导。通过一起学习《中国传统节日的现代意义》《端午节知多少》《揭秘端午节的传统习俗》等文章,与家长交流讨论,使他们明确传承中国传统节日文化的重要性,并简要了解端午节的有关文化知识和潜在的文化内涵。

(二)班级家委会,强化指导

班级家委会的力量不可小觑,它能帮助班主任由点及面强化指导力度。因此,要充分借助好家委会的力量,发挥其引领、指导作用,为班级活动的顺利开展保驾护航。如端午节有吃粽子、佩戴香囊的习俗,考虑到很多家长不会包粽子、制作香囊,家委会进行线上指导和培训,使家长们在协同班主任开展探究端午节习俗时有了底气,活动也能更具成效。

三、家班共育,开展端午节文化的实践研究

传统节日文化是民族的灵魂,同时也是宝贵的教育资源。而家庭是民族文化和民族精神自然传承的桥梁,通过家班共育,开展传统节日文化教育活动,可以更加深

刻地影响学生的精神世界。因此，根据班级目前的情况，尝试开展以"浓情端午"为主题的家班共育系列活动。

（一）探端午由来，共启爱国心

端午节是古老的传统节日，始于中国春秋战国时期，至今已有2 000多年历史。对端午节由来的传说有很多，为了让学生对端午节有初步的认识，请学生和家长一起通过查阅图书资料、网络搜索等，收集有关端午节由来的传说故事。学生在与家长交流学习这些故事后，参与班级"我给大家说端午"讲故事比赛。

从后来的讲故事比赛来看，大部分学生都比较认同端午节的由来与屈原有关，都选择了讲述屈原的故事。通过这样的活动，学生不仅了解了端午节的由来，而且能以此重温历史，缅怀屈原，对屈原的认识不只停留在名字上，同时能对他崇高的爱国之情产生敬佩感，继而播下热爱祖国的种子，激发起爱国热情。

（二）诵端午诗词，共育爱国情

古诗词历来是我们国家宝贵的文化遗产，和端午节有关的古诗词也流传千年，至今广为传颂。为了更好地学习有关端午节的诗词，引领学生进行精神品格的自我塑造和文化底蕴的自我积累，我先与学生一起学习了有关端午节的诗词，然后要求学生选择其中一首，与家长配合录制一个亲子诵读视频，发送到班级微信群，参与班级评选。

诵读活动中，学生和家长们全情投入。诵读时而铿锵有力，时而深切缅怀，有的甚至穿上了汉服，装扮成屈原的模样进行表演，让人赞不绝口。诵读这些耳熟能详、满蕴深情的爱国名篇佳作，学生不仅丰富了民族文化底蕴，感受到了民族文化的璀璨夺目，净化了心灵，也接受了一次爱国主义教育的熏陶。

（三）研端午习俗，共铸爱国魂

作为传统节日，端午节习俗形式多样、内容丰富，是我国的历史文化长期积淀凝聚而成的，有着博大而精深的内涵。它铸造民族之魂，需要在亲身经历中感受、体验。研究端午节的习俗，能帮助学生进一步了解端午节的内涵，汲取力量，熔铸爱国魂，接受中国梦的洗礼。

1.感受魅力，内化自豪感

提到端午节的习俗，很多人第一反应多半是吃各种馅料的粽子。其实除了吃粽子之外,由于各地风土人情的不同也孕育了许多其他各具地方特色的端午节饮食习俗。

在我们班级里,有很多孩子来自外地。为了充分利用这一资源,更深入地了解各地方的端午节饮食习俗,我下发了"家乡的端午饮食习俗"探究单,让学生在家长的带领下,一起学习了解家乡的端午节美食名称、制作方法等。在之后的全班交流时,学生们与家长合作,通过制作精美的PPT,将家乡的端午节美食搬上屏幕。一张张生动的照片,加上学生详细的介绍,让大家收获满满,传递和感受到了我国传统节日的文化魅力,并内化为强烈的民族自豪感。

佩戴香囊是端午节的习俗之一,香囊里的各种中药成分非常有讲究,因此我特地邀请了一位在药房当中药师的家长,向学生介绍有关香囊里的几种中药及它们的功效。学生们听得津津有味,知道了佩戴香囊有避邪驱瘟之意,对中药产生了极大的兴趣,也积极动手,和家长一起制作香囊,研究中药,用实际行动传承端午节文化,浸润爱国心灵。

2. 感悟内涵,心系中国梦

端午节的习俗源远流长,代代相传,延续至今,有着强烈的生命力,是中华民族强大的精神动力,是实现中国梦的源泉。学习端午节的习俗,开阔了学生的视野,让学生体会到中国梦之实现在于传统文化的传承发展,中国梦之繁盛在于民族之鸿鹄之志生生不息。

赛龙舟是端午节的一项重要活动,因此我组织全班家长带领孩子在线观看赛龙舟活动。通过观看紧张激烈的龙舟赛,学生走进端午,品味了别样的端午。在班级微信群里,学生们纷纷留言,表示要学习运动员们团结拼搏、勇往直前的精神,为实现伟大的中国梦而奋斗。家长们也意识到个人梦、家庭梦,与中国梦是紧密相连的,应该从小就教育孩子做一个爱国之人,树立报国之志。

四、家班共育,研究端午节文化的学习评价

(一)家长客观评价研究学习情况

端午节文化的研究不是一朝一夕就能完成的,要让学生始终保持研究学习的热情,除了家长的鼓励之外,相应的评价机制也非常重要。因此,家长们与孩子一起商议制定了《端午节文化学习情况评价表》,采用自我评价和家长评价相结合的方式,提高研究学习的质量,了解更多有关端午节的文化知识。

端午节文化学习情况评价表				
学习内容	自 我 评 价		家 长 评 价	
	学习态度	掌握情况	学习态度	掌握情况

（二）班主任综合评价研究学习情况

开展综合性评价，是一种有效促进学生全面发展的好方法。因此，在家长评价的基础上，我对学生参与各个活动的情况及学习成果进行评价，评选出班级的"端午故事小能人""端午诗词小诗人""端午习俗小达人"。然后，根据学生参与每个活动的情况，对每个学生给出综合评价，评选出"端午之星"，颁发奖状，并以此为契机，激励学生深入了解我国其他的传统节日，进而传承我国优秀的传统文化，弘扬爱国主义精神，助力实现中国梦。

五、家班共育实践研究的成效与启示

（一）多彩的活动，促进了学生全面发展

居家学习期间，通过讲述端午故事、诵读端午诗词、探究端午习俗等一系列多彩的活动，为学生提供了良好的学习和锻炼机会，学生在实践中不仅感受到了端午节的文化知识和内涵，而且陶冶了情操，促进了学生良好素养和综合能力的提升，使学生的个性成长、身心得到全面发展。

（二）丰富的活动，厚植了学生爱国情怀

每一个传统节日，都是中华民族悠久历史文化的组成部分。通过研究，我们发现端午节的文化知识不仅能让学生了解中国传统文化的丰富内涵，而且通过深入挖掘和实践，帮助学生增强了民族自豪感，厚植了爱国之情，将中国梦凝于心、融于行、植于魂，使社会主义核心价值观教育进一步得到了升华。

（三）适宜的活动，提升了家长思想认知

班级开展的"浓情端午"系列活动，对家长来说，也是一次端午节文化知识的学

习、一次爱国主义思想的教育。此外,通过家班共育的教育实践,家长们对孩子的发展状况有了越来越全面的认识,从而不断调整家庭教育策略,改进家庭教育方法,引导孩子各方面得到锻炼和提高。

(四) 鲜活的活动,促进了教师专业发展

对于班主任而言,开展班级线上活动是一次全新的尝试。通过这一系列活动的开展,凝聚了班级向心力,形成了健康向上的班集体。同时,携手家长,家班共育,一起研究端午节文化教育,搜集鲜活、个性化的案例,开展实践研究,提高了班主任的专业素养和能力,使班主任专业发展的道路越走越宽。

"问渠那得清如许,为有源头活水来。"居家学习期间,通过家班共育系列活动之"浓情端午"的开展,更新了家长的教育观念,形成教育合力,实现了教育的双赢,也必能引领学生将优秀的中国传统文化传承下去,将爱国主义思想深深扎根于每个学生的心中,为实现伟大的中国梦而奋进!

参考文献:

[1]李世霞.小学班主任指导家校共育的艺术与策略[J].基础教育论坛,2021(4).

[2]曹荣成.利用传统节日优化生活德育的实践探索[J].小学德育,2019(2).

[3]李舒婷.传统节日文化在小学德育中的价值及策略[J].中小学班主任,2021(13).

[4]张红艳.家校联手 共建传统节日文化教育合力[J].知音励志,2016(23).

[5]马彩红.构建"家校"一体的文化育人模式策略初探[J].基础教育论坛,2020(28).

[6]潘健智,胡洁人.家校协同开展小学传统节日文化教育的实现路径[J].现代基础教育研究,2021(4):44.

为"星星的孩子"点亮爱的灯盏

上海市浦东新区晨阳小学　凌絮影

一、特殊儿童干预案例情况及分析

（一）任课教师视角下农村特殊儿童的行为现状观察与分析

他们是来自遥远太空的星星的孩子，意外坠入凡间，成为我们怀中无数个快乐成长的孩子，同样也是我们教师欣喜关爱的学子，但他们的一些特殊行为举动却让我们教师关注到了他们与其他普通学生的不同之处，这些特殊的儿童需要教师和家庭付出更多的精力和爱心去走近他们、了解他们、帮助他们。

2021学年新学期开始的第一节英语课，我便遇到了这样一位"特殊"的学生，他特别的行为举止引起了我的关注，也让我开始了解和喜欢上这群特殊的群体。他是一年级班级中的一位新生，接下来我将以"男孩A"来称呼他。

周一的清晨，我和平日一样进班，开始新一周的英语课，但已过5分钟时，我突然注意到了坐在第一排的一位小男孩，他的行为举止有些异样。他一边喃喃自语，一边挥舞着自己手中的不锈钢保温杯，并不停用水杯干扰身边正在听课的同学们。我见此行为，试图劝说小男孩："请你把水杯放下，不要影响别的同学上课。"但小男孩听后情绪变得愈发激动，尖叫着说："我就是不要让你们听！不要让你们听！"并开始将手中的杯子砸向身边的同学。一年级的小朋友吓坏了，都一个劲地往空处跑躲避这个小男孩。

他的异常行为引起了我的警觉，我立马放下手中的单词卡片，试着走近他，安抚他狂躁的情绪。但他继续破坏并甩扔同学们的练习本，还离开座位在教室内走动，他的多种异常行为，让我认识到必须对他愤怒的行为做出立即干预。我便耐心地走到他身边，劝导他先停下来，回到他的座位上。如果他能做到，老师便会给予他一颗红星奖励,并告诉他等一下请他妈妈也进班一起听课。慢慢地,我看到小男孩手中挥舞的动作停了下来,我便拉着他的手,让他坐回了自己的位置。同时,我也让孩子妈妈暂时进班陪同,安抚男孩。这便是我和男孩A的第一次相遇,主观的判断和经验让我意识到他是我所教过的学生群体中的"特殊儿童",也激起了我这名青年教师想对他进行干预和治疗帮助的热情。

新课程教育要求全面推动素质教育的发展,这要求教师要关注所有学生,关注学生的全面综合发展,引导学生自主个性化发展。但基于我校是偏远农村学校,且每班学生人数众多,单一的教学模式并不能满足个体差异的需求,同时"一刀切"的单一教学模式也可能致使某些"特殊儿童"被疏忽对待,行为情绪等问题不能获得最有效的治疗和干预。因此,在坚持奉行新课程的教育理念下,我及时转变了原有的教育方式,向男孩A所在班级的班主任提出倡议,倡导我班教师共同关注"特殊儿童"教育,以促进全体学生均衡发展;利用自己的空余时间,多研究、转化"特殊儿童",使教育的关注点平均面向每一位学生,从而达到我校农村教育的均衡发展。

(二)重视特殊儿童及其特殊教育需求,助力儿童成长

首先,为了更有针对性地帮助到男孩A,我翻阅了一些有关特殊教育的论文,其中著名的教育学家兼心理专家郭为藩教授认为,特殊儿童是指那些源于自身生理上、心理上或外界社会导致的个体出现的障碍,无法适应正常的教育教学环境,获得良好学习效果的儿童,且这些特殊儿童需要依靠外界给予的特殊教育干预和支持来帮助其充分发挥潜在的发展动力。同时,作为教师须意识到,在特殊儿童出现各种可能的问题时,我们可以借助调整和改善学校、教室或校园环境的布置,及时对特殊儿童进行有效的特殊需求服务,来帮助特殊儿童在长期成长阶段中发展自身。

二、特殊儿童干预策略

(一)因人施教,家校合力

虽然教育的变革在不停地进行中,时代对教师提出了更高的要求,对教育的作用和价值也有了新的定义和认识,新时期的素质教育、全人教育的概念在不断地影响着教师的一言一行,但是时至今日,仍有许多教师固执地坚持"师道为大"的观念,错误地认为学生是无需太多感情色彩和个人自我意识和主张的孩子,学生理应听教师宣道育人,服从顺从教师。这些问题在偏远农村学校也依旧存在。部分教师未真正意识到学生是个独立的人,存在忽视、俯视、轻视儿童等问题;部分教师未认识到学生是带有

主观个人色彩、有思想的人，更未认识到，现在的儿童是"成长中""学习中"尚未成熟的人，是极具无限潜能的人，这就需要我们在教育过程中破旧立新，不断吸收有正确价值观的教育理念。在面对特殊儿童时，应对这类学生付出更多的耐心、关心和爱心，以帮助学生在未来更好地面对自我，发挥潜能，成长为成熟的人。

结合本人工作经验和对特殊儿童的理解和认识，我认为对待每一个特殊儿童，我们都应当因人施教，因特殊儿童的个体差异不同，针对每个特殊儿童，首先要了解孩子，了解病情形成的综合原因，知晓其现有发展水平，发现其个性化学习需要和生活需要。利用课余时间，我开始了与男孩A家长的家校联动工作，从中我得知，孩子的行为和情绪问题早在幼儿园阶段就已初现端倪，一开始父母没有在意，直至幼儿园大班即将毕业，孩子的行为问题愈发突出，家长才带其辗转上海多家医院精神科进行鉴定和治疗，其中复旦儿科医院的医生诊断孩子阅读能力较同龄人落后且有一定群体内融入行为障碍，有孤独症（自闭症）发展的倾向。同时我也在第一时间和孩子家长进行了一对一的心理解答工作。面对焦虑且无经验的家长，首先要缓解其焦虑紧张的情绪，让家长认识到，孤独症并不是一种疾病，它只是个体生存的一种特别方式；作为家长，我们首先要学会接纳我们的孩子，最大限度地转变传统的对孤独症认识的态度和行为，积极对特殊儿童提供所需的支持。其次，作为教师，我们要告知家长，面对这样的特殊儿童，要时刻对他们保持耐心，因为特殊儿童与普通孩子相比，他们的成长可能需要更长的时间，现在男孩A正值小学一年级，是刚与社会、与同龄人开始交际的时候，在此阶段，可能会出现其他更多的行为、情绪或沟通理解方面的问题，新的困难可能接踵而至，这需要教师和家长共同保持百分百的耐心，做好直面挫折的准备，同时也要相信我们的孩子会随着年龄的增长不断成长和成熟。

在和家长进行一对一家校沟通和心理辅导后，家长的焦虑情绪明显缓解，通过进一步的沟通指导，结合对孩子的综合情况诊断，家长决定每天进校随班就读，提供必要的支持。这是针对特殊儿童的家校合作中非常有效的一个环节，因为特殊儿童可能在某些方面需要得到持续性或间歇性的支持，有时候家长陪同支持的多少或许就可以决定儿童会继续依赖支持还是选择个体独立。

（二）英语课堂中实施干预支持的正向作用

在平日的英语教学课堂中，我用语多数是正面、鼓励的，并且在教学过程中多采用正向评价和奖励表扬的激励模式。在课堂中，教师要不断鼓励特殊儿童勇于挑战自我、大胆表达，同时要鼓励班级其他学生和特殊儿童进行帮扶、互助，打造良好的学习氛围。在平日的英语兴趣课中,我也利用多种途径,例如做游戏、自我介绍等,不断拉近男孩A和同学们的距离,努力让特殊儿童融入班级团体,认识更多新同学。在英语学习方面,在了解了他的兴趣点和薄弱点后,我也为他制订了个性化作业设计方案,针对前期公立医院对他阅读能力较弱的诊断,我给他设计了分层阅读作业,并同时为他提供了在校补充阅读,让他根据自身学情和当前阅读能力选择适合的读物,并适当提升或降低难度。

作为任课教师,在家长精心的陪同支持下,我惊喜地发现在我的英语课堂中,男孩A的行为问题有了极大的改善,干扰影响同学的情况大大减少,同时有更多的时间持续地坐在自己的座位上听讲,也能较长时间在教师的带领下参加班级团体活动。男孩A通过一学年中学校、家庭、社会所共同给予的帮助和支持,较入学时,在行为问题、情感障碍问题上已有一定的进步和改善,这不禁让我们反思,我们教师应当用发展的眼光看待有特殊需要的儿童。儿童是有发展潜力的个体,具有阶段性的和长期发展的特点。特殊儿童和其他儿童一样,也是有发展、有潜能、有思想的,在环境的长期浸润下不断自我促进和进步。从生理和心理角度分析,人是一个统一完整的个体,其机体也是一个统一体,各器官和感官是互相联系发挥作用的。虽然特殊儿童的某些人体感官已受损,但通过社会、家庭、学校的三方指导和照顾,再加上特殊儿童自身的驱动努力,特殊儿童也可能获得康复,也是具有巨大发展潜能的个体。虽然特殊儿童在某些方面的发展不如普通儿童,行为可能滞后,但我们教师应该意识到特殊儿童的巨大潜能性,因地制宜因材施教地使用可持续的适宜教育教化他们,或许教师和儿童都能获得超出预期的良好教育成果。对待特殊儿童,我们教师首先要摒弃用异样区别的眼光看待这些特别的孩子,要学着用发展的眼光理性教育特殊儿童,用积极阳光的心态鼓舞、感化他们。

(三) 提升家校心理平台建设,共育良好特殊教育环境

男孩A的案例,也让我这名普通的青年教师意识到了关注特殊儿童的重要性和紧迫性。我提出以下几点建议,希望我校在未来的发展中可以更多地关注特殊儿童,为特殊儿童搭建更安全更舒心的校园环境。

1. 因人施教,运用多种治疗方法为特殊儿童个性化定制适宜的干预支持服务

对于特殊儿童,我们要学会采取"因人施教",关注个体差异,做好个别心理康复。教师要针对每个特殊儿童不同的心理变化,开展定期与不定期相结合的个别心理康复,包括心理训练、个别谈话、游戏辅导、音乐辅导等,并为学生建立一对一定制

方案和档案。通过一对一的谈话沟通、观察、干预等方式,对于特殊儿童在生活中出现的各类问题给予指导、纠正和及时的干预及支持,使他们在心理上、生理上、行为上产生的不足能得以纠正和改善。

2. 在校建设专业心理咨询室,切实提升在校教师心理教育咨询水平

特殊儿童的差异性可体现在多方面,其中心理上呈现的问题是阻碍学生发展的重要因素之一。我校可定期参加新区内组织的心理专业培训,参加各类心理知识类学习讲座,除此之外,教师也可利用各种自媒体、多媒体课堂等途径,获取有关青少年和特殊儿童的心理知识资料,消化吸收后用于我校专业心理健康平台的建设和发展。

3. 促进家校互动,推进学校与家庭联合教育

除家庭和社会环境外,学校和教室是特殊儿童社交和生活最久的场所,我校可针对如何在校园内创设文明用语、文明温馨的有声校园环境做专题研讨,制定教师和各班集体的具体职责,用关怀的言语接纳这些特别的孩子,让孩子们体会到大众对他们真切的祝愿与关爱,从而使孩子的心灵得到滋养。

同时,特殊儿童家长间良性的家庭教育和家校合作也是有效的助力剂。教师可以尝试举办各种活动日和文化交流日,邀请以家庭为单位一起参与户外游玩、团体活动,也可建议特殊儿童邀请同学参加个人生日会等活动,多种互动的交流活动有利于帮助特殊儿童搭建起良好的人际互动平台,促进沟通与交流。

三、结语

特殊儿童,是同一片蓝天下苗壮成长的幼苗,也是我们祖国未来的栋梁,我国在"十四五"期间针对特殊教育的长期发展指导制订了重要计划,对特殊教育的覆盖面和长期实践做了充分解释。特殊教育一直是我国教育事业的重点建设领域之一,也是展现社会文明进步,彰显各方人文关怀的重要标志之一。关爱特殊儿童,关爱这群含苞待放的花骨朵,是我们每个公民、每位教师的职责和使命。

随着时代的不断进步,经济建设的高速发展,人类的精神文明和文化建设也应当大步向前发展。关爱特殊儿童,不单单是一个家庭的义务,更是整个社会宏大的事业。社会应打开各种渠道,扩大孩子与外界交流的途径。作为人民教师,我们应当牵起孩子们的手,带领他们去体验这个炫彩斑斓的有声世界,用光明温暖的话语照亮这些特别的孩子。特殊儿童不应该受到有色眼镜的歧视和区别对待,他们是还未盛放的蓓蕾,他们的枝叶和花苞是如此脆弱,需要我们用充满理解的爱去浇灌、

呵护他们，让他们健康地融入社会，在大集体中逐步丰盈自己。在核心素养背景下的素质教育发展进程中，更加强调教师对特殊儿童心灵的关注度，比起普通学生，我们要对特殊儿童投入多倍的心理关怀与支持。特殊儿童的教育和成长发展之路仍是我们在践行素质教育的过程中需要不断摸索和累积经验的，教师、家庭和社会应当在实际情况中将理论和实践结合运用，因人施教，对服务方式方法适时做出调整和改善，勇于摸索创新更有效的治疗和支持方法。切实满足特殊儿童的特殊需要，努力减少儿童因个体差异对学习和未来生活造成的影响。

参考文献：

［1］肖丽.浅议特殊教育英语教学的发展现状［J］.校园英语,2018(46).

［2］曹莉,李强.我国学前特殊教育研究的发展及反思［J］.衡水学院学报,2022,24(4).

［3］佘瑶瑶.特殊教育学校开展心理健康教育的现状和问题措施分析［J］.科普童话·新课堂(下),2022(6).

［4］征文维.特殊教育学校教师专业成长的道路探索——以Q市某特殊教育学校为例［J］.科教导刊,2022(8).

［5］郑荣双,李孟新,卢祖琴.基于正向行为支持的中重度自闭症学生课堂离座行为干预研究［J］.新课程研究(中旬-双),2022(1).

［6］吴扬,陈露竹,刘园.自闭症儿童分享阅读及其干预的研究综述［J］.中国特殊教育,2021(12).

［7］邓小莹.农村特殊教育学校自闭症儿童情绪问题行为个案分析［J］.广西教育(义务教育),2019(12).

［8］陆晓兰.普通小学随读自闭症儿童学校教育干预策略研究［J］.考试周刊2018(54).

"野百合也有春天"

——行偏生教育转化之我见

上海浦东新区晨阳小学　高帮媚

一、案例背景

(一) 概念界定

行偏生是指行为偏差生,此类学生长时间背离学校提出的基本要求或者经常性地违反学校关于学生行为规范的规定。具体表现为:行为怪异,逆反心理和逆反行为强烈,不具备高尚的思想道德品质,没有积极向上的精神,不服从老师或家长的管理,言行不一致,心理有阴影不健康,不听取和接纳别人的意见,以自我为中心,缺乏自律、自我管理能力,情绪自控能力差,意志力薄弱,总爱犯错出小问题。如果老师或者家长不及时给予纠正和正确引导,会严重影响此类特殊学生的健康发展,同时也会对其他学生和社会造成负面影响。

(二) 行偏生产生的原因

1. 家庭问题

原生家庭对孩子的影响巨大,也是潜移默化的。家庭关爱的缺失、家庭过分溺爱、家长的不良嗜好和习惯都会影响和改变孩子的思想和品格。孩子能否具备良好的高尚的思想道德水平,究其根本,在于家长是否具备良好的高尚的思想道德水平。因此,家庭中父母的不良言行会对孩子发展产生负面影响。

2. 社会负面影响

当今社会存在很多负能量,如年轻人不尊老爱幼,遇到有困难的人置之不理,自私自利,以自我为中心忽视他人感受,打架斗殴,不讲文明不懂礼貌等。如果老师、家长不能及时跟孩子沟通正确行为,孩子很容易被坏习气影响。

二、转化策略

（一）一视同仁多关注

老师在面对行偏生时要保持足够的耐心、冷静、热情，让特殊学生体会到和在家时同样的关怀。在建立朋友关系的基础上会产生信任，老师用自己的行动影响学生，起到榜样的作用，潜移默化中更正孩子的不良语言和不良行为。同时，这类学生也会真正听进老师的教诲。

（二）扬长去短树信心

很多行偏生之所以有过激的语言和行为，往往看似强大实则内心自卑，他们通过偏激引起周边老师、家长、同学的注意，渴望他人的关注，又不会用正确的方式表达和展现自己。老师应当抓住这类学生的心理，给予他们更多展示自己的机会。首先从他们擅长的事情切入，例如有些行偏生比较善于语言表达，可以在课上或者班会上让他们分享自己的故事或者回答较容易的问题，及时给予赞许的评价，树立他们的自信心，让他们因为自己出色完成老师下达的任务而产生成就感。同时，在他们不擅长的方面给予帮助，例如，很多行偏生不善于完成作业，可以利用课余时间和课后服务给他们补习帮助，协助学生形成良好的学习习惯。

（三）家校共育促转化

行偏生的转化光靠学校老师很难持久帮扶，因为在学校的时间是有限的，还需要将转化教育同步到家庭教育中。加强家长教育孩子的思想意识，共同帮助孩子先转变他的思想，培养这类特殊学生的自信心，消除心理阴影和障碍，形成健全的人格。良好的思想支配良好的行为。观察孩子的行为，共同分析不良行为产生的原因，用自己的行动影响孩子，这就是所谓身教大于言传。同时，将老师安排的教育任务同步到家庭中，由家长监督家庭生活中的言行，使孩子将良好的语言行为转化为习惯。

三、有效做法

（一）用爱点亮每位学生心中的光

爱本身就是一种拥有巨大能量的教育。作为教师，要用充满爱的方式关心和照顾所有学生，就如同对待自己的子女一样，让他们在班级里，充满安全感地去学习各科知识。老师不仅要教授学生文化知识，还要关注学生的身心健康，使其能在德、智、体、美、劳各个方面成长进步。这些都要伴随着爱的教育，才能水到渠成。就如我曾经带过的一个班级，班里转来一位女学生，来到班里已经很久了，几乎听不到她讲话，她上课不积极回答问题，下课也不理睬同学，好似班里没有她，更见不到她的笑容，学习上也很消极，作业完成度不好。想不到有同学觉得她奇怪，就总想逗她寻开心。这位女孩看似软弱，没想到遇到这种情况攻击性很强，不是张口说脏话就是打别人，而且出手很重。这样的事情发生的次数越来越多。老师试图和该生沟通，但是总感觉她心不在焉，似听非听，后来发现她有时课上或者课下默默哭，原来是因为爸爸和妈妈离婚了。妈妈一人带着她要辛苦赚钱又要照顾她，再加上妈妈忙于工作和她沟通甚少，造成她性格越来越内向孤僻。因为缺少关爱，她心中充满怨恨，攻击性增强，一旦有人触碰就会给予重击。老师了解始末后，根据以往的教育经验，要改变学生的行为，先从思想方面的沟通与引导切入，依据思想支配行动的道理，开始经常利用课余时间和该生进行交流，讲了很多单亲家庭成长出优秀学生的案例，让孩子树立信心，同时还安排一些班级工作，让该生和同学多接触，这样将更多的专注力转移到学校。渐渐地该生上课主动举手大胆发言，课下也能看到她和同学们热情地交流，能听到开心的笑声，作业完成度高还工整，后来，她竟然通过班内竞选去参加校级诗词大赛，真是发生了天翻地覆的变化。她的妈妈也主动联系老师，感谢老师的关心和照顾，孩子变得越来越开朗自信。

（二）通过对学生的思想教育培养良好品格

具备良好的思想才能支配良好的行为，遵循这一原则，老师要特别重视学生们的思想道德建设。一方面，利用碎片时间，在不影响学生学习的情况下，与他们进行心灵上的碰撞，绝不能居高临下，要像朋友一样关心沟通。掌握每个学生的性格特点以及思想行为习惯。如果在学校发现学生们不好的行为，先不指责，耐心了解学生的想法，循序渐进地纠正。另外，每周的班会，老师可以安排心理健康方面的沟通，对上周班级的好人好事进行表扬肯定，对不好的现象进行思想教育。然后，给每个学生谈想法的机会，创造一个开放、积极的学习氛围。有这样一位男学生，刚开始进入小学没多久就开始肆无忌惮地违反班级纪律，比如上课哼歌，自言自语，不专心听讲，自己不学习还影响其他同学，上课时不停地去找周边同学说话。老师提醒他，他不仅不改正，反而更频繁，逆反行为很明显。所有老师都反映该生在课上随意走动，全然不顾老师上课，扰乱课堂，甚至和老师直接顶嘴。随着事情的频繁发生，老师越发感觉该生的特殊性，同时很多家长都不满地找到老师，要求给自己孩子换座，远离该生。到了后来事态越来越严重，因为他的特殊性，同学们都远离他不敢靠近。他没有朋友也感觉到大家的不理睬，有时找茬攻击同学，甚至欺负弱小，打骂同学，借机发泄自己的不满。这一系列事情发生后，虽然老师都会及时教育，但是该生根本不能倾听，无法集中注意力，往往"顾左右而言他"，无法正常交流，但凡训斥，不是找理由为自己开脱就是眼睛一翻，不予理睬。针对特殊学生要采取特殊办法，不能轻言放弃，老师的职责就是为国家培养有用之人，不能使之自由生长。起初，给该生家长打电话，家长并不配合，对老师也不信任。后来家访才发现孩子爸爸是做工程的，几个月才回家一次，妈妈的工作也是经常出差，孩子多由爷爷奶奶管教，可是爷爷奶奶对待孩子只会溺爱。于是，老师和家长沟通每次放学家长晚些来接，在这段时间里主要疏导心理健康和培养良好的语言和行为习惯。一个月以后孩子改变了，变得有礼貌了，家长也开始配合老师对该生进行思想交流。同时，老师的耐心引导让该生体会到老师的关心，只要有点滴进步就会得到表扬肯定。此外，老师还经常给他讲励志故事，让孩子树立正确的学习观念，建立自信。该生一点点的转变，同学们都看在眼里，大家也愿意接近他帮助他。潜移默化中他各方面都进步起来。虽然过程不容易，但是结果很好，这让教育者感到自豪。

（三）通过学生参与管理调动积极性

有位班主任曾谈到，她的工作是比较全面琐碎的，亲力亲为很难做到面面俱到，很多细化的事情，不能及时做到位，效果不好，也感觉力不从心。后来，改变了方法，让学生管理，效果大大提升，调动了学生们的积极性，也是素质教育的体现。中午午休时间长，要保持良好的秩序，为了让孩子们投身到阅读学习氛围中，组建了纪律管理小组。在班级里挑选出认真负责的几名学生，管理纪律。经过一段时间，个别表现极其不佳的学生就显现出来，随意走动，大声说话，辱骂管理的学生。了解这些情况后，班主任有针对性地进行行偏生教育，偶尔让其参与中午秩序管理。这类行偏生成为小小管理者后，心态转变了，没想到做得非常出色，还提出能否经常安排这类工作，帮助他改变坏习惯。这种管理方式使班里的氛围大大改观，从班门口走过的老师们都夸赞班级。发现了这个方法之后，卫生方面、晨读方面等很多方面都采用了学生管理学生，最后班主任发现几乎每个学生都成为管理组成员，一来到学校孩子们都精神饱满，积极做好自己的管理工作，同时还促进了行偏生们的学习积极性，谁都想成为各方面优秀的好学生。

（四）家校形成合力，共建学生美好未来

学生的第一任启蒙老师是家长，这之后才有了学校的班主任以及各位老师。每位学生在学校的时间是有限的，更多的时间都在原生家庭，家长的助力就显得格外重要。可是，很多家长并没有理解到这点，他们认为学习都是老师们的事，家长更应该忙于工作挣钱。他们的不重视，使孩子没有形成好习惯，甚至养成坏习惯没有被及时更正。这也是行偏生产生的原因之一。因此，我们国家2021年推行"双减"政策、2022年实施《中华人民共和国家庭教育促进法》，意在促进家长重视学生家庭教育各方面能力及核心素质的培养。所谓"双减"，网上有一句话，一减不优秀的孩子，二减不重视教育的父母。那么，家校如何共育呢？举个例子，记得有个女学生各科学习都很困难，做练习要么拖拉写不完，要么错误连篇。她自己对学习抵触，也毫无兴趣，更没有信心。当老师批评时不会虚心接受，还会振振有词地讲出自己的理由。然而，小学阶段知识相对简单基础，学生们只要认真听讲，跟着老师的教学节奏，加上做校内练习，跟上是没有问题的。老师利用课下时间给她补习，由于时间不充足，效果甚微。于是，经常给家长联系说明情况，可是家长总是说自己下班晚没有时间，没办法辅导。一次碰到该生的奶奶，了解到孩子父母工作经常加班，工作地点离家很远，到家里就已经是晚上九十点钟。奶奶文化低，无法辅导。面对孩子这种情况，作为老师绝不能置之不理，当务之急是抓紧针对性辅导。思前想后，和家长商量周一至周五不能再早早接走，要参加校内托管班，利用这段时间，可以给孩子针对性辅导，也安排其他科目老师进行补习，把练习保质保量做好。周末两天，父母把本周孩子各科学习的知识进行复习巩固。我们共同努力，不能让孩子掉队。同时把利害关系讲明：在学校老师管孩子是我们责无旁贷的事情，但是在家里家长也要尽到责任。虽说不能一味重视学习成绩，但小学是培养孩子形成良好行为习惯的最好阶段。一次沟通效果不大，但经过多次交流还是能看出成效，渐渐地孩子在学习上越来越进步，因为自己的进步提升了信心，对学习也渐渐产生兴趣，家长看到孩子进步也开心感谢。孩子看到自己的进步，对老师和同学的态度也转变很大，再也不顶嘴、不说难听的话。可见，家校双方合力才能促进孩子的发展。

四、结束语

在学校里，很多教师在接触行偏生时，还会出现抵触、心态不和等情绪。对此，老师首先要摆正好心态，将学生视作自己的子女，全心全意引导教育学生，通过扬长去短等方式树立学生信心，多鼓励多支持，给予行偏生转化的时间和机会。学校老

师与家长密切联系,不抛弃不放弃,坚持不懈转变特殊学生,将学校教育延伸到家庭教育中,强化父母特别是双职工父母教育关爱孩子的意识,形成合力,共同培育,要有不改变孩子不罢休的决心,努力做到帮教每位行偏生,相信"野百合也有春天"。

参考文献:

[1] 陈泳斯.一个行为偏差学生转化的个案研究[J].传奇故事:百家讲堂,2020.

[2] 吴振奕.耐心必不可少——试论行为偏差生转化工作策略[J].中华少年,2015(25):2.

[3] 周瑞波.行为偏差生转化例谈[J].小学德育,2010(15):2.

[4] 王肖燕.春风细雨润物无声——行为偏差生转化对策初探[J].学周刊:下旬,2010(2):1.

[5] 吴锡东.以情感教育为突破口转化行为偏差生[J].思想·理论·教育,2006.

感受真实情境　激活表达欲望　抒发真情实感

上海市浦东新区浦东南路小学　杨肖颖

今年三月，因为疫情凶猛肆虐，美好的校园生活戛然而止，我们又一次与学生相约云端开展学习。这一次的疫情较两年前离我们更近，大家的生活也发生了翻天覆地的变化。我想，如果孩子们能好好体会这段经历，必然会生出许多与以往不同的感想。只是若直接以此布置作业，无疑会加重学生负担，让学生心生反感；但若是不引导孩子，让他们无所作为错过这段体验，那必是一种遗憾。于是，"如何用好疫情活教材化疫情危机为教育契机"成了我一直思考的问题。

一、云班会，有心发现

在一次"云班会"上，孩子们尴尬地交流着当天的话题"我的愿望"，几乎都说着"我希望疫情快点结束""我希望能马上解封，到学校与老师同学见面"……与此同时，我却通过钉钉"互动消息"窥见学生之间在云淡风轻表面下的真实互动——"真烦人，天天要做核酸""太倒霉了，妈妈又没抢到菜""快开学吧，爸妈天天盯着我，我要疯了""我们小区静默了，零食也没了，我好惨"……看了他们的私聊，我不觉莞尔，一位同学的小吐槽引出了全班同学的各种抱怨，看来孩子们的负能量真不小。

此时，一个男孩在台上说着和大家一样的愿望。我知道他的妈妈是医务工作者，已经去抗疫前线工作了许久。等他发言结束后，我问了一句："你多久没有看到妈妈了？"男孩先是一愣，接着红了眼眶。通过男孩的简单讲述，同学们知道了他的妈妈一整月没有回家，始终在风险最高的地方救治病人。男孩非常想妈妈，他真实的愿望其实是希望妈妈早日安全、健康地回家。此时的私聊区同学们不再吐槽和抱怨，纷纷为他送上一朵朵小红花、一个个大拇指……此后，不少小朋友举手聊起自己的家人也正在为抗疫做着贡献，身边人也在为恢复正常生活做着努力。同学们意识到疫情虽然给大家带来了诸多不便，但是身边的大多数人却在困难中挺身而出、守望相助，他们的善良和勇敢让我们感动。

借着这个温情时刻，我请全班小朋友思考：随着封控时间的延长和解封时间的不确定性，是不是周围的居民、朋友甚至家人在不经意的聊天中，都或多或少流露出负面情绪呢？这些负能量令人内心焦虑、压抑、不安。作为上海的小公民、浦南的小海鹰，虽然行动上无法在疫情的最前线冲锋陷阵，但在思想上，我们能不能运用学过的本领，互相鼓劲，为上海加油呢？

经过老师、同学们的共同讨论，很快小朋友们就决定要把自己看到的逆行英雄、暖心故事化为正能量，助力疫情关怀，温暖邻里，为抗疫出一份力。

二、云课堂，用心指导

写好抗疫故事，一定要结合具体事例，写出抗疫人物的特点。五年级第二学期的习作教学中，就有以"学习描写人物的基本方法"为主线的习作单元。综合考虑我班学生的学情：不缺乏写作意愿，但习作素材比较老套；描写人物时往往浮于表面，不会细腻地刻画人物；表达情感过于模式化，不真诚。针对这些情况，我利用空中课堂结束后的讨论时间，给学生们进行有针对性的习作辅导，主要包括以下四步：

（一）打开视角，积累素材

积累素材是写好抗疫故事的前提。好素材是攒出来的。于漪老师说："头脑里'仓库'充实，写的文章才会材料厚实、质地好。"本年段对习作的教学目标也提到：要养成留心观察周围事物的习惯，有意识地丰富自己的见闻，珍视自己的独特感受，积累习作素材。所以，首先要引导学生时刻打开眼睛和耳朵，做个有心人去欣赏、去倾听真实世界。

1. 亲眼看一看。在抗疫期间，"远亲不如近邻"这句老话愈发清晰了起来，无论是志愿者坚守岗位、消杀搬运，还是邻里之间守望相助、以物换物；抑或是小区里的大白义不容辞、逆行奋战，还有"黄蓝骑士"不遗余力、日夜奔波……这些感人的一幕幕，就是疫情背景下写作的"源头活水"。

2. 亲耳听一听。居家期间，全家人有了更多的时间在一起，家人之间的聊天、亲朋好友之间的对话都会带来一些信息，大家也会发表对人对事不同的看法和讨论。学生们若是留心回味一下，也能带来不少启发和思考。

3. 亲手记一记。疫情下的我们，每天经历很多，我请学生一定要用心完成学习单（表一）。记录的时候，可以记下让自己最感动的一瞬间；也可以观察一群人一段时间的平凡小事，以小见大，为接下来的写作做好准备。

表1　学习单：素材积累

素　材　积　累		
姓名：	你看到的	你想到的
	1.	
	2.	
	3.	
	……	

（二）精挑事例，梳理提纲

模仿和迁移是写好抗疫故事的策略。五年级下册的教科书里，出现了可模仿的两次单元习作：第三单元《他_____了》和第四单元《形形色色的人》。两篇叙事写人的作文我们已经练习过，若能利用好，便能使学生撰写抗疫故事时有章可循、事半功倍。

1.《他_____了》。要求学生写一件事，把一个人当时的表现写具体，反映人物内心。学生在写让人感动的瞬间或者一件事的时候，可以模仿这篇习作的结构，把事情分成起因、经过、结果罗列出来，梳理提纲（表2）。

表2　学习单：梳理提纲1

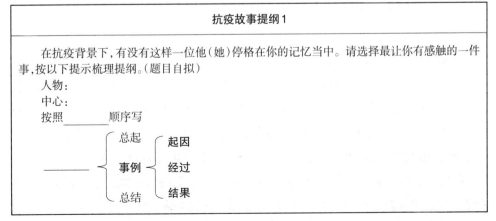

抗疫故事提纲1

　　在抗疫背景下，有没有这样一位他（她）停格在你的记忆当中。请选择最让你有感触的一件事，按以下提示梳理提纲。（题目自拟）
　　人物：
　　中心：
　　按照_____顺序写

2.《形形色色的人》。要求学生选取最合适的几个典型事例来具体表现人物特点。学生可以从持续观察收集到的多个抗疫素材中,挑选最合适的几个事例来写一写(表3)。这几个事例不要求非常详细,但一定要从某一角度突出人物的抗疫精神。

表3 学习单:梳理提纲2

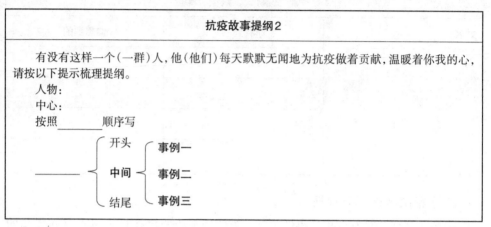

抗疫故事提纲2

有没有这样一个(一群)人,他(他们)每天默默无闻地为抗疫做着贡献,温暖着你我的心,请按以下提示梳理提纲。
人物:
中心:
按照_____顺序写
_____ 开头
中间 — 事例一 / 事例二 / 事例三
结尾

(三)刻画细节,彰显人物

细节描写是写好抗疫故事的关键。为了让学生写好人物,四年级教材安排了"写一个人,注意把印象最深的地方写出来""学习从多个方面写出人物的特点"等习作练习,五年级上册安排了"结合具体事例写出人物的特点"的训练要点。本学期,要求学生通过人物的外貌、动作、神态、语言等细节描写,具体表现人物的特点。有了细节描写的人物故事,才能生动真实,引起共情。所以,写抗疫人物时,要引导学生仔细观察人物对象,体会人物的品质。

以学生习作片段为例:

原文:做完了核酸,我对大白笑了笑,说:"谢谢您,辛苦了!"他看了看我,也回了一个微笑,这微笑温暖灿烂,让我记忆犹新。

这个微笑温暖、灿烂在哪里呢?读者没有亲眼看到,无法感同身受。我们又怎么能感受全副武装的大白笑了呢?还记得五年级上册《慈母情深》一文中也是对戴着口罩的母亲进行了神态描写:转过身来了,我的母亲。褐色的口罩上方,一对眼神疲惫的眼睛吃惊地望着我,我的母亲的眼睛……眼睛是心灵的窗户,从母亲的眼睛中,我们感受到了辛苦与疲惫,体会到当时作者内心受到的强烈震撼和难以形容的痛楚。在这里我们也可以学习这种写法,通过大白的眼睛,表达情感。

修改后：做完了核酸，我对大白笑了笑，说："谢谢您，辛苦了！"他看了看我，也回了一个微笑。这微笑让我记忆犹新——透过防护罩的双眼眯成了月牙形，却透露出了几丝疲倦，由于长期没有睡好觉，眼圈泛起了点点黑晕，可眼睛里却透露出积极和乐观。大白虽然戴着口罩，可我好像看到他牵动的嘴角了！

修改之后，透过眼睛的描写，抓住了人物的特征，一个疲惫却乐观的"大白"形象跃然纸上，让读者产生共鸣。

所以，为了使人物有血有肉、可观可感，要学会多角度抓住细节进行交叉描写、渲染，这样，人物才能立体感更强，形象更丰富、更真实。

（四）真情流露，烘托主题

抒发真情是写好抗疫故事的精髓。写作须注重真情的抒发，《义务教育语文课程标准》对写作的要求是，强调"学生说真话、实话、心里话，不说假话、空话、套话""写作要感情真挚，力求表达自己对自然、社会、人生的独特感受和真切体验"。可是，学生没有太多的人生阅历和生活经验，缺乏对生活的深切体悟，因此在写作的过程中，很难流露出自己的真情实感，大多是不痛不痒的平铺直叙，或者无病呻吟，毫无感情可言。

这次写的抗疫故事，真实发生在大家身边，是容易产生情感共鸣的，所以这次，我对学生的要求是：不需要思想觉悟多深刻，只要求写下自己的真心话；不要求抒情辞藻多华丽，只需要忠于内心，吐露自己的真情。

以学生习作片段为例：

（暖心）快到核酸检测点了。这时，走来一个大白，她不停地提醒大家："都把核酸码提前打开，注意要保持两米距离！"见她的胸前贴着一枚火焰红，一位爷爷问道："小姑娘，您是党员吧！""是的，我是！"大白骄傲地回答。人们见了，都不禁称赞起来："果然是党员先锋啊！""是啊，是啊，好样的！""……""我是党员，我就应该冲在前面！"大白边指着党徽边笑吟吟地补充道。我不禁肃然起敬，像有一团小火苗在心里燃起，暖暖的。

（结语）天空依然阴沉，我却仿佛看到了一道曙光在我面前冉冉升起……居家隔离，隔的是病毒，不是人心。人间真情，在这样特殊的时刻，更显温馨。我想，日字旁的暖，带给人的只是体感上的暖；人心中的"暖"，则让我们抱团取暖，抚慰心灵，温暖人一辈子。

学生很有心，在原文中用"暖言""暖行""暖心"三个小标题，细腻描写了三个在核酸路上我们熟悉的瞬间，每个片段短小而生动。"暖心"这部分抓住了对人物动作、语言、神态的细节描写，刻画出"党员大白"以"为民服务"为傲的红色形象。同时，也通过对周围百姓的侧面描写，表达出老百姓对"党员大白"的肯定和赞美。由此，这一抹红色让"我"肃然起敬。最后一节是全文的总结，没有老套的说辞，没有大量口号式的感叹，一切都是情动而辞发，将自己心灵深处的情愫表白出来，自然地烘托了主题，引起读者的共鸣。

三、云交流，暖心评价

两周后，学生们几乎都用心写好了自己的抗疫小故事，所以师生一致决定进行一次云上交流会。会前，我设计了一张简单的评价表（表4），既能鼓励学生分享，又能对学生的故事撰写进行评价指导。

表4　评价表

"疫"路同心，温暖你我 ——"平凡英雄"抗疫故事交流会			
评价项目	具　体　目　标	自　　评	互　　评
故事主题	能用独特的视角观察身边抗疫者的感人瞬间并撰写感人的小故事。中心明确，结构清晰，内容充实	☆ ☆ ☆ ☆ ☆	☆ ☆ ☆ ☆ ☆
感人指数	能通过对人物的细节描写，突出人物特点。情感真实，传递正能量	☆ ☆ ☆ ☆ ☆	☆ ☆ ☆ ☆ ☆

这次交流会，几乎是一个生生互动的现场。我利用钉钉平台的强大功能，真正做到了老师搭舞台、学生在台上的模式。这样，生生间更能激发出让人惊喜的火花。

（一）通过不同的写作对象，让学生变换视角打开思路

交流时，学生们选取的撰写对象有挺身而出毫无怨言的大白、社工、志愿者；有佝偻着瘦弱的肩膀勇担重任的楼组长；有隔屏不隔爱的老师；也有为大家日夜奔波的团长、骑手们……一个个抗疫者身上发生的故事，孩子们都能敏锐地捕捉到。确实，通过真实观察和用心体会，孩子们的写作素材是前所未有的丰盈。即使当两位同学写了同一类对象时，不同的撰写角度也让学生们开阔了眼界、打开了思路。

（二）体会不同的写作手法，让学生自我修改共同提高

经过交流，学生的描写对象虽然都选得不错，但在感人指数上却天差地别。即使描写同一场景，有的文章感人至深，有的却平淡寡味。当一些同学的文章感人指数较低时，我就请其他写了相似场景的学生给予点评和指导。

以学生习作片段为例：

片段一：有一天，我家没有鸡蛋了。隔壁的大妈立刻把刚团购买到的鸡蛋拿了一盘，连同一些蔬菜、大米，放在我家门口，让妈妈出去拿，还不肯收一分钱。这浓浓的邻里情，真叫我感动！

片段二：远远望去，志愿者们都穿着红色的印着党徽的马甲，认真地把各类菜品装到袋子里，整整齐齐地排开在地上。装好袋子后，又按照数量装到纸箱子里面，吃力地搬到三轮车上，用力在后面推着，分发到不同的地方，送到每家每户。我远远地看到石爷爷不停地擦着汗，不知道做这么重的体力活，他的腰能不能承受啊？"谢谢你，石爷爷！"我在窗口朝石爷爷大声喊道，石爷爷笑着朝我挥了挥手，又继续干活了。

对比这两篇例文，同学们很快便指出"片段一"全都用了叙述，虽写明"叫人感动"，但没有展现叫人感动的画面，大家无法共情。而"片段二"的描写镜头从整体推动到个体，展现了志愿者工作的场景。同时，积极运用外貌、动作、神态、对话等细节描写，即使小作者没有明说，也能让人体会深深的感动。

同学们在这样热烈的互动交流中，互帮互助，取长补短，共同提高，潜移默化地达到五年级习作要求：修改自己的习作，并能参考同学提出的建议修改，以保持良好的修改习作的习惯。

四、云分享，爱心传递

暖心的交流会后，学生们满满正能量，他们自发决定要把抗疫故事进行小报式美化，作为抗疫宣传发送到楼栋群、亲友群、朋友群……让更多的人凝心聚力，共克时艰。也有不少学生决定继续积累、持续观察，要把抗疫小故事写下去，将爱心暖意继续传递。

《义务教育语文课程标准（2022年版）》中强调：写作能力是语文素养的综合体现。写作教学应贴近学生实际，让学生易于动笔，乐于表达，应引导学生关注现实，热爱生活，积极向上，表达真情实感。本次的习作实践，正是以"疫"为"材"，让学生在真实的场景中，体验写作从收集、整理、撰写到分享的整个过程，不但打开了学

生的视角,活跃了思维,加强了语言文字驾驭能力,更进一步激发了学生的奉献精神和家国情怀,鼓励学生担负起社会责任,在特殊时期,将善良和爱心传递下去,用温暖的正能量温暖更多人。

　　正如叶圣陶先生说的"作文原是生活的一部分",写作教学应该着力探索如何感受真实情境,激活学生的表达欲望,从而在积极的语言实践活动中促使表达的真实发生。如果我们的作文教学能引导学生"言为心声,情为意动",那必是愉快而又成功的。

家校联动开发劳动教育
亲子微课程的实践探究

上海市浦东新区进才实验小学西校　邓曲萍

【摘　要】借助家庭的力量,进行家校联动的劳动教育,是培养学生劳动意识和技能的有效载体。在劳动教育中,转化家长在家庭劳动教育中的观念,多渠道联动家长,提出班级劳动教育亲子微课程的设想,并付诸实施。在课程实施过程中,以活动为依托,优化课程实践;创新评价机制,提升课程的育人价值。

【关键词】家校联动　劳动教育　亲子微课程

习近平总书记在全国教育大会上指出,要在学生中弘扬劳动精神,教导学生崇尚劳动、尊重劳动。劳动教育既是学生生活的需要,也是未来生存的需要,更是让其生命更好发展的需要。但劳动教育的现状却不尽如人意,在班级中,学生们普遍缺乏劳动意识和劳动技能,更谈不上劳动品质了。对学生开展劳动教育,提高学生劳动素养迫在眉睫。

《中共中央国务院关于全面加强新时代大中小学劳动教育的意见》(2020年3月20日)强调,要拓展劳动教育空间,充分利用各种资源,调动学校、社会、家庭协同育人,推进劳动教育跨领域深度融合。学校是劳动教育的实施主体,家庭是劳动教育的原始阵地。因此,借助家庭的力量,进行家校联动的劳动教育是培养学生劳动意识和技能的有效载体。基于此,笔者提出了建设班级劳动教育亲子微课程的设想,并付诸行动,开展了一系列的实践研究。

一、家校联动,明确课程构想

(一) 多渠道联动家长,明晰课程创建的关键

家庭是孩子终身的学校,是立德树人的重要阵地,也是劳动教育的重要场所。

没有家庭的配合,劳动教育的链条是不完整的。落实劳动教育,家庭生活有着独特而不可替代的重要作用。因此,班级劳动教育亲子微课程的创建关键在于家长的配合和支持。

1. 利用家长讲座,转变家长劳动教育观念

在班级劳动教育亲子微课程创建之前,邀请班级中有劳动技能专长的家长开设线上劳动专题讲座,引导家长树立正确的家庭劳动观念,让家长能够及时更新理念,认识到帮助学生习得基本的劳动技能、树立积极的劳动观念对其终身发展的益处。

2. 联合家委会成员,协力构思班级劳动教育课程

家长劳动教育观念的更新为班级劳动教育亲子微课程的建立奠定了坚实的舆论基础,紧接着进入课程的实际创建阶段。联系家委会成员,开展线上交流活动,探讨学生们在劳动技能、劳动意识、劳动价值观等方面存在的问题和不足,商讨解决的方法。在交流和碰撞中,班级劳动教育亲子微课程有了初步的框架,并确定了课程开展的目标和形式。

3. 召开全员家长会,动员共同创建亲子微课程

在和家委会成员沟通确定了课程的目标和形式后,召开全员家长会,传达创建班级劳动教育亲子微课程的设想,提出实施该课程的必要性,获得家长对劳动教育亲子微课程的认同。同时,也起到了调动家长积极性共同参与到创建亲子微课程过程中的作用。

(二) 聚焦劳动教育,家校同创亲子微课程

在家委会协助下,我们组织了多次沙龙式的交流活动,家长们参与热情高,为课程的创建献计献策。经过多次讨论,确定了班级劳动教育亲子微课程的目标、内容、实施方式等。

1. 课程目标

班级劳动教育亲子微课程是以培养班级学生的劳动技能、劳动习惯、劳动创新精神等劳动素养为目标。通过家长和学校联动设计并参与一系列亲子劳动主题的活动,建构家庭与学校纵向衔接、横向贯通的联动互补的劳动课程。

2. 课程内容

班级劳动教育亲子微课程是以学习自我管理和家务劳动为基础的课程。家庭劳动,通常来说就是做家务,是指家庭成员在日常的家庭生活中必须从事的一种无报酬劳动,包括洗衣做饭、照看孩子、购买日用品、清洁卫生、照顾老人或病人等。结

合学生的实际生活，家庭劳动的内容一般有自我服务、卫生清洁、家庭烹饪、收纳整理、设备操作等。

不同的年龄阶段，家庭劳动的主要内容和要求不同。依据各年级的年龄特征从自我管理和家务劳动两方面，设置了序列化的亲子微课程内容：

亲子劳动项目		一年级	二年级	三年级	四年级	五年级
自我管理	整理类	叠衣服 叠被子	整理书桌 整理床铺	整理书架 布置餐桌	整理衣柜 整理鞋柜	整理房间 布置特色角
	仪表类	洗脸刷牙 系鞋带	穿衣服 剪指甲	梳头 洗小物件	洗晒衣服 擦鞋子	搭配服饰 搭配膳食
家务劳动	工具使用类	扫地 拖地	电饭煲煮饭 使用饮水机	使用燃气灶 使用热水器	穿针引线 钉扣子	使用冰箱 缝补衣服
	家常菜系列	择菜 煮蛋	做汤圆 煮汤圆	烧番茄炒蛋 煎荷包蛋	包馄饨水饺 煮馄饨水饺	烧红烧肉 炒青菜

3. 课程实施方式

班级劳动教育亲子微课程的实施，主要以每周一次的线上班会课以及节庆、重要节日为契机，以亲子"长作业"、亲子"特色角"等活动为依托来推动并施行。

二、活动依托，优化课程实践

依托亲子微课程的实践，我们推动劳动教育润物无声地进入每一个学生的家庭，让劳动回归日常，变成学生的一种习惯。实践出真知，劳动教育更是如此。在广泛实践的基础上，我们对班级劳动教育亲子微课程进行了进一步的探索、总结，并对课程实践加以优化。

（一）依托亲子"长作业"活动，促进课程实践系列化

我班家校联动开发的班级教育亲子微课程以家庭劳动为基础，根据学生的年龄特征，从自我管理和家庭技能两方面设置了课程的内容。在实践过程中，家长们发现每个年级之间的课程内容是有序衔接的，如自我管理方面的整理类，从一年级的叠衣服、被子到五年级的整理房间、布置家庭特色角，这之间是通过各个年级的课程有序承接的。如果在微课程实施过程中，仅仅着眼目前的年级进行单项劳动技能的

训练,会使得整个系列割裂开,破坏了劳动教育的完整性和延续性。

为了解决这一问题,在亲子微课程实施过程中,我们设计了亲子"长作业"活动。针对共同设计和规划好的劳动教育系列主题内容,在家长层面,利用线上家长会等形式对家长进行该系列主题内容的解说;在学生层面,利用十分钟晨会在班级内进行劳动技能学习先导预告,并根据活动内容设计布置相应的家庭劳动"长作业"。

劳动品质的形成是一个由知到行渐进的复杂的过程。亲子"长作业"活动的坚持实施,让家长和学生都能在实践每一系列的班级劳动教育亲子微课程时,经历从认知、行为再到情感体验上的升华,促进了课程实践的系列化。

(二)依托亲子"特色角"活动,促进课程实践个性化

在班级劳动教育亲子微课程实施过程中,有家长和学生发现我们都在做一样的学习和实践,缺少了自己的特色。经过反思,我们发现在劳动教育过程中过于强调了集体和共性,忽略了在亲子微课程实施的过程中主体是一个个鲜活的学生,他们有自己的个性化需求。

于是,我们对亲子微课程内容进行了调整,增加了个性化选做项目,并以亲子"特色角"活动为依托开展课程实践。根据每个学生的特长,在家长的引领和指导下在家中独辟一块角落,成立"特色角",可以是"读书吧""乐器站""植物角""宠物园"等,要让自己的"特色角"真正有特色,需要付出辛勤的劳动。如班级学生小鹏,二年级时在家长帮助下创建了亲子"读书吧",他便承担了家中这一个角落的卫生打扫和整理工作,定时摆放好自己和父母爱看的书籍杂志,清理书架上的灰尘,给书桌上点缀的植物换水,等等。一年来,他将"读书吧"照顾得井井有条,并且还曾在家中成功召开了一次小组读书会,成就感满满。

在亲子"特色角"活动开展的过程中,我们看到了学生个性的闪光点,在展现个性的同时促进了学生自理能力和家庭劳动技能的提升。最为重要的是学生在这个过程中,懂得了只有付出才会有收获的朴素劳动哲理。

(三)依托学校主题教育活动,拓展课程实践的外延

在班级劳动教育亲子微课程实践过程中,将学校各类主题教育活动与之相结合。德智体美劳"五育"本就是一个整体,每一"育"的实现都是联动。劳动的背后也是德育、智育、体育、美育的联动与参与。二者结合不仅能够拓展课程实践的外

延,劳动教育和德育、智育、体育、美育融合在一起,更能有效落实"五育并举"和立德树人的根本任务。

作为学校众多班级中的一个,学校开展的各类主题教育活动我们积极参与,并从中发现了不少能与本班级劳动教育亲子微课程内容相结合的活动。如在学校开展的"向传统节日致敬"主题教育活动中,二年级的任务是完成一次"传统节日美食之旅",与本班级劳动教育亲子微课程家务劳动方面家常菜系列的做汤圆、煮汤圆课程相结合,传统文化与劳动、创意的理念在活动中碰撞交融。"传统美食之旅"活动在亲子微课程的助力下成功举办,学生们在活动中得到了美育、智育、劳育的多重熏陶。

三、评价创新,提升课程价值

班级劳动教育亲子微课程具有集实践性、综合性和创造性为一体的特征,在对学生进行课程评价时,我们改变了传统的课程评价方式,尝试从评价主体、评价内容、评价方式等方面加以评价。

(一)评价主体多层面

班级劳动教育亲子微课程是从学校延伸到家庭,以家庭劳动为载体,老师、家长和学生都参与的劳动教育课程,评价的主体包含老师、家长、同伴和自己。在评价实施过程中,以家长的评价为主,并与老师、同伴及自己的评价相结合,实现评价主体的多元化。家长的评价侧重于过程性评价,同伴的评价为即时的补充性评价,老师的评价注重激励性,以鼓励为主,自评是让学生从自己的角度审视自己在亲子微课程学习中的优点和不足,鼓励学生从中肯的角度进行评价,从四个层面发挥各个评价主体的互补作用。

(二)评价内容多维度

在班级劳动教育亲子微课程实践过程中,从多维度出发制定对学生的评价内容。第一个维度是劳动过程中学生情感、态度和价值观的发展情况,包含其在参与课程实践中的劳动态度,协作劳动意识,劳动过程的时间、次数,以及劳动过程中的意志品质。第二维度是劳动过程中学生技术能力和劳动结果的情况,包含其参与课程实践中利用劳动技术的能力和完成劳动任务的情况。评价内容的多维度旨在让学生不仅重视课程学习的结果更加重视学习的过程,重视坚持学生自我参考的标准,建立从起点看变化的增值评价体系，对参与后续劳动起到指导和激励作用。

（三）评价方式多元化

在对亲子微课程进行评价的过程中，我们利用多种渠道进行评价，使得评价方式多元化。为了便于评价的完成，每一位学生在亲子微课程开始时都会拿到一本亲子微课程"电子成长护照"，记录课程实践的点滴收获；利用班级微信群、钉钉群，在家长帮助下，上传学生亲子微课程的学习情况，让每一位学生获得成就感；利用十分钟队会和主题班会等在班级内定期开展亲子微课程学习交流会，让学生展示自己的学习成果；通过书写课程日记心得的方式，鼓励家长将学生的亲子微课程体验做成网页，在班级公众号中推广与大家分享。除此之外，班级每一个学期还会开展"微课程小达人"评选活动，对学生做出激励性的评价。

教育需要形成合力，这种力量来源于家庭、学校和社会等各方面，劳动教育亦然。就劳动教育而言，笔者认为"主战场"应该是家庭。没有家庭的配合，劳动教育的链条是不完整的。落实劳动教育，家庭生活有着独特而不可替代的重要作用。在家校联动开发班级劳动教育亲子微课程的实践过程中，我们深刻认识到只有家庭、学校都积极行动起来，坚持以家庭为主阵地，将劳动教育融入学生日常学习和生活，才能真正实现"长大后能够辛勤劳动、诚实劳动、创造性劳动"。学校、家庭携手相互配合，家长以身作则且能以专业化的指导来提升参与家庭劳动过程的吸引力，从而引导孩子追求幸福生活和精致生活。

参考文献：

［1］樊兰君.借助家校合力促推"家庭劳动教育"落地生根［J］.陕西教育，2021（9）.

［2］谢沁.劳动吧，小当家［J］.少先队活动，2020（5）.

［3］许倩.劳动教育在少先队队课中的实践与方法探究［J］.上海教育，2021（8）.

［4］孙亦华.家校联动，让劳动教育时尚起来［J］.班主任之友·小学，2019（3）.

［5］蒋莉.以少先队活动为载体的小学责任教育实践研究［D］.四川师范大学，2015.

［6］常保晶.当前小学生劳动教育问题探析［D］.华中师范大学，2005.

谈谈抑郁情绪如何迎"丧"而上

上海市浦东新区进才实验小学 张爱菊

一年级新生梅梅的父母因为孩子上学困难而情绪崩溃,感到很无助。每天早上孩子上学前,父母与孩子都会有激烈的"争吵"。孩子表示不想上学,父母自然坚决不同意。就这样僵持了一周,家长担心再这样下去肯定要影响学业了。实在无奈,他们向学校寻求帮助。入校时,母亲心一急又和保安发生冲突,直到坐在校长室,母亲终于绷不住了,在老师面前哭诉起来。原来,梅梅在校期间学习、活动等都比较正常,但每次中午与爸爸在校门口见面后就会大哭,换班主任后孩子也一下子无法适应。谈话中,母亲一直抹泪,夫妻二人原本就对孩子的教育理念不一致,为此经常争执,加上现在孩子的这种状态,夫妻之间的争吵愈演愈烈,家庭氛围越来越沉闷,身心俱疲的妈妈陷入了抑郁状态。

生活中每个人都有情绪,抑郁这种情绪也可能随时悄然而至。抑郁情绪,有的人也称之为"丧"。"丧":其本意一般认为是逃亡,引申为丢失、失去。当"失"的事发生在你的工作上、生活中、学习里,你此刻的内心一定会感受到不开心,从而引起情绪低落,导致了抑郁情绪的产生。这种状态维持两三天可能就消失了,就像我们得了轻感冒,多喝热水、补充维生素C,感冒的症状就会转好了。当这种状态两三周都没有消失,还伴随着失眠或嗜睡、厌食或暴食、兴趣丧失、疲倦、焦虑等症状时,你有没有意识到你的情绪生病了,心灵得了"感冒"? 如何拯救心灵上的感冒呢? 让我们一起谈谈和"抑郁"相关的话题吧。

一、人为什么会不开心呢?

不知道当你耳边听到"没有意思、无聊、无趣、我emo了"等词语时,你的情绪会不会被"传染"上呢? 在当下的生活中,人们可能面临婚姻出现红灯、升职受阻、学习期望没有达到等多种情况,这些时刻,你有没有出现过心情低落、莫名其妙地想哭、没有心情做事情或提不起兴趣等情绪呢?上述情绪可以称为心境低落,然而你有没有想到自己可能抑郁了呢?怎么会冒出这些情绪的呢?请你带着这样的疑问继续阅读。

通常来说,每个人都会有一些小的情绪波动,比如因为一句话、一个动作可能会不开心、心情低落,也许一两天就好转了,甚至可能上午不开心,下午就好转了。一般称这样短暂的不开心为抑郁情绪。造成不开心的原因可从内因和外因探寻。

从医学上,对于人为什么会不开心,至今没有一个明确的结论,不过我们可以从两个方面进行分析:内部原因和外部原因。内部原因包括个人的遗传因素、生物化学因素、心理环境因素、性格特性,即大脑神经递质发生了变化,这些都容易诱发抑郁的情绪;从外部来看,当遇到特别重大变故、重大事件、特别左右为难的事情,尤其是长时间放在心里无法释放而成为心理的压力、心理的问题,百思得不到解决的方法,很难从中走出困境等内心冲突很大、难以抉择的情况下,容易诱发抑郁情绪。当然很多时候,抑郁情绪其实是内外因素交互作用的结果。

例如有一天,一个五年级学生的家长通过班主任很焦急地找到我,告知孩子在开学之后的两个月性情发生了翻天覆地的变化。以前文静、乖巧、听话,而现在因为一些小的事件就会大发雷霆。作业不做,喜欢做的事情也开始拖延。通过进一步聊天发现,这个女生面临生理的问题、升学的问题、家长的期望、疫情的影响等困扰。后来还了解到,她有个哥哥在上大学时罹患过抑郁症,这位家长因此很是担心。这个案例中的女孩后来被医院诊断为轻度抑郁。因有明显的内部因素(例假、气质类型)和外部因素(家长期望、外部环境)的相互作用,抑郁情绪一时很难得到舒缓。后来家长改变了自己的认知,降低了对她的要求,女孩的抑郁情绪也得到了改善。可见,不论哪个阶段的抑郁情绪都可以从这两个方面自我追溯不开心的根源。

其实,你的开心和不开心就掌握在你的手里,当你掌握了一定的方法,你也可以成为一个洒脱而自在的人。知道吗,保持开心不是一种天赋而是一种能力,它是一种能够洞穿世界真相和本质之后的淡定和从容。

二、生活中抑郁情绪是在扮演什么角色?该如何应对?

试想一下,如果没有抑郁情绪,你的生活会怎么样呢?我们可能会因此无法察觉正在丧失一些珍贵的东西,如我们的健康、财富、亲密关系、地位等。因此,抑郁情绪的影响并不都是负面的,它的存在也有一定的价值和意义。当抑郁情绪出现时,先不要急于否定和排斥，你可以尝试接纳这种情绪，然后想办法把抑郁情绪控制在合理的度上，让它发挥积极作用。

例如，当你被领导批评了，你一天都很难过。同事给你安慰，你的心情可能会平复一些，但你回家可能不想吃饭，你朋友或者你家人很关心地问你怎么了，然后你开始向家人们诉说白天发生的事情，在聊天的过程中，引发了你的思考。这时的你开始反思自己的工作可能哪里还不够，哪些方面还须改进，自己的专业能力怎样可以提升……审视自己的不足，收拾心情继续前行。在这种情况下，你的抑郁情绪可以被视为积极动力的角色，帮助你反思和成长。

当然还可能会出现另一版本：当你被领导批评了一顿，一天都很难过，然后你开始关注别人怎么看你，发觉别人看你的眼神都是怪怪的。此时你的内心开始加工一些负面的想法：领导对自己不满意，将来自己肯定没有出路，自己要不要辞职呢？自己该怎么办？不好的想法越来越多地冒出来，这就是负面情绪及负面想法。这种负性思维模式，就像一个程序植入了我们大脑里面，这个程序在将来的某些时刻就很容易被激活，激活之后就可能会引发出各种各样的负面情绪，这时的抑郁情绪可以被视为消极阻碍的角色。所以为人父母者批评孩子时要小心，不要过多地批评或指责。如何改变这个模式还需要自我练习。

凡事都有两面性，存在就有其意义，抑郁情绪也一样。如果你能认真地对待、好好地审视抑郁情绪，相信你能够收拾心情重新出发！

三、什么样的人更容易被抑郁情绪所困扰？

对咱们人类来讲，幸福不是常态，而痛苦恰恰可能是常态，换句话说，我们每个人一辈子总是有这样或那样的痛苦。这些痛苦呢，又分两部分，一部分叫痛，一部分叫苦。痛的一部分是生物学因素导致的，比如扭伤、偏头痛等，使人有痛的体验；而苦，往往是抑郁情绪的一个根源，比如说重要考试失败了，或者是男女朋友闹分手，想要的东西没买到，被闺密背后捅刀子等情况下，我们就会产生一种苦恼。那么，什么样的人更容易产生抑郁呢？可以从下面四个方面了解一下。

（一）从遗传因素角度

根据研究显示，抑郁情绪被遗传的可能性要占40%～70%，特别是一级亲属出现抑郁情绪的危险性明显高于一般人群。同时，遗传抑郁情绪发生的可能性女性高于男性。如果家族里有抑郁患者，下一代可能会呈现隐形的抑郁，不一定会发作出来,但有一定的基因存在。

(二)从性别因素角度

儿童时期,女童患者比男童患者病例比略低一些。特别要关注的是,儿童期经历过父母的离世、得不到双亲的关爱、受到亲人的虐待,没有安全感的,尤为凸显的是有性虐待经历及其他悲催事件(例如:本来人际关系就不好,又偏偏失去最好的朋友,不知如何与身边的人进行正常的沟通)的儿童是抑郁症高发群体。因此需要特别关注这类孩子,尤其是男童。相反的,成年人罹患抑郁症的男女比例约为1:2。

(三)从人格因素角度

你身边有这样特性的人吗?他对事情过分疑虑谨慎、力求完美,同时自我要求特别高,会用最高道德标准要求自己,为了工作不惜失去自己的朋友或者自己的乐趣,为了健康对自己的生活风格施加很多的限制,如他们会回避与人密切交往的社交活动和职业工作,他们比较容易有焦虑、强迫、冲动等情绪,这类人群较容易被抑郁情绪盯上。

(四)从社会环境因素角度

我们生活在社会的大环境下,什么事都会发生,当一个人遭遇一些不如意,比如重要的亲人突然离世、生活中出现重大事件、经济出现状况、处理不好人际关系、离异、分居、丧偶等,抑郁情绪可能就会出来招摇过市了。抑郁情绪是一种正常的心理反应,偶尔的情绪低落,都是没有关系的,只要抑郁情绪在我们的掌控范围内,不被抑郁情绪所左右,它就还能起到积极的作用。但如果一两个月你还无法走出抑郁心境,甚至已经影响到你的睡眠、生活功能、社会功能,这时,请你一定要多加注意了。

四、抑郁情绪≠抑郁症

人人都会有抑郁情绪,但不会人人都患有抑郁症,抑郁症者一定是有抑郁情绪。抑郁情绪其实是人的主观上情绪压抑、悲伤沮丧的内心体验,给人的印象是脸部表情为忧伤、愁眉不展的体征,这种抑郁状态是可以自愈的。抑郁症的标准有多方面,用专业语言可以表达为“三低”症状:心境低落、兴趣减少、精力下降;“三无”症状:无望、无助、无能;“三自”症状:自责、自罪、自杀。这也是抑郁症最主要的九条诊断条目,但专业的事还需专业的人做,抑郁症需要由专业的医生诊断,它是一种病,跟冠心病、糖尿病一样，是需要治疗的。

（一）辨别抑郁症与抑郁情绪

很多人把抑郁症当作抑郁状态或是抑郁情绪，而不愿意去看医生，导致很多人的情况越来越严重，甚至陷入绝望。当然也有人把抑郁情绪、抑郁状态当作是抑郁症，自己吓唬自己、给自己贴上标签，增加了不必要的心理负担，随后反而还加重了抑郁情绪导致了抑郁症。抑郁状态又叫抑郁情绪，它就像偶尔下雨，但很快就会雨过天晴；而抑郁症就像进入梅雨季节，绵绵细雨持续月余。从持续时间和严重程度上来区分的话，抑郁情绪持续的时间比较短，一般不会超过两周，症状很轻，不会有极端的行为和想法，一般也不会思维迟缓或行动迟缓，只是在那个状态下，人的情绪有点低落，通过自己的调整就能愈合，一般不影响正常的学习和工作；而抑郁症就不一样，它持续时间长，均会超过两周的时间，这期间情绪低落，睡眠也有问题，体重有明显下降或者是明显增加，严重的还会出现一些社会性的退缩，如不吃不喝、不愿见人、精神萎靡，更严重的会有一些极端的想法，甚至会付之于行动。

当抑郁情绪出现的时候，我们要学会躲风避雨，静等雨过天晴。当有了心理问题要及时调节，就像感冒咳嗽一样，喝点水保养一下自己的身体，吃点药，感冒咳嗽可能就会好了，如果你一开始不重视，任由它发展，就可能会发展到肺炎等重病。一般心理问题得不到解决，也可能演变成严重的心理问题甚至心理疾病。记住，当你感觉痛苦，又不愿意和朋友交流的时候，可以找专业人员聊聊。

因此，我们要正确对待抑郁情绪，必要时及时寻求帮助，不要总觉得自己一个人可以扛过去。有时明明扛得身心疲累，就不要勉强自己，找各种理由忽略你内心的感受。请你给自己多一些关注、关爱和包容，把照顾自己放在第一位。

（二）识别微笑抑郁

你知道吗？其实有的人可能在外人眼里是很活泼、很乐观，也很积极向上的。但实际上一到晚上，他一个人时，就会莫名其妙地掉眼泪。可是在别人看来，大家都觉得他那么开朗乐观，怎么会有问题呢？但实际上他自己内心是非常脆弱、非常孤独的，甚至几乎到了崩溃的边缘。他仿佛戴着一个微笑的面具，面具背后却藏着一颗脆弱、孤独的心，我们可以称之为微笑抑郁。当他被困在这种情绪中，也习惯性地戴上了面具，他假装什么都没有发生，因为他既不想把他的这种负性情绪传染给其他人，给别人造成困扰、带来负担，也害怕一旦表现出来就会被别人认为很矫情、格格不入。然而困扰并没有消失，他挣扎着每天都假装着自己没有事，但是却越来越严重，这就是为什么有人会在抑郁情绪中越陷越深。所以面对这样的人群，第一就是需要调节他们的认知，让他们知道自己已经生病了，他们需要积极地治疗、求医；第二要让他们敢于表达，能够直面自己内心的痛苦，而不是用微笑来掩饰，要明白正确表达也是很重要的，痛苦的时候允许自己痛苦、悲伤的时候允许自己悲伤。当你身边有这样的人，最重要的是帮助他们找到值得信赖的人，给予他们支持、认同、陪伴，只有这样，才能真正帮助他们走出微笑抑郁。

记住："只有当我们真正地接受自己，当我们不再憎恨自我的某些方面时，我们才能真正改变。"

设计主题式作业，提升学生写作能力

上海浦东新区晨阳小学　王秀玲

小学阶段对于学生写作能力的要求主要集中在能记录自己的见闻感受和思想认识，用流畅的语言抒发情感，并能与他人交流自己的观点和态度。如何引导学生达成这样的写作能力目标呢？我们知道统编教材在整体编排上呈现循序渐进、螺旋上升、梯度呈现的体系特点。虽然年段写作能力的侧重点与训练要求不同，但都强调在阅读中写作，提倡读写结合的学习形式。依据教材特点，将写作活动和文本学习紧密结合，进行写作活动的开发和设计，形成主题式作业。这样的主题式作业，力求将学生的习作基于活动进行：激发学生表达自我兴趣，从低年段到高年段循序渐进推动学生写作能力的发展，能切实有效提升学生的语文实践能力。

一、以文本为点，提升表达能力

统编版教材以促成学生进行言语建构为目的，重在培养学生从理解运用语言到阅读思维层级发展，最终形成良好的学习习惯。这就需要我们结合学生的年龄特点，设计相应的主题式作业，唤醒学生的创作欲望，引导学生留心观察周围事物，乐于运用阅读和生活中学到的词语写自己想写的话，写想象中的事物。

1. 模仿中掌握表达技巧

在统编版教材中，比较常见的体裁是童话故事、儿童诗等。这样的体裁在表达形式上有一定的典型性，易于指导学生进行模仿练习。我们在教学中结合文本体裁设计主题式作业，不仅能帮助学生构建基本的表达结构，还能帮助学生树立表达的自信。例如一年级下册第八单元是一个连环画单元，一年级学生对于图文并茂的连环画是比较感兴趣的，我们就可以依据文本内容和连环画的特点，设计补白连环画的主题式作业。以《小壁虎借尾巴》为例：

想一想：你认为小壁虎还会问哪个小动物借尾巴呢？

画一画：画一幅小壁虎问（谁）借尾巴的图画。

说一说：和小伙伴合作说一说小壁虎问（谁）借尾巴的过程。

演一演：和小伙伴合作表演《小壁虎问（谁）借尾巴》。

评一评：你觉得哪个故事演得最精彩？

※讲一讲：我还阅读过《　　　　》这篇连环画故事。

通过绘画、编故事、表演等这些学生喜爱的学习形式，让学生参与到学习活动中来，释放学习的天性。学生不仅对连环画这种文体有所了解，补白故事情节的环节，也让学生对文本中特殊段落的句子结构有了更扎实的掌握。同时，借助合理想象，赋予了文本新的内容，更让学生对于模仿文本创作有了浅层的尝试。像这样的主题式作业，紧扣教学目标，关注学生思维能力发展，注重表达能力的训练，同时渗透了习作雏形的实践活动，日积月累，学生就会从编故事中抓到创作的脉络，进而能够自己创作故事。在低年段，类似的课文有很多，到了三、四年级童话故事单元，只要我们挖掘文本体裁上的特点，结合训练点，设计相应的主题作业，学生在模仿过程中掌握表达的技巧就变得更加轻松简单。

2. 想象中锻炼表达能力

我们常说丰富的想象力是写作的基础。统编版教材中有很多生动又贴合文本内容的插图，借助插图，设计主题式作业，引导学生想象写话，让学生在参与学习活动的过程中，在真实的语言情境中，去理解内容，运用语言，提升表达能力，进行积极的自我建构。例如二年级下册第一单元古诗二首《村居》和《咏柳》，一首写景一首状物，朗朗上口，学生很喜欢。如何引导学生在诗句的基础上发挥想象，借助自身的语言生动表达出来呢？我们可以设计这样的主题式作业：

选一选：朗读你最喜欢的一首古诗。

想一想：仔细观察这首古诗的插图，想一想，插图中哪些部分和诗句相呼应。

写一写：搜集优美生动的语句，按照一定的顺序来描述这幅插图。

读一读：把你的写话读给小伙伴听，请他猜一猜你写的是哪首古诗。

古诗文的学习以往多以诵读为主，在诵读中引导学生体会诗歌韵味，感受诗歌的感染力和想象力。这里的主题式作业则在此基础上，引导学生通过观察插图，进行诗图对照，然后用自己的语言描述插图。学生通过有序地描述，用自己的话把古诗的意境书写下来，读给同伴听的过程可以说是一个自我评价的环节，相信同伴的肯定定会给予学生极大的自信。这样的主题式作业可以说就是一个最初级的看图写话。我们知道,二年级的看图写话训练是三年级作文学习的铺垫。写话练习,不仅能帮助学生形成初步的叙事的条理性,也是激发学生用自己的语言表达思想的一个重要阶段。统编版教材每篇课文都配有插图,借助插图,设计写作主题式作业,以课文插图为引线,设计相应的主题式作业,不仅能巩固所学内容,加深学生对文本的理解,还能引导学生用学过的词语或句子进行主题式表达的梳理,锻炼并学生的表达能力。

二、以练习为线,提升感悟能力

如果说学习语文是为了让学生发现语言的优美生动,那么以提升写作能力为目的的主题式作业就是为了让学生能够把生活中的美好依据主题要求记录下来,在记录过程中挖掘生活的美,提升自身的写作能力。

1. 观察实践中提升感悟能力

要挖掘生活中的美好,首先要有一双发现美的眼睛。我们知道,仔细观察是写作的基础和源泉。统编版教材将观察的要求散落在每个年级的诸多单元中。例如:在二年级安排了写观察日记;在三年级提出了观察的要求,给予了观察的基本原则,还安排了观察实验过程,更加明确了观察的有意识性;在四年级提出了写出被观察事物特点的要求。可见,观察能力对于写作的重要性。但只会观察就能帮助学生提升写作能力了吗? 当然,我们还要把观察能力和思维能力紧密结合在一起。设计相应的主题式作业,不仅能巩固学生观察的能力,更能引导学生发现写作的妙趣。

例如四年级上册第三单元以"连续观察"为主题,引导学生体会文章准确生动的表达,感受作者连续细致的观察。依据资料袋的信息,我们可以开展"豆芽生长"周期观察主题式作业活动。从设计观察表到最后的结果展示评价,最后把自己的观察所得写成文,学生运用适当的观察工具,记录事物变化,将眼睛看到的、心里想到的、自己做到的,结合在一起,最终形成一个完整的观察思维的过程,感受植物顽强生命力的同时,自然笔下才思蜂拥而出。这是在三年级某一方面观察描述的基础上,更强调了观察过程的完整性,强调了描述问题和解疑方法的生动性。这样的实验性主题式作业贴近学生生活,符合学生探索世界的需求,在观察实验中,锻炼了学生提炼有效信息的能力,培育了学生将观察和思维紧密结合的能力,提升了学生的观察感悟能力。

2. 迁移思考中提升感悟能力

从文本迁移到生活,有效挖掘学生的生活经验,往往会让学生的感悟能力有很大的进步。例如三年级上册第五单元《搭船的鸟》一课,文笔生动充满趣味,极易激发学生阅读的兴趣,其中作者花了大量笔墨写看到这只美丽鸟儿的想法可谓是一大亮点。现实生活中,我们的学生也有和小动物接触的经历,引导学生联系自身,设计这样的课时作业:

　　说一说:你喜欢哪一种小动物?

　　想一想:回忆你第一次见到(小动物名称)时,想些什么呢? 又是怎么做的?

　　写一写:认真写下你的想法和做法,写出你对(小动物名称)的喜爱。

　　读一读:读一读你写的内容,检查是否把你对(小动物名称)的喜爱写清楚了。

　　查一查:查资料了解更多关于这种小动物的信息。

　　做一做:请给这么可爱的小动物制作一张名片吧!

　　学生在回忆小动物的时候,侧重点多从外形美丽、可爱着手,辅以心理活动描写,虽然可能没有文本中作者看到美丽的鸟儿时那么多想法,但是因为有生活经验,学生反而能够自然表达自己内心真实的想法。抓住事物特点,正确表达自己想法的写作训练目的就达到了。

　　还是以三年级上册第五单元《搭船的鸟》一课为例,我们还可以依据文本内容设计这样的作业:

　　看一看:观看绿毛龟的视频,仔细观察它进食的过程。

　　说一说:你发现绿毛龟进食的特点了吗? 说一说你的观察结果。

　　评一评:谁观察得最仔细,说得最贴切?

　　写一写:模仿课文第4自然段中的动作描写,用上适当的修辞手法,把绿毛龟进食的过程写得更生动形象。

　　这里的作业设计,重点放在观察细节和动作描写这两方面,一个是观察角度的指导,一个是写作角度的指导。或许学生没有养过绿毛龟,但是视频素材给予了学生观察的途径,乌龟印象中的迟钝和进食时的敏捷形成鲜明对比,极大激发学生的兴趣。带着目的去观察才会有新的发现,学生有了发现才能顺理成章把观察结果写出来。相同的文本,作业的设计角度不同,达成的写作目的就会不一样,但是达成的目标是一致的,那就是要让学生能够借助模仿,学会迁移,用自己的语言表达自己的思想。通过这样的主题式作业,学生不仅将生活与书中内容进行了比较,而且将生活融入了文本,又将文本迁移到了生活,这就是"生活即语文,语文即生活"。

三、以单元为面,提升创作能力

　　用流畅的语言抒发自己的观察所得,与他人交流自己的观点,用生动的语言表达内心感受,要达成这样的写作能力目标,我们设计的主题式作业要更有针对性更具备实践性。联系学生的生活实际,着眼于积累语言,启发思维,设计凸显文本特点的主题式单元作业实践活动就是一种最佳选择。例如二年级下册第一、二单元学习内容涉及春天这个季节,我们可以开展"我眼中的春天"主题式单元作业实践活动:

画一画:用画笔描绘一幅美丽的春景图。

写一写:按照一定的顺序,写一写自己画的春景图。

编一编:把你的春景图创编成一首春天的小诗。

读一读:有感情地诵读自己写的春天小诗。

※做一做:综合自己的作品,粘贴成一份春天的手抄报展示。

不同的视角看到的世界一定是不同的。学生对于春天的关注点也各不相同。从描绘春景图入手,再让学生描述图的内容,最后凝练成一首春天的小诗。这样的单元作业设计,以引导学生去观察季节的特点导入,如果说画图是第一次创作,那么写文就是第二次创作,写诗是第三次创作,手抄报是第四次创作,一环扣着一环,学生在这样的实践活动中,不断修正自己的写作方向、内容、言辞,可以说,这项单元作业设计已经从模仿文本上升到了自我创作的高度。像这样让学生在学习文本的基础上,结合生活经验再进行自我创作,不仅激发了学生的写作兴趣,也让学生在写诗、写文中寻找到学习语文的趣味!借助写作的力量,放飞了想象的翅膀。

又例如,三年级上册第二单元中出现了日记这种体裁。同时,我们发现这个单元的文本都围绕秋天展开,无论是古诗还是散文,无论是秋景、秋雨还是秋天的声音,都充满浓郁的秋天的气息。依据学情,从单元学习目标中提炼出单元作业设计要点,我们可以布置一个长周期主题式单元观察实践作业:

把自己观察到的秋天植物的名称和特点记录下来,收集整理。

拍一拍:拍摄秋天植物的照片,记录下它吸引你的原因。

查一查:查找这种植物的资料,制作简单的自然笔记。

赞一赞:以日记的形式,把这种植物在秋天的特点描写下来,表达对秋天的喜爱与赞美。

诵一诵:进行一次朗读分享活动。

※做一做:小组合作,综合小组内优秀摄影作品、自然笔记、日记,完成一份PPT,全班汇报。

这样的单元主题式作业设计首先依据文本内容和课后练习,设定了观察和写作的对象。将观察的对象限定成秋天最有特点的植物,这样的设定,符合学生的能力需求,选择的范围看似狭窄,但最易观察,易于操作。在此基础上,指导学生把自身的观察和资料的查阅进行有机结合,丰富对这种植物的认识和了解;最后借助图文并茂的自然笔记、生动有趣的观察日记、朗读分享、班级展示等学生乐于参与的活动形式将单元作业的成果整合在一起,形式多样,但每一种形式都和写作能力的培育贴合在一起,更直观,更丰富,更有深度,学生乐在其中,写作能力的提升显而易见。

我们需要明确的是,主题式作业是课堂学习实践活动的补充或者延续,是不能取代课堂学习实践活动的。写作主题式作业多元的学习形式设定,能够满足每一个学生的学习需求,让学生体验交流的愉悦、合作的灵动、分享的满足、成长的快意!从而推动学生在学习实践过程中不断尝试、不断反思,逐渐树立信心,敢于肯定自我,形成自信力。引导学生掌握写作方法的同时,培养学生形成细致观察、大胆尝试、深入思考的写作意识和写作品质。

[1]宋宝兰.让学生爱上习作——小学语文习作指导策略漫谈[J].华夏教师,2019(20):50-51.
[2]张媛萃.小学语文主题式阅读教学设计研究[J].课程教育研究,2019(16).
[3]杨孝武.读写结合构建小学语文写作教学探究[J].科学咨询(教育科研),2020,21(9):251.

问渠那得清如许，为有源头活水来

——浅谈如何利用生活资源，提高小学生写作能力

上海市浦东新区江镇中心小学　陈韵艳

《义务教育语文课程标准》中对于写话与习作的教学建议是：写作是运用语言文字进行表达和交流的重要方式，是认识世界、认识自我、创造性表述的过程。写作教学应贴近学生实际，让学生易于动笔、乐于表达，应引导学生关注现实，热爱生活，积极向上，表达真情实感。在写作中，应培养学生观察、思考、表达和创造的能力，要求学生说真话、实话、心里话，不说假话、空话、套话，并且抵制抄袭行为。叶圣陶先生在《写作教学》明确指出："作文不是生活的点缀，而是生活的必需。"叶先生认为，生活是写作的源泉。他在《作文论》中也指出："写作的源头，就是我们的充实的生活。"

因此，如何引导学生积累习作素材，做生活的有心人，表达真情实意，做到"我手写我口，我手写我心"，是非常值得研究的内容。接下来，笔者就如何利用生活资源，提高小学生写作能力，谈谈自己的做法与想法。

一、如何选择生活资源

1. 根据作文体裁选择

任何资源、方法、手段的运用最终都是为达成目标服务，满足学生的学习成长需要，因此在作文教学中，教师必须以体裁为导向，对生活资源进行选择，提高生活资源使用的针对性。

2. 根据作文内容选择

生活资源在作文教学中的运用，有助于学生主动发现生活的闪光点，为作文寻找灵感，将学生已有的生活经验融入语言训练中，激发内在潜能，提高习作兴趣。

3. 根据学习对象选择

在作文教学中，教师既要关注学生的生理、心理、兴趣、学力、知识结构等特点，

也要尊重学生的个体差异,给予不同程度的引导和帮助。教师在教学过程中需要根据学习对象的不同,选取不同的生活资源,因势利导,将生活资源与作文教学相结合,提高指导有效性。

二、如何加工生活资源

1. 取舍

由于生活资源的广泛性,在选择的过程中要注意选取的生活资源和教材知识之间的内在联系是否紧密,没有内在联系或联系不紧密的部分要懂得舍弃。教师要把握好课本知识和生活资源的关系,选取的生活资源与教材知识的关联性越大,越有利于学生的理解、掌握与实践,越有利于教学目标的实现。

2. 转换

生活资源的呈现方式有很多,比如文字、图片、音像、实物等形式,也可以通过游戏、社会实践等形式呈现。各种方式各有利弊。因此,生活资源加工过程中,教师需要根据教学对象、教学目标、教学内容的不同将生活资源转化为不同的呈现方式进行外显与补充,以满足多样化的学习需求,从而更好地贴近学生的生活,激发学生的学习兴趣。

3. 重组

在教学过程中,面对形形色色的生活资源,教师不能简单地拿来就用,首先要把握好教材内容的知识点,再根据知识的特点,思考生活资源和教材内容是否存在直接或者间接的联系,如果没有存在直接的联系,教师应当根据实际通过扩大或缩小、特写或隐藏、改编或叠加等方式处理生活资源,把教学需要的部分凸显出来,建立生活资源与教材内容之间的内在联系。

三、如何使用生活资源

1. 课前使用——补充作文素材

案例一:游记作文教学

游记是以写景为主的记叙文,通过记叙作者游览过程中的所见、所闻,表达作者的真实情感。小学生的阅历有限,眼界也不够开阔,尤其是农村学校的孩子外出旅游的机会更是不多。怎样才能写好游记类作文呢?在备课过程中,教师可以根据每位同学所在的地区充分挖掘当地的乡土文化资源,如名山大川、著名景点、游乐场所等信息资源,鼓励学生选取自己最熟悉的内容进行写作,从而让学生可以在自己所熟悉的生活环境里有感而发,直抒胸臆。

例如在教学语文四年级第一学期和第二学期的习作《推荐一个好地方》和《游记》这样类型的游记作文时,教师在备课过程中,事先调查班级中同学分别来自哪些省市,收集各个省市的著名景点、文化习俗、物资特产等资料。同时,教师给学生布置习作预习任务单,要求每个学生根据自己的籍贯,收集关于家乡的著名景点、文化习俗、物资特产等资料并加以整理,为习作做好准备。在习作指导课上,教师展示事先搜集来的来自各地的各种乡土资源,例如物资特产实物、景点图片、文字信息介绍、视频等。这些乡土资源拓展了学生的思维和眼界,加深了学生对各个地区的印象,为学生习作积累了丰富的素材,使学生的游记作文言之有物,描写更加生动具体,表达更加情真意切。

2. 课中使用——创设生活情境

案例二:想象作文教学

小学阶段习作中,想象类作文多次出现。想象类作文是最简单,却也是最难的作文类型。想象是人们在头脑中依据现实而构想的奇妙的思维活动。通过想象,人类可以凭空"构建"出一个个不同的世界。想象可以天马行空,可以大胆创新,但是,想象必须是依据现实世界的,需要有一定的逻辑思维。教师指导学生写想象作文时,应当提醒学生不能胡思乱想,应让自己的想象以现实为落脚点。鉴于小学生们普遍年龄较小、缺乏生活经验、逻辑思维不够缜密的特点,为想象类作文创设有趣的生活情境的教学方法自身所具备的趣味性,可以有效地激发学生们的习作灵感,让他们以真实生活为支点,插上想象的翅膀,完成一篇篇合情合理的想象作文。

在教学三上习作《我来编童话》时,教材给出素材:国王、啄木鸟、玫瑰花、黄昏、冬天、星期天、厨房、森林超市、小河边。面对这些单调的词语,学生们很难理出头绪,找到灵感。在教学过程中,我根据学生的年龄特点,找到了一些以国王、啄木鸟、玫瑰花为主角的动画片,通过借鉴动画片中的人物关系与部分情节,为孩子们创设一个个有趣的生活情境。学生很快就得到了编写童话的灵感,个个跃跃欲试。同学们有的写了啄木鸟经营森林超市的故事,有的写了国王与玫瑰花互相帮助、共渡难关的故事,还有的写了玫瑰王国里,玫瑰国王寻找宝藏的故事……一篇篇以国王、啄木鸟、玫瑰花为主人公,发生在厨房、森林超市和小河边的童话故事跃然纸上。这些故事充满奇幻的想象、曲折的情节,引人入胜。

由此可见,教师要善于挖掘生活资源来创设一个个不同的生活情境,让学生在感兴趣的情境里、感兴趣的习作中,发挥想象,逐渐掌握习作方法。这样既激发了习作兴趣,又陶冶了情操。

案例三:记叙文作文教学

小学阶段的文章大多以记叙类作文为主,要求学生通过一定的顺序将一件事情发生的过程写清楚。小学生对生活的观察具有随意性和模糊性,身边发生的小事往往很容易忽略,当作文中需要用到生活经验时,就会变得一片空白,无从下手。这就要求教师在作文指导时,要有意识地引导学生再现真实的生活情境,引导学生及时观察及记录,从而提高记叙文的习作能力。

例如在指导第二学期作文《我做了一项小实验》时,教师事先布置学生回家做一项小实验并把做实验的过程用手机拍摄下来。到了习作课上,老师不仅播放了这些视频,还补充了其他的小实验视频,如"鸡蛋浮起来了""火烧纸船""自制彩虹""火山喷发"等。通过在课堂上播放这些小实验的视频,学生不仅能够充分观察实验过程,习作兴趣也一下就被激发出来了。教师同时要求学生记录下自己感兴趣的一项实验的材料、实验过程、实验结果,为习作打好基础。教师正是通过还原再现真实的实验情境,让学生加深了对实验的印象,也给了一些没有成功完成实验的同学更多的间接经验,让大家都能够很好地完成这篇作文。果不其然,学生在课后提交的作文中叙述的实验流程清晰,过程记录详尽,语言生动有趣,佳作频现。

再如,在指导四年级第二学期《我学会了——》一文时,教师也可以用同样的方法重现学习的过程,通过拍摄视频记录过程情境再现的方法,使学生回忆学习的过程,感悟学习过程中的心得体会,更好地完成习作。

3. 课后使用——实际生活运用

案例四:应用文教学

在指导四年级第一学期习作《写信》一文时,这篇作文的要求是正确掌握写信的格式,但是对信的内容不做具体要求,这样的作文最容易言之无物。于是在课前,教师就设定了这封信是有真实用途的,请同学们想好这封信的收件人是谁,并事先准备好收信人的地址和邮编。课堂上,教师将事先准备的信封发给学生,并要求学生根据自己的内心真实想法写下这封信。当同学们知道这不是一次习作,而是真正在写一封信时,他们有了明确的目标,就更有动力了。在老师的指导下,有的同学写了一封信给自己的父母,表达了自己的感激之情;有的同学写信给老师,说出很多当面不敢说的悄悄话;还有的同学写信给自己的朋友,交流最近发生的趣事,期望彼此的友谊天长地久。

一封封书信,语句通顺流畅,字里行间情真意切。这已经不单单是一次习作,更是一次心灵的交流。教师通过结合生活实际应用,给学生确定明确的目标,大大提高了学生应用文写作的兴趣和能力。

四、成效与反思

生活即教育。在小学语文习作教学中,通过生活资源运用,及时弥补了学生写作素材的缺陷和不足,密切学生生活和写作的联系,增强学生的生活体验,解决了作文和生活脱节的问题。通过一段时间教师有意识地引导,绝大部分同学能够做到观察生活、记录生活,在平时的日常生活中积累丰富的习作素材,做生活的有心人,表达真情实意,做到"我手写我口,我手写我心"。

在经过一段时间的实践后,笔者所教班级中的学生对习作的兴趣发生了明显的变化,笔者对于所教班级40位同学进行追踪调查,有10名学生表示喜欢写作,有18人表示比较喜欢写作,占全班总人数的70%。可见,在利用生活资源展开教学之后,越来越多的同学不再觉得习作是一项高难度的作业,开始乐于通过习作表达内心的真实感受,习作热情大大提高。班级中所有参与调查访谈的学生认为,使用各种不同的生活资源,融入习作中,能够帮助他们开阔眼界,变封闭、狭窄的课堂为开放、自由的表达空间,快速地找到习作灵感。平时需要花费大量时间去构思,甚至去虚构或者模仿,现在有了真实的生活体验或是有趣的生活情境创设经验,能够很好地帮助他们找到习作的方向,快速地完成习作,尤其是当遇到考试或是课堂作文时,能够达到事半功倍的效果。

笔者还对上述40位学生的家长进行追踪调查,55%的家长表示孩子独立习作的能力在逐步提高,辅导时间大大减少。10%的家长表示现在孩子可以完全放手自主完成作文。可见,在利用生活资源展开教学之后,越来越多的同学丢掉了"拐棍",也由此可以证明,学生的习作能力有了明显的提升。

然而,在实践研究过程中,同时也发现了不少问题:

1.生活资源的时效性有待更新

近几年来,科学技术日新月异,不断改变和丰富着我们的生活,我们身边的环境不断地变化,孩子们接触的生活也在发生变化,例如孩子们现在喜欢的动画片已经从"喜羊羊"转变为"小猪佩奇",手机日益普及逐渐取代电脑,孩子们日常得到资源的方式也变得更加信息化。在信息化飞速发展的时代,教学环境也发生了大变革,无论是教学对象还是教学模式的选择、教学资源的获取,都对教师能力提出了新的要求。我们教学对象是"10后",他们是数字化时代的孩子,他们的学习方式已经有了很大的变化,这就要求教师适应数字化时代的教学环境,与时俱进,不断更新生活资源,这也是笔者今后作文教学的关注点。

2. 生活资源的选取标准有待完善

经过一段时间的研究,笔者发现生活资源作为教学资源,虽然具有广泛性,但也有局限性,并不是所有的生活资源都能运用于小学生习作课堂教学。在上阶段的研究中,笔者只是根据作文的文体或是主题选择一部分适当的生活资源为教学服务,但是对于如何选取有效的生活资源的标准还有待完善。在习作教学中,怎样的生活资源才是有效的教学资源,如何选取这些资源为作文教学服务将成为笔者下阶段研究的重点。

问渠那得清如许,为有源头活水来。总之,在作文教学中,教师应该致力于使生活资源如活水般源源不断地成为学生习作的灵感源泉,让作文教学渗透学生的生活,返璞归真,回归生活。

参考文献:

[1] 徐海虹.让小学写作还原学生的真实体验[J].黑河教育,2013(11).

[2] 李宗珍.小学环境教育的现状及对策研究[J].亚太教育,2015(24).

[3] 杨慧萍.高中思想政治课学生生活资源加工问题探讨[J].广西:广西师范大学课程与教学论(思想政治教育),2014.

[4] 谢小清.插上想象的翅膀创造写作的辉煌——浅谈写作中的联想和想象[J].走稳成功之路,2016(2).

随风潜入课　育人细无声

上海市浦东新区江镇中心小学　尹灵灵

为人师者,教书育人,古往今来,皆是如此。这就要求教师,不仅仅是让学生获得知识,更要让学生树立良好的行为品行。小学语文课程标准中也指出,语文课程应为提高学生道德品质和科学文化素养,弘扬和培育民族精神,增强民族创造力和凝聚力,发挥积极作用。

因此,小学语文课堂,可以说,在渗透德育方面具有得天独厚的优势。如小学阶段的许多课文、古诗词,甚至现代诗歌都饱含着作者对祖国大好河山的热爱,对英雄伟人的歌颂,对亲情、友情的认识……学生们几乎天天都要接触这些思想性较强的课文,耳濡目染。教师通过渗透德育的方式,使学生在学习中得到更多的感悟,升华道德情感,当然,也为学生深入理解学习内容带来了助力。如何在课堂有限的时间、空间内,育人而不露痕?

一、巧用课本,深挖德育资源

(一) 妙用课本插图,感受真善美

小学生的思维特点是以形象思维为主、抽象逻辑思维不断发展,因而,课文中充满着鲜活有趣、栩栩如生的大量精美图片。借助这些图文并茂的素材,指导学生观察和思索,展开思维想象,不仅可以直观地了解课本知识,还能适时地渗透德育。作为教师,让"美"的观念和意识植根于每个学生的心中,用真、善和美来净化学生的思想和灵魂,是我们的责任,也是德育的一条重要途径。

法国艺术大师罗丹曾经说过:"美是到处都存在的,对于我们的眼睛不是缺少美,而是缺少发现。"在我们的课本中,从来就不乏这样的画面,例如《军神》一文中就有一幅插图,画的是刘伯承端坐在椅子上,沃克医生正打开他右眼上的绷带检查

伤势。沃克医生神情凝重,眉头紧锁,目光中流露出惊讶和震撼。插图生动再现了故事中沃克医生给刘伯承检查伤势的场景,学生在初步了解刘伯承伤势十分严重,他有着钢铁般的意志后,我引导学生观察插图人物的表情,展开想象,让学生和主人公达到情感上的共鸣。

对于小学低年龄段的孩子而言,妙用插图,渗透德育教育,引导他们学会与人友好相处,懂得分享与合作,从而能提高他们的社会交往能力。如《谁和谁好》一课中,配有藤和瓜手牵手、蜜蜂和花朵说悄悄话、白云和风开心玩耍、我和小伙伴开开心心上学校的插图,通过观察这一幅幅插图,孩子们懂得了与朋友友好相处的重要性。

(二)追根求源,感受汉字魅力

识字教学是小学语文课堂不可或缺的重要组成部分。汉字,又是世界上最古老的文字之一。从仓颉造字的传说至今,汉字生生不息,承载了中华民族五千年的文化历史,散发着不朽的魅力。细究每个汉字的背后,都能发现其蕴含的深刻人生哲理和生命智慧。

在识字教学中,若我们能把汉字的演变过程,结合字的特征和结构,引领学生感受汉字在形成过程中的道德传承,这对学生而言,无疑是很好的德育熏陶。如,在教学《天地人》一课的生字时,孩子们不约而同都对我们祖先如何造出"人"字,产生极大的兴趣。我顺势出示甲骨文中"人"字的图片,让孩子们插上想象的翅膀,一同飞到古代,想象那时候的人会做些什么。在孩子们天马行空的想象中,给予他们古人对礼仪的诠释:作为人,首先要有礼,因此,他们见面时,通常会作揖;其次,作为人,一定要会劳动。了解了这些,孩子们自然理解,我们的祖先就是根据人们平时常做的礼仪以及劳动的样子,造出了古代的"人"字,而后,慢慢演变成现在的"人"。

追根求源,孩子们不仅牢牢记住了生字字形,还受到了作为人要讲礼仪、爱劳动的德育熏陶。只要我们在教学中做一个有心人,孩子们定能在提高识字效率的同时,体会中国文化的博大精深。

(三)吟诗诵词,感受家国情怀

我们小学语文教材中出现的许多古诗文内容包含了丰富的家国情感,这些古诗文影响了一代又一代的中华儿女。因此,在古诗文讲解时,挖掘其中的德育元素进行渗透,能有效激发学生的爱国情感,使学生懂得要努力学习,将来才能为我国的社会主义建设奉献自己的力量。例如,《己亥杂诗》这篇古诗,充分表达了作者热烈的爱国情感及豪迈的英雄气概。为了有效实现德育渗透,我让学生先通读一遍,并且引导他们注重诗的停顿。在学生能正确划分停顿后,就由他们自己进行自由诵读。正所谓:读书百遍,其义自见。学生在自由诵读古诗的过程中,渐渐地就能够体会出作者的情感。在他们完全能熟读古诗的情况下,我进行重点的德育渗透教学,引导学生理解"我劝天公重抖擞,不拘一格降人才"这两句诗句的具体含义,以及表达了作者怎样的情感。

通过古诗文进行爱国精神渗透教育,这对学生的德育素养提升有着重要作用。

(四)抓关键词句,深化情感体验

每一篇文章都是作者的心声,一字一句隐含着作者的情感和观点。因此,在教学中要努力抓住文章的关键词句,甚至咬文嚼字,从而揣摩其中的德育内涵,深化学生的情感体验,领会课文的文化底蕴。例如,在教学《陶罐和铁罐》时,我紧扣题眼提问,陶罐和铁罐它们最后的结局如何?你从这个故事中体会到了什么?学生通过课文中"傲慢""相提并论""轻蔑"等词体会到了做人的真谛,也明白了每个人都有自己的长处和短处,我们要看到别人的长处来弥补自己的短处。通过对课文内容的咬文嚼字,孩子们明白了,人都有自己的优缺点,正视自己的不足,才能有所长进。

(五)借助习作,表达真情实感

作文是一个对内心世界进行直接反映的载体,学生借助习作表达自己的真情实感。在这个引导过程中,加强德育教育,能让学生的作文更有感染力。例如,在练习习作《那一刻,我长大了》中,我结合本单元的课文内容,如《祖父的园子》《月是故乡明》等课文进行有效引导,让学生能从相关课文的表达中感受作者的真情实感,通过让学生回顾课文内容,对作者的家乡及当地的风土人情有更多的了解,并能从课文的相关描写中感受到作者的思乡情结。在此基础上,让学生回忆自己的成长故事,将其形成一篇情感饱满的作文,来表达自己热爱家乡的真挚情感。

二、善用多媒体,丰富德育手段

(一)创设德育教学情境,激发学习兴趣

德育教学情境的创设,有助于推动德育教育的有效开展,让学生能够全身心地投入到教师所创设的特定情节中,进而获取丰富的体验,在无形当中渗透德育教育。例如,在《四季之美》课堂教学过程中,我利用多媒体技术,创设出和课文内容相关

的教学情境,把祖国各地四季不同的美丽景象通过图片和视频的方式进行呈现,同时,恰如其分地引入文章内容,带领学生朗读课文,进而激发学生对生活、对祖国热爱的情感。

通过创设语文教学情境,能够更好地在教学中与德育相结合,提升学生德育教育的质量,将文章所要表达的中心思想内化为自己的理解,在养成良好的品质的同时,更牢固地掌握语文知识。

(二)导入生活素材,烘托课堂氛围

在课堂教学过程中导入生活素材,能够使教学内容与实际生活相联系,对于烘托课堂氛围能够起到助推效果。在教学过程中,结合我国发展过程中的经典事迹,能够有效加强阅读教学的德育功能。例如,在学习《吃水不忘挖井人》这篇课文时,我先让学生阅读文章内容。随后,通过多媒体导入素材为学生播放图片和视频,向他们展示挖掘水井的过程。通过展示传统人工作业和现代机械作业,学生能够在直观的画面下深入了解人工作业挖掘水井的不易,感受革命先辈为了新中国建立而奋斗时经历了怎样的苦难,感受老百姓对毛主席以及革命战士的感恩之心。多媒体的合理运用,营造出一个生动的课堂氛围,使学生能够更加投入到教学活动中去,借此加深他们的情感体验,使其在阅读课文的过程中能够更加了解文章的深刻内涵和革命精神,鼓励他们在日常生活中也要常怀感恩之心。

综上所述,我们教师可结合语文特点,利用好丰富多彩的课本资源,借助多媒体,立足课堂教学,进行多维度、多层次的德育渗透。那么,在语文教学中渗透德育就会收到事半功倍的效果。

低年级趣味识字教学初探

上海市浦东新区东方小学　秦雨雯

《义务教育语文课程标准(2022年版)》指出：要重视学生主动识字的意识和能力的培养,让学生喜欢汉字,有主动识字和写字的欲望。识字是小学语文教学的重要内容之一,是学生从运用口头语言过渡到书面语言的桥梁。对低年级学生来说,识字更是为之后的阅读、表达、写作奠定了重要的基础,所以低年级的识字教学显得尤为重要。起步阶段的语文教育,要尊重儿童,准确把握儿童身心发展的特点,关注学生已有的知识经验和生活经验,保护儿童探索世界的好奇心,让学生在玩中学,在喜闻乐见的游戏活动中学习。这提醒我们教师要灵活运用各种方法、创设多种情境来进行教学,培养学生主动识字、主动学习的能力。

由于缺乏低年级的教学经验,在刚开始的课堂识字教学中,我把重点过多地放在让学生记背识字方法和强调笔画、笔顺上。经常是我出示一张生字卡片,学生就用之前教授过的识字方法进行识记,如加一加、减一减、换一换、找好朋友,学生的思维被局限于这几种识字方法,形成了机械呆板、死记硬背的识字模式。在学生的课后反馈中,我也发现一些问题:当学过的生字一段时间后再次出现时,学生忘记了读音;练习册和写话练习中频频出现错别字;学生难以区分一些形近字和同音字等。学生对于主动识字兴趣不高,被动学习。这使我开始反思自己的识字教学,这样单一的识字模式是不是不利于对学生识字能力的培养? 于是,我对如何运用丰富多样的教学方法来提高识字教学的趣味性进行了思考和探索。

一、创编游戏,激发识字热情

一次,学生在教室内进行棋类活动,我发现几个孩子正围坐在一起玩扑克牌,且玩得十分投入,我走上前打算一探究竟,发现他们的玩法和常规的扑克牌不一样。

我询问其中一个孩子："能不能告诉老师你们的玩法规则呢？"孩子回答："这是数学老师教我们的方法，用10以内加减法来玩扑克牌，每一次给每人发两张牌，在剩下的牌里找能和手里的牌凑成一个加法或减法算式的。"听了孩子的话，我明白了原来数学老师把加减法这一教学内容和牌类游戏结合在一起，不仅让学生巩固了课堂上的内容，又从中感受到了乐趣。这给我带来了启发，语文教学也应该与孩子喜欢的游戏结合在一起，让识字融入孩子的生活。

于是，我搜集了一些识字小游戏并在班内开展识字比赛，让学生从语文书中任选一个单元的生字进行归类整理，根据这些汉字制作一个识字飞行棋棋盘，鼓励学生绘制有创意的棋盘，在每一格棋盘中端正书写选取的汉字，并加入自己的创新玩法，制作完以后还可以和自己的家人或者同学一起来玩一玩。果然，孩子们个个情绪高涨、跃跃欲试，甚至是一些平时对学习提不起劲的孩子也开始加入创作中。孩子们绘制的棋盘作品色彩丰富、玩法各异，且书写的汉字都方方正正、端正漂亮。其中，令我最印象深刻的是一个女生的作品，她制作了一个偏旁骰子，骰子的六面分别是一些平时学过的偏旁，棋盘格子内是生字中的部件，偏旁和部件如果能构成一个生字就可以往前进，这份创意飞行棋令我眼前一亮，于是我马上在全班面前表扬了这个孩子，并让她向大家介绍展示自己设计的飞行棋，班里的其他孩子兴趣浓厚，都争先恐后地想要来试一试。这样的玩法让加一加这种部件识字法变得更富有乐趣，也激发了学生的识字热情和兴趣。学生创作后，在班级内进行分享展示和"和我一起玩"活动，并对一些优秀作品颁发"最佳创意奖""最佳书写奖"和"最佳绘画奖"，这样的奖励方式有利于进一步调动学生的积极性，在培养学生识字能力的同时，也鼓励他们学会分享、乐于分享。

经过这一次的识字飞行棋活动，我发现识字游戏比传统让学生记住识字的方法更富有成效。在平时的课堂或课余时间，我也开始穿插一些识字小游戏，如跳格子：将几张生字卡片放在地上，学生拼读和组词后就可以跳向另一张生字卡片，全对的学生可以获得奖励；根据汉字的字形结构给篮子分类，如：左右结构、上下结构、全包围结构和独体字，再让学生把生字卡片放入对应的篮子中；你做我猜：根据生字做出动作，让另外的学生来猜一猜这个字等。有了这些识字游戏，课堂氛围变得热烈起来，一些平时上课容易走神的孩子也充满热情地投入其中，学生的自主识字能力得到了进一步的提升。同时，我也鼓励学生平时在家和家人一起玩自己创编的识字游戏，有家长也向我发信息反馈：以前在家记背生字、默写生字时，孩子总是出现厌烦情绪，现在能够通过另一种更有趣的方式帮助孩子在家巩固学过的汉字，孩子更有兴趣了,同时也增进了孩子与父母之间的感情,一举两得。

刚入学的儿童活泼好动,对周围的事物充满了好奇心。教师要根据学生的年龄特点和学习兴趣,设计一些趣味游戏,让原本枯燥乏味的识字教学变得乐趣满满,激发学生强烈的求知欲望和学习兴趣,让学生在一个轻松愉快的氛围中学习汉字。

二、溯源识字,感受汉字文化

课程标准中指出,学生不仅要认识汉字,还要培养热爱祖国语言文字的感情,感受到中国汉字文化的无穷魅力。在统编版的一年级教材中,学生接触了很多由甲骨文演变而来的象形字,如一年级第一学期的《日月水火》,这是学生入学后第一次接触象形文字,课文中的每个字都与图片相结合,图片与汉字对照,揭示了象形字观物取象、以象示意的特点,也能够让学生巧妙地识记字形,同时感受古人造字的智慧。在教材图片的基础上,我给学生出示了一些生字演变动画,如:“火”这个字很像柴火堆上燃烧的火苗的形状,古人根据火的特点造字,甲骨文的“火”就像三股腾腾燃烧的火苗,小篆的“火”变为了简单的线条,现在的简体字“火”则进一步规则化,中间的“人”字就像火堆,两边的点和撇就是分散开的火苗。之后,带领学生一起观看《结绳记事》和《仓颉造字》的故事动画,一起阅读《三十六个字》中的绘本故事,学生看得津津有味。汉字的起源是原始的图画,象形字就是由图画文字演化而来的,学生明白了每一个汉字都来自祖先的创造,激发了对汉字的好奇心和探究欲望,发现汉字背后深厚的文化意蕴。“古今对照、字源识字”的方法让学生根据图画识记汉字,实现了从形到意的过渡,于是在平时课堂的随文识字中,我开始经常运用象形字这一好方法来帮助学生识记字形,如《动物儿歌》中的“网”、《人之初》中的“善”和“教”、《小动物和小鸭子》中的“身”等,学生在写字时也能够把文字和图片联想到一起,就不容易写错字。

在一年级下册教材中,“爪”和“瓜”这两个生字字形相似,学生很容易混淆。虽然学生可以在课堂上说出这两个形近字的区分方法,如“瓜”的中间笔画是竖提、点,“爪”的中间笔画是竖,还可以通过组词来区分这两个生字,但是在学生的写字作业中,还是发现有很多学生把这两个生字写错,说明死记硬背两个生字的区别对学生帮助并不大。我开始思考:是否也可以用象形字的方法来帮助学生区分这两个形近字?于是我分别搜集了“爪”和“瓜”的演变图片让学生观看,“爪”字的甲骨文是一只指尖朝下的手或鸟爪的形状,而“瓜”的甲骨文就像瓜蔓上吊着一个大瓜。这时,一位学生高高举起了手迫不及待地发言:“老师,爪字中间这一竖就像是手指,瓜字中间的竖提就像是藤蔓,那一笔点就是结出来的果实。”听了孩子的发言,我非常惊喜,他已经能够把象形字这一识字方法进行迁移运用,通过想象和分析字意来区分这两个形近字,我高兴地表扬了他,并让学生们画一画"爪"和"瓜"的象形字,再和现在的简体字进行对照,发现它们的区别。学生以后再写这两个字时就可以回忆它们的甲骨文字形,和这两种事物的外形特点结合在一起,错误率自然减少许多。趁这个机会,我对"爬"字也进行延伸教学,"爬"这个字中的偏旁是爪字旁,有学生也会不小心写成"瓜"字,向学生解释:"爬"需要用到动物的爪子或者人的手和脚,向前移动,所以它带有爪字旁。并且让学生做一做爬的动作来体会,这样学生以后再写到"爬"这个字时也能避免把偏旁写错。

这一次的经验提醒了我,在学习生字时要避免枯燥单一地向学生灌输生字的笔画和特点,而是可以让学生结合汉字的造字方法,自己去观察、探索字形的演变,再通过联想加深记忆,这样不仅让学生体会到博大精深的汉字文化,还培养了主动识字的能力。

三、生活识字,丰富知识储备

为了进一步提高学生研究汉字的积极性,丰富学生的语文知识,我设计了一项汉字卡片袋制作活动:我给每位学生发了一个精美的袋子,鼓励学生除了教材、课外书以外,还可以从平时生活的所见所闻中选取汉字,如食品包装袋、家里的用具、电视新闻、车站和超市等,将识字和学生的实际生活相结合,引导学生养成在生活中留心观察汉字的意识和习惯,并学以致用。接着通过查字典的方式给这些汉字注音、组词,基础好的学生甚至可以根据词语进行造句。如果这个汉字是象形字,就可以结合课堂上观看的生字演变动画或是自己搜集的资料,来画一画汉字的演变过程,配上花边和图画,然后把自己制作的生字卡片全部放入自己的卡片袋中,最后比一比谁积累制作的生字卡片最多,授予"汉字小达人"称号。学生的积极性一下子被调动起来,纷纷开始制作属于自己的卡片袋。在下课时,还能看到不少学生在座位上认真地在卡片上书写;有些学生走出教室,在校园里寻找汉字。学生对于这样的实践活动充满了兴趣,同时也养成了在生活中观察和积累识字的好习惯。

在完成卡片袋后,在班级内开展交流分享活动,学生可以选取自己的几张汉字卡片,先说一说是从哪里认识了这些汉字,接着以第一人称的形式对汉字进行介绍,我向学生提供句式:我是____字,我可以组词____,甲骨文的我____(字形特点),接着我慢慢演变成了现在的简体字_____(字形特点)。下面是一位学生的分享范例:我是"羊",我可以组词山羊、小羊,甲骨文的我脑袋上长了两只弯弯的羊角,当我演变成现在的简体字时,我的羊角就变为了笔画"点"和"撇"。这一活动不仅能增加学生对汉字的认识,对学到的生字进行巩固,同时也锻炼了自己的口头表达能力,学会规范表达。

经过对低年级趣味识字教学的初步探索,形成了一些良好的经验,识字教学相比一开始已经有了很大的改善,课堂气氛逐渐变得轻松活跃,学生的识字能力和识字兴趣也在逐渐提升,但还存在几点需要改进。

(一) 增强汉字理论储备

教学方法需要建立在足够的理论知识上。中国的汉字文化博大精深,作为教师,我还需要掌握了解更多关于汉字的理论知识,深究汉字的造字规律,增加自己的知识储备,避免在课堂上出现读错、解释错误的现象。平时阅读一些关于汉字的书籍,如《汉字的故事》《说文解字》等,在课堂上可以向学生讲解一些汉字的由来和有趣的故事,发掘汉字的文化底蕴,培养学生对祖国汉字的热爱,从而探索创新更多样化的识字方法。

(二) 注重识字评价

针对学生的识字过程和成果给出更多元化的评价,不仅仅以学生识记了多少字和作业正确率为评价标准,还要注重学生在识字过程中的探索能力和创造能力、识字的兴趣和习惯,以及关注到学生的个体差异性。在学生的识字学习过程中,多给予正面的表扬和鼓励性评价,并提出一些自己的建议,激发学生的识字热情。同时,除了师评以外,还可以采取自评和生生互评的形式,给予学生评价标准,引导学生学会评价和总结自己识字过程中的探究所得,同时向他人取长补短,进而提升识字能力。

综上,识字教学需要教师转变传统枯燥单一的识字教学方法,遵循儿童的认知规律、生活经验,以及汉字的造字规律,不断地对趣味识字方法进行挖掘和探索,创设丰富的情境,设计一些游戏和实践活动来调动学生的识字积极性,引导学生主动发现汉字的造字规律,培养学生自主识字的能力,体现学生在学习活动中的主体地位。

参考文献:

[1] 吴素红.让识字教学丰厚起来[J].小学语文教学园地,2019(10):41.

[2] 熊进燕.小学识字教学的优化路径探析[J].科学咨询,2021:244-246.

[3] 刘雅萍."双减"背景下识字教学的应然追求[J].小学语文教师,2022(2):64-67.

"把握文章主要内容"教学中存在的问题和对策

上海市浦东新区进才实验小学西校　钱青尔

"能初步把握文章的主要内容"是《义务教育语文课程标准(2022年版)》中对第二学段(3—4年级)的学生提出的明确要求。为了有效地落实这一目标,统编四年级教材中循序渐进地编排了三次与之相关的单元语文要素。

其中,四年级上册第四单元的文本内容只涉及一个事件,因此学生把握文章的主要内容时,只需要去梳理一件事的起因、经过和结果。而同册教材第七单元中的文本围绕主要人物,写了多件事,学生要想把握整篇课文的主要内容,就需要对多个事件进行梳理、概括和串联。

随着文本难度的提升、学习要求的提高,学生在学习过程中也显现出了各种各样的问题,且这些问题具有普遍性。据此,下文以四年级上册第七单元的两篇阅读课文——《为中华之崛起而读书》和《梅兰芳蓄须》为例,通过分析学生在学习"把握文章的主要内容"这一语文要素时出现的问题,找到相应的教学对策,探寻提高学生"把握文章主要内容"能力的有效途径。

一、主要事件缺失

(一)现象描述

本单元的两篇叙事性文章都包含了多件事,学生在把握文章主要内容时容易被文本中出现的众多人物和事件干扰,造成重要信息缺漏等问题。很多学生在交流文章的主要内容时,只能关注到多件事中的某个事件,如占用篇幅最长的事件,或者自己感触最深的事件等。

例如,《为中华之崛起而读书》一课,因为第一件事所占用的篇幅相对较长,再加上标题给学生带来的先入为主的印象,很多学生只关注到了第一个事件——

周恩来回答魏校长自己是为了中华之崛起而读书,却忽略了课文中的另外两件事。

而在《梅兰芳蓄须》一课的学习中,不少学生因为对梅兰芳拒演这一部分体会最为深刻,所以只选取了这一段来把握主要内容,却忽视了梅兰芳拒绝表演的方式,也忽视了他所遭遇的艰难险阻。

(二)教学对策

1.抓时间地点,明确写了几件事

要把握包含多个事件文章的主要内容,首先应明确课文一共写了几个主要事件。这一步骤看上去虽然简单,然而,因为文本中出现的事件较多,当学生们在判断文本中的某段内容是属于独立的事件,或者仅仅只是某个事件发展过程中的一个阶段时,会产生不同程度的混淆。这时,作为教师,可以引导学生从提取时间信息和地点信息入手,如果文章中所叙述的事件在时间和地点上都发生了很大的变化,而且这些变化没有以必然的叙事逻辑为基础,就可以认为是不同的事件。

《为中华之崛起而读书》一课中,三处时间信息分别是"新学年伊始""十二岁的那年"以及"一个星期天",分别与"修身课上""奉天"和"租界"这三个地点对应。与此相应的事件,则依次是"修身课上谈志向""听伯父说中华不振"以及"目睹中华不振"。当文中的时间以及地点等信息发生转换时,并不与必然的叙事逻辑相对应。比如,周恩来听伯父说因为中华不振所以不能去租界,并不代表之后周恩来必然会去租界,并在租界目睹中国妇女被欺凌。从而可以确定,这个文本一共叙述了三件事。

2.提供支架,模仿迁移

对于第二学段的学生来说,他们的思维方式开始由具体的形象思维逐步向抽象的逻辑思维过渡。所以,教师宜将为学生提供的学习任务单、思维导图、各种示意图、板书设计等作为支架,为学生的模仿迁移搭建攀梯。

如《为中华之崛起而读书》一课,教师可以根据时间、地点、人物的言行,设计出一份学习任务单(见表1),引导学生对文章的主要内容进行梳理。如表1所示,通过表格式的学习任务单为学生提供支架,就能让学生非常明确地从文本中找出一共写了三件事,以及这三件事的时间、地点,主要人物的言行分别是什么,从而归纳出三个主要事件。

表1 《为中华之崛起而读书》学习任务单

时　　间	地　　点	人　　物	主要人物（做什么）
新学年开始	修身课上	魏校长 周恩来	魏校长（问） 周恩来（回答）
十二岁那年	奉天	伯父 周恩来	伯父（告诉） 周恩来（疑惑不解）
一个星期天	被外国人占据的地方	中国妇女 周恩来 同学 围观的中国人	中国妇女（被欺负） 周恩来（看到、体会）

又如，虽然《梅兰芳蓄须》一课的主要人物显而易见，但在归纳梅兰芳拒绝为日本人登台表演的方法时，学生从文中提取出了非常多的信息，如移居香港、蓄须明志、打针装病等。在总结梅兰芳遇到的艰难险阻时，学生同样也会发现信息非常冗杂，例如无法登台演出、卖房度日、险些丧命等。面对如此大量的信息，许多学生在处理时会不知所措。这时，教师同样可以借助学习任务单（见表2），指导学生从课文中提取时间以及拒演的原因、办法、面对的困难等信息，从而把握文章的主要内容。

表2 《梅兰芳蓄须》学习任务单

时　　间	原　　因	拒演方法	困难和危险
1937年	不断纠缠	藏身租界　远避香港 深居简出　不再登台	虚度艺术生命
1941年	多次逼迫 随时骚扰	蓄须明志	卖房度日
庆祝"大东亚圣战"时	强令上台	打针装病	险丢性命

二、主要人物不突出

（一）现象描述

叙事类文章，通常会出现多个人物。在多人物事件中，从不同人物的视角进行表述，表达出来的意思和重点也是有区别的。而学生在表述文章的主要内容时，往往会根据人物的出场顺序进行概括，导致主要人物的言行不突出。

（二）教学对策

在把握文章主要内容时，我们应该引导学生确定"主要人物视角"，从主要人物的视角去把握整件事的主要内容，做到紧扣主要人物、明确文章重点。

《为中华之崛起而读书》一课中的第一件事，出现的人物除了周恩来，还有魏校长。如果把修身课上的事作为单个事件来看，那么，在把握该事件的主要内容时，学生可以从魏校长的视角出发，表述为："修身课上，魏校长听到周恩来说出'为中华之崛起而读书'的远大抱负，他感到十分震惊，并连声赞叹。"学生也可以从周恩来的视角出发，表述为："修身课上，周恩来说出'为中华之崛起而读书'的远大抱负，得到了魏校长的赞叹。"这两种表述，都说清楚了第一件事的主要内容。然而，如果从整篇文章审视，就会发现由于全文的主人公是周恩来，因此，在把握主要内容时，我们选择的角度一定是从周恩来出发的，而不是魏校长。所以，在课堂教学中，教师应该先让学生明确课文中的主要人物究竟是谁，然后从主要人物的视角出发来把握文章的主要内容。同理，将文章中的多个事件进行串联的时候，也必须从主要人物的视角来进行表述。

又如《梅兰芳蓄须》一课，在"打针装病"这一事件中，叙述其他人物言行所占据的篇幅超过了直接写梅兰芳言行的内容。从以下两段文字的表述中，可以看出"主要人物视角"对于把握文章主要内容所起的作用。在教师指导以前，部分学生往往会按照事情的发展顺序来进行概括，如："日本人要梅兰芳上台表演。为了不给日本人表演，梅兰芳找了一位医生好友。好友被梅兰芳的爱国情怀打动，于是为他打了伤寒预防针。日本侵略者派了军医前来查看，一看梅兰芳确实在发烧，便只能认定他的确得了大病，因此无法上台演出。梅兰芳因为这场病险些丧命。"这样的概括不仅冗杂，而且淡化了主要人物。

通过教学，让学生从主人公的视角进行表述，如："梅兰芳拒绝为日本人表演，因此他请一位朋友为自己注射伤寒预防针，导致连日高烧，险些丧命。"

经过对比，我们可以发现，"主要人物视角"的确立，有助于删减冗余的信息，对于准确地把握文章的主要内容，有很大的实用价值。

三、主要内容表述不连贯

（一）现象描述

包含多件事的文章，如果学生未能理解这些事件之间的内在联系，那么就会在表述时重点模糊、条理不清。教学中，在串联《为中华之崛起而读书》的三件事的时候，学生大都遵循文本中三件事出现的顺序，即依"修身课上周恩来说出志向—来到奉天耳闻中华不振—目睹中国妇女被欺负，感受到中华不振"的次序来表述,这与学生未能理清事件之间的内在联系有关。

（二）教学对策

1.理清文本中事件之间的逻辑关系

在教学中,教师要引导学生独立思考,发现在写多件事的文章中,事与事之间存在着联系。在《为中华之崛起而读书》一课的教学过程中,可以先让学生试错,这时,学生往往会先根据他们已有的经验,直接将文章中出现的三件事按文本编排的顺序串联起来。但在尝试中,学生们会发现,直接将几件事罗列起来的表达是不连贯、没有条理的,而且很难把课文的主要内容表述明白。此时,教师应该进一步指导学生理清几件事之间的内在关联,使学生理解文章的作者为了凸显表达效果,运用了倒叙结构。而在把握主要内容时,我们应该根据事件发生的顺序,或以事件之间的因果关系来表达。

2.抓住要点,连点成线

在学生明确了主要人物和主要事件后,教师可以为学生提供一些关联词,从而帮助学生能够更加连贯地表达文章的主要内容。比如,当教师让学生按照事情的发展顺序来串联文章中的几件事时,可以提供"接着、然后、再……"等关联词。当然,也可以按照因果、转折、递进等关系,提供相对应的关联词。例如,《为中华之崛起而读书》一课,教师既可以让学生按照三件事发生的先后顺序来把握文章的主要内容,也可以根据事件之间的因果关系,提示学生可以用上"之所以……是因为"这组表示因果倒装关系的关联词,把三件事串联起来。

四、主要内容表述不简明

（一）现象描述

课堂教学中,我们会发现,学生在把握文章的主要内容时,他们的表述往往不简明。比如学生常常照搬课文中的原话,有的同学还会随意加入自己对事件的观点和体会,导致"把握文章主要内容"变成了"详细复述课文"。

（二）教学对策

1.呈现典型,比较引导

课堂上,教师可以先让学生自己交流课文的主要内容,在学生进行交流后,出示一些好的表述,并让学生比较自己的表述与老师出示的表述之间的区别。通过对比,使学生了解"简明"的含义,明白在把握文章主要内容时,怎样的表达才是符合既简洁又明确的要求的。之后,再让同学们修改并交流自己的回答。

2.整合归并,语言简洁

把事件串联起来并不等同于直接把几件事进行相加或者合并,而是要仔细思考哪些事件是重要的,并突出它们;哪些内容是可以加以整合的;又有哪些内容是可以删减的,这样才能使表述变得简明和通顺。

(1)整合归并。当文章中的多个事件具有相似的成分时,就可以对这些成分进行整合归并。"蓄须明志""卖房度日"以及"打针装病"是《梅兰芳蓄须》一课中的三个事件,这三件事的起因和结果是非常相似的,所以我们在把握主要内容时,就可以将三件事的起因和结果进行整合归并,使语言更简洁。

(2)省略。有一些信息可能对某件事来说是不能忽视的,但对于整篇文章而言,就没那么重要了。《为中华之崛起而读书》一课,魏校长问学生们读书的原因这一片段,对于第一件事来说,是整个事情的起因,因此在把握第一件事的主要内容时必须提到。但是这段内容放到整个文本中就不那么重要了,表述时完全是可以省略的。

(3)包含。在文本中,作者为了表达的多变性、精准性,对同一概念的表达,往往有许多种不同的方式。我们在把握文章主要内容的时候,可以适当忽视这些并不对主要内容产生影响的差异。比如,在《梅兰芳蓄须》一课中,出现了多种对日本侵略者的称呼,如"日本侵略军""日本侵略者"等,这时,教师可以告诉学生这里的称呼不必区分得过于清楚,统一用一个称呼如"日军"来加以总括就可以了。

总之,教师应该关注学生在学习"把握文章的主要内容"时存在的问题和产生的原因,寻求突破对策,引导学生逐步学会从文本中提取、区分、提炼和归纳信息,循序渐进地提高把握文章主要内容的能力。

参考文献:

[1] 陆霞.把握关键期　抓好"承""转""跃"——叙事类文本"把握文章主要内容"教学策略谈[J].教学月刊小学版(语文),2021(Z2):49-52.

[2] 王珊珊."把握文章主要内容"教学存在的问题与对策[J].小学教学参考,2020(28):63-64.

[3] 连忠友.关注三"度",助力学生把握文章主要内容[J].教学月刊小学版(语文),2020(10):38-40.

[4] 谭桂珍.学生把握文章主要内容存在的问题与对策[J].广西教育,2019(17):55-56.

重视小学语文差异化教学

上海市浦东新区进才实验小学西校　张　伟

"因材施教"自古就有。近年来,教育部也明确提出了中小学要注重差异化教学,新课程标准中更是强调了学生的主体地位。可见在新时期的课堂上实施差异化教学是重要的,也是必要的。

众所周知,每个学生都是独立的个体。在教学中,教师应重视差异化教学,关注和尊重学生的个体差异和不同的学习需求,充分利用差异化教学理念,采用不同的教学策略,优化他们的学习体验和感受,使他们都能在共同学习中获得成长。

差异化教学是一种适应学生多元的学习情况,采取多种形式的教学方法来调整教学内容与教学过程的新教学理念。我们教师要打破传统的教学限制,做到以生为本、面向全体,最大限度为他们创造和提供适合每一个学生自身发展的方式。那在小学语文课堂中开展差异化教学有哪些现实意义呢?我们教师又该如何合理、有效地设计差异化教学呢?下面就结合教学实际谈一谈个人的一些看法。

一、实施差异化教学的现实意义

1.发挥学生主体作用,优化学习体验

以往的传统教学对学生多是单向的知识灌输,忽略了学生们的学,缺乏良好的学习体验。小语专家于永正老师曾说:课堂上,老师的眼睛不要只盯着"语文",还要盯着"人"。教学时,一只眼睛盯着"语文",一只眼睛盯着"人",这才叫完整的语文教学。我很认同,这和我们所倡导的"把课堂还给学生"等言论是一致的。

差异化教学就是适时调整了教学内容和教学方式来面向全体学生。学生也会根据自己的能力、兴趣等来选择完成相应的学习任务。有了满满的参与感和课堂归属感,心里自然会感到课堂的温暖,这无疑充分发挥了学生在课堂上的主体作用。

2.促进学生综合能力提高,激发内生动力

传统的教学模式很大程度上是不符合学生作为独立个体所具有的学习发展的特点的,不利于对学生思维、理解、探索等能力方面的培养,甚至会制约教学,造成小学语文教学成效低的问题。学生们在课堂上的成长和学习,需要的不仅仅是知识的获取,更多的是对孩子自身潜能的挖掘,以及对其个性的培养和发展。作为教师,不再是课堂上的"传道者",而是应该与时俱进,成为看见学生个体差异的"先见者"。

差异化教学模式实际是以因材施教作为基础理论的,对学生分层教学,能满足每位学生的个性特点和实际学习需求。在这样的模式下,潜移默化中促进了他们思维发展,激发了他们的内生动力,为其营造了一个温暖、民主的教学环境。

二、在小学语文教学中实施差异化教学的策略

1.根据能力差异,分层学习目标和任务

班上学生是存在较大差异的,在这样的背景下,教师更要关注学生的学习过程,正视这种差异可能会带来的学习结果的不同。因此,教师要根据学生不同的学习需求进行因材施教,确保每个学生都能有机会充分发挥自己的内在潜力。

在小学语文教学中,考虑到学生学习能力和现有知识水平的差异,教师应制定不同的学习目标,进行分层教学。我以部编版语文五年级下册中的《田忌赛马》这一课为例,它是根据《史记·孙子吴起列传》相关内容改写的,讲述了战国时期,孙膑通过调换马的出场顺序帮田忌赢得比赛的故事。在教学时,我从学生实际出发,制定了不同的学习目标,让他们都能有良好的学习体验。如对学习能力较差、阅读基础较薄弱的学生,我侧重要求他们能认识会写"策、荐、赏识、脚力"等一些字词并较为通顺地朗读课文。对于有一定的阅读基础和语言功底的学生,学习目标就不能只停在简单的书写和朗读上了,而是要熟读课文,能用自己的话讲述田忌赛马的故事。而对于学习能力较强、有一定的逻辑思维能力的学生,学习目标应更高些。比如能借助图示,推想孙膑制定计策的思维过程。在整个教学中,不同层次的学生能根据自主选择,较为轻松地实现预定的目标,尤其是我班的小郑和小杨等五位同学,他们学习能力较差,阅读基础是很薄弱的,如果对他们还是高要求、高目标,那他们势必会产生强烈的学习畏惧感,更谈不上良好的学习体验。当时小杨课后还笑着跟我聊起他找到学习的自信了,说他刷到自己的存在感了!

除了目标分层,在实施差异化教学中,根据学生学习能力的不同,学习任务也可因人而异。比如我在给学生布置预习作业时,要求通常有所不同。学习能力较好的学生,要进一步了解课文的主旨、表达方法或者写作背景等,阅读与之相关的文章及

资料,作为学习的拓展。对于中等生,可以结合书后的习题思考,也可以批注自己遇到的问题。而对于后进生,可以读读课文,圈画生字词。班级反馈下来,我明显能看到几乎每个学生都乐意完成自主选择的任务。后进生能通过自己的尝试"跳一跳,摘到果子",有了学习的兴趣和自信了,其中就有上面讲到的小杨和小郑等几位同学。更高层次的学生通过自己的挑战,趋近维果斯基提出的"最近发展区",甚至能达到潜在发展区,获得成就感,有了良好的学习感受和体验。

因此,我们可以根据学生能力上的差异,进行分层教学。有针对性地制定学习目标,布置学习任务,满足不同学生的不同学习需求,真正让每个学生都能产生内在学习的动力。

2. 根据性格差异,调整教学方法

除了根据学生能力差异进行差异教学外,还要关注学生个性上的不同,要因学生性格类型上的不同而开展差异化教学和个别化指导。这就需要我们教师根据性格差异,调整教学方法,优化自己的教学过程。

关于性格分析,心理学上普遍把人的性格分为多血质、黏液质、胆汁质和抑郁质四种类型。那我想,是不是也可以将它和我们的小学语文差异化教学相融合,遵照学生性格类型,施加相应的教育影响呢? 多血质的学生活泼好动,善于交际,表现欲强,情感情绪容易产生,也容易变化和消失;黏液质的学生考虑问题全面,善于克制自己,比较安静沉默,情绪不容易外露;胆汁质的学生精力旺盛,情绪易激动,行动敏捷好表现;抑郁质的学生沉静,对问题感受和体验深刻、持久,反应迟缓,又有些怯弱和优柔寡断。每一种性格都有各自的优缺点,我们教师就要巧妙地因势利导,帮助学生扬长避短。

以班上学生学习部编五年级下册《草船借箭》一课为例,我根据学生不同的性格类型,调整了教学方法,优化了教学过程。《草船借箭》是根据《三国演义》的相关情节改写的,讲述了诸葛亮巧施妙计向曹操"借箭"的故事。在教学中为体会人物性格特点,我设计了角色扮演的环节,请学生上台分别扮演诸葛亮、周瑜、鲁肃等人物,将故事中他们的表现通过语言、神态、动作等加以演绎呈现,这一教学环节也为上本单元后面的口语交际"怎么表演课本剧"做铺垫。当时我就鼓励多血质和胆汁质的学生上台,因为他们爱表现自己,性格活泼,反应敏捷。果然,这类学生很愿意上台展现,我印象最深刻的就是坐在后排的小李和坐在第一排的小夏同学,他们可真是"戏精"上身,表现力十足! 表演下来,他们几个就成了班里的"最佳演员",成就感满满。而对于黏液质或者抑郁质类型性格的学生,我多采用启发、引导或事实感化等迂回的方式去鼓励、支持他们。比如结合课后练习题,让其按照起因、经过、结果的顺序，说一说故事的主要内容。还可以让他们感受故事中不同人物的不同特点，如果在思考中有疑问，我会走近他们身旁倾听引导，给予足够的人文关怀。比如，对人物特点分析不充分时，我引导他们从课文中寻找与这个人物相关的词句段，再结合这个人物的表现，如语言、动作、神态等，进一步了解这个人物的其他形象。比如，在让学生感受诸葛亮做事细致、考虑周全这一特点时，就引导学生抓住诸葛亮和鲁肃的一句对话："不过不能让都督知道。他要是知道，我的计划就完了。"启发学生，这其实是诸葛亮对鲁肃的叮嘱。在理解、尊重、鼓励下，这类性格的学生也能在我的步步引导中有发言表现的机会，印象比较深的是班里平时不怎么发言、比较胆小的女生小吴同学，她在我的鼓励引导下说出了"周到"这个词，很是了不起，我就趁此时机，在全班表扬她，班里也响起了热烈的掌声，她也笑了。

因此，我们教师要根据学生不同的性格特点进行差异化教学，不但要充分发挥其性格的长处，发展性格中的积极成分，而且对其性格中的不足要充分理解、尊重，调整适合的教学方法或个别指导，帮助其克服性格中的消极面，给予他们力量。

3. 开展小组合作学习，促进彼此进步

小组合作学习是在新课改背景下应运而生的一种新型教学模式，这样的课堂是"生本"课堂，学生的自主意识、合作意识、集体意识等都能得到很好的培养。因此，结合教学实际，可将学生分成若干小组，进行分组教学，以解决不同学生在课堂学习中产生的不同问题，有助于落实差异化教学。

教师可根据学生差异性进行异质分组。若按绩优生、潜力生和学困生这三类学生划分，小组形式大致有这几种：二人小组、四人小组、六人和八人小组等，当然形式要根据实际情况来设置。但要注意，在差异性合作学习中，应该尽量控制好学生人数，将这三类学生均匀分布，因为小组之间是相互促进、协同合作的关系，绩优生对潜力生学习成绩的提高以及学困生基础知识的夯实有着促进作用。

合理分组后，教师就要紧扣整体和分层的学习目标，从问题的设计层面进行处理，发挥出小组合作教学的作用。联系学生生活实际，设计难度适中且有一定讨论价值的问题进行小组探讨，充分表达自己的想法，让其有话可说，激发小组成员间讨论、表达的欲望。比如执教"怎么表演课本剧"这一口语交际课时，我就让学生分小组围绕怎么选课文、如何分角色和怎么演这几个内容展开讨论，学生自由选派组内代表做主持人组织引导组员发表意见，组员针对自己感兴趣的内容畅谈，在尊重聆听的同时能进行补充，组内讨论氛围热烈融洽。当时我看到还有组与组之间也进行了互相启发和补充，甚至掀起一股竞争浪潮，营造了充满生机活力又民主的课堂氛围。在课堂巡视时,我了解到各个组的组员都参与了谈论交流,连平时沉默无语的小郑同学也说出了自己的意见(主持人跟我说的)。小郑说扮演武松的同学在打完虎下冈(走出教室)时,身子要弯腰弓背,走路摇晃些,因为打完虎很累了,他不是孙悟空,而是一个凡人。说得真好。我还在班上特地表扬了他,他露出了笑容,有点小得意。所以我想差异化教学就是要让每个学生都能体验到成功吧。

真正的学习是在学生真正的聆听、发问中完成的。学生在合作学习中能互相讨论、启发,借助于分组教学,学生的不同优势都能得到发挥,层层互补,所以小组合作协同学习是实现差异化教学很好的方式。

4.尊重学生差异,实施多元评价

新课程标准明确提出语文课程的评价是手段而不是目的,所以不应该过度强调学生的学习成绩和评价的选拔功能,而是要尊重学生的差异,制定不同种类的评价方式和富有个性化的评价标准,而非统一标准,使不同层次的学生都能参与到课堂中,享受成功的乐趣。如:对于优等生可采用竞争性评价,促使他不断超越自我;对于中等生可采用激励性评价,指明努力前进的方向;对于后进生可采用表扬性评价,多肯定、发现闪光点,调动其学习积极性。

当然,在实际教学中,教师采取的差异化教学评价还要多运用同伴互评、师生互评和学生自评等相结合的方式来促进学生的学习。比如我在指导学生写《漫画的启示》这一篇习作时,就试着让同学间互评,看看漫画的内容和获得的启示是不是写清楚了。当时我记得有两个学生进行了互评,有肯定的,还有指出要改进的,说在写漫画内容时不够生动,要合理想象,多运用动作、神态等人物描写把画面内容写得更清楚生动些。伙伴也很虚心接受这个建议。所以别看小小的同伴互评,有时候真能带动彼此,促进自身学习的体验和认知。多元的评价,能帮助学生实际分析自己在习作中存在的亮点和不足,做到扬长避短,提升自己的学习信心和学习效率。

以上这些是我结合自身的教学实际所谈的关于差异化教学的经验体会。我想作为一名小学语文教师,应该注重改革的创新,将学生以独立的个体看待,作为教学的核心,重视差异化教学,激发学生的内生动力,让不同层次的学生都能拥有良好的学习体验,能够感受到成功的喜悦和别样的温暖。

参考文献:
[1] 周辉."差异教学原则"在小学语文课堂教学中的应用[J].华夏教师,2015(9).
[2] 魏松.实施多元化的小学语文教学策略思考[J].新课程(小学),2018(7).

"厨师与教师"

——论语文教师的文本解析力

上海市浦东新区海桐小学　贺家嗣

引　言

《上海市中小学2021学年度课程计划》的发布,正式提出"双减"目标,要求学生能在课堂上减量增效。所以在语文课堂上,教师应当以言简意赅的表述将语文核心素养教授给学生。对此,教师就需要注重自身的文本解析力的提升,带给学生更优质的教学内容,从而落实"双减"精神。

所谓教师的文本解析力,指的是教师本身对于教材文本的解读能力。笔者认为,教师之于课堂与学生,就好比厨师之于餐厅与来客。评判一家餐厅是否优秀,不单单要看其服务是否周到、摆盘是否美观、环境布置是否合理,最为重要的还是要看厨师本身的烹饪技巧。对于教师来说,"烹饪技巧"正是自己的文本解析是否优秀,能否将教材这份"原材料"处理得当,并在这基础上再辅以好的教学方法,真正让学生"吃饱吃好"。所以教师应当重视自身文本解析力的培养。

一、教师文本解析力发挥的作用

(一)让学生乐学

目前的学科学习,教师不仅需要"做菜",还需要给学生"喂饭",但哪怕如此苦口婆心,不少学生依然会直接选择不咽下去,又或者是吃了还要"吐出来"。我们当然可以说现在的孩子越来越挑剔,娇生惯养了,但是试想,一道随随便便做出来的餐点,顾客怎么会心甘情愿吃下去呢。所以要想让学生乐于学习语文,那老师必须自己先将文本理解透彻。

以五年级上《圆明园的毁灭》一文为例,文章的重点放在了圆明园昔日的辉煌上,其中着笔最多的是圆明园的建筑,那么教师在教学设计上,应当不仅仅关注到这些场景的呈现,更应当关注到的是作者的描写。而其中描写最出彩的部分则是作者运用语文枚举法表达出圆明园令人震撼的包罗万象。如"圆明园中,有金碧辉煌的殿堂,也有玲珑剔透的亭台楼阁;有象征着热闹街市的'买卖街',也有象征着田园风光的山乡村野"一句中的"殿堂"代表的是帝王的皇家建筑,"亭台楼阁"则是文人富商的住所,而"买卖街"则是城市中市井百姓的生活体现,"山村田野"则代表的是乡下人家和乡下风光。这一句话中,中国传统各行各业和各种场景都囊括其中,从而体现了圆明园包罗万象的一面。第三自然段后续的句子更是体现了圆明园中的建筑包含汉族与少数民族、中国与外国、现实与想象等各个方面,从而使得学生对于圆明园有一个完整的认识,并为后续体会圆明园的毁灭进行了铺垫。

这样一段有内涵、思维缜密的文字其实正是训练学生围绕中心写一段话的最佳素材。在老师将课文精心"烹饪"之后,就可以关注学生的吸收效果了。笔者便设计了"接地气"的写话练习,如:"请试着仿照课文内容,体现上海在饮食上的多样化""仿照课文,体现自己在语文学习上的成长"。

在课堂教学中,笔者可以明显感受到学生注意力高度集中于课堂,学生也非常乐于将自己的所思所想分享出来。而在之后的写话练习上,很多学生都积极参与,想要将自己的作品展示给大家。在这一教学环节中,教师所做之事绝非标新立异,但是正是因为教师将文本说通了,学生明白了,那么自然而然地,其愿意在理解的基础上深入探索,从而达到相应的学习效果。

(二)让学生有效学

米其林星级评选中,对于一家餐厅的评价由以下这几部分组成:食物(60%)、用餐环境(20%)、服务(10%)和酒的搭配(10%)。由此可见考评一家餐厅是否优秀本质上还是在关注餐点本身。语文课堂与其也是相同的,若教师不能吃透教材,给予学生有效的教学活动,那么无论课堂再怎么活泼、趣味性再怎么强,学生也许在课上有很高的积极性,但是实际收获却是很少的,这样的状况绝非有效的积极学习。所以教师仍然应当将最关注的点放在文本内容的解读与呈现上。

如五上《白鹭》一文中有这样一句:那雪白的蓑毛,那全身的流线型结构,那铁色的长喙,那青色的脚,增之一分则嫌长,减之一分则嫌短,素之一忽则嫌白,黛之一忽则嫌黑。这句话在文中起到了很重要的作用,其表现的是一种适宜之美。而这句话则出自战国时期宋玉《登徒子好色赋》中"东家之子,增之一分则太长,减之一分则太短；著粉则太白，施朱则太赤"一句。东家之子在中国文学中向来是作为最美女子的体现，而郭沫若选择仿照此句的本意是为了体现白鹭的适宜之美正是最美，也同时围绕着白鹭是一首散文诗这一主旨展开的。这就是教师在解读文本时应当关注到的重要的点。

对于这点，笔者在两个班级进行了教学实验。在A班这一教学环节中，教师在句子学习时不做过多讲解，而是更多地展示句子中相对应的图片，让一位同学尝试着扮演一下白鹭的神态，并在之后的朗读中配上音乐。得到的效果是学生在反馈中表达了自己对白鹭的美的体会，同时也尝试着在朗读的时候做到抑扬顿挫。而在B班中，教师则是对于"适宜"一词进行了详细的讲解，通过给出《登徒子好色赋》的典故，让学生去领悟何为适宜之美。得到的效果是学生在表述白鹭的美上更加关注到对适宜的解读，而在朗读上学生没有做到抑扬顿挫，而是用较为平缓，但是却有一定节奏的方式进行表达。

仅以教学目标来看的话，两个班级教师都完成了自己的教学目标。但事实上，学生在切实感悟和对文章的把握上确实是截然不同的。若老师没有对文本进行详细讲解，那么学生事实上只能是粗浅地了解文本内容，却没有抓住《白鹭》一文中"适宜""散文诗"这些关键内容的具体含义。所以，教师的文本解析力能够让学生更加有效地理解文本、研读文本。

（三）让学生会学

一位优秀的厨师，为食客准备的不仅仅是一道道丰盛的佳肴，更应该培养食客的品位。而教师也应当精心运用自己的文本解析能力来培养学生的文本解读能力。若每次教师准备的是"难以下咽"的教学内容，那么学生的"味觉"也会慢慢退化，如此语文素养提高更是无从谈起。所以教师必须将文本内容吃透，让孩子在一堂堂语文课上逐渐养成文本解读能力。

如五上第二单元的单元目标为"学习提高阅读速度的方法"。老师应对这一要求进行解读：速读并非让学生囫囵吞枣地看，抑或只看一遍，而是要在最短的时间内截取文章最关键的内容，对文章有整体的理解。本单元四篇文章在题材和风格上也是各不相同的，那么教师就应该考虑的是如何通过一单元的学习让学生学会大部分类型文章的速读技巧。所以"如何速读"是老师在教学设计上必须抓的共同点，但又体现不同点。

如《搭石》一文中，教师就应当教会学生记叙文的速读方法。记叙文不单单要看明白作者写的是什么事情,更要考虑作者想要体现的情感;《将相和》一文,教师则要教会学生历史文的速读方法;《什么比猎豹的速度快》一文是结构十分清晰的文章,对于这样的文章就要教会学生用最短的时间抓住最重要的内容,那么便可以运用圈画关键字词的方式来进行;《冀中的地道战》一文是简介型的说明文,其难度较上一篇课文有所提升,所以笔者让学生以预习、根据题目提问和圈画关键字词的形式,通过自己和小组讨论抓住重点,不以全文学习为重点,而是理解文章内容即可。

二、提升教师文本解析力的方法

(一) 广泛阅读,积极思考

厨师在真正开始学做菜前,必须先学刀工、翻锅和火候,这是最基础的基本功。笔者认为作为一名语文教师,对文本的理解和教学目标的制定和思考,是和三笔字、教法教态、控班能力一样重要的职业基本功。所以增强文本解析力是语文教师提升职业素养的首要条件。

在进入教师这个岗位之后,增强文本解析力的可行方法就是要进行广泛阅读、深度阅读。但事实上教师的阅读现状并不理想,根据调查,2020年,我国教师阅读书籍的数量约为7本,而所做的阅读基本为“职业性阅读”;在一份面对全国的调查中,约有72%的老师认为过于操劳,没有时间阅读。

不阅读,那么提升教师文本的敏感度、文本的解读深度就无从谈起,教师在课堂上教学活动设计就会具有很大的局限性,这样的教学就如同给学生提供快餐,老师的菜点“没有灵魂”,学生囫囵吞枣吃一下,时间一长必定会出现问题。

所以老师必须广泛阅读,不仅要保证充足的阅读时间,更是要有一定的深度思考。阅读的面也应当宽泛,不仅要读一些名著,也要涉及一些学生感兴趣的儿童作品、百科全书等内容。在阅读时,教师一定要做到边读边思,要有适当的摘录和反馈。只有教师拥有了良好的阅读方式,才能真正教会学生如何阅读,也才是真正给予了学生最佳的教学。

(二) 虚心教研,集思广益

“教无定法”,一份食材能有千变万化的可能,而同一篇课文给不同的老师也会上出不同的方式。这其中绝无优良好坏之分,但是我们也永远可以从他人身上得到新的体悟,而这与老师本身的教龄、职称绝无任何关系。

正如《慈母情深》一文，在年级组教研中，有些教师在授课时将关注点放在了母亲的各项描写中，而有些教师则主要讲述了"我"的心理活动，还有些老师则考量到了那时的时代背景，也有老师从"我买水果罐头"展开，讲述课文情节。这些课堂活动环节都是教师通过自己的理解所设计并展示展现出来的，其中绝无好坏之分，但是却值得我们学习和借鉴。

如今，随着电化教育的开展，校与校之间的关系越发紧密，我们有着比以往多得多的教研和学习机会。那么我们就应当虚心且耐心地去看看其他教师的课，这样自身的文本解析能力才会真正得以发展。

（三）善抓亮点，随时学习

如果有一位专做江浙菜的厨师，他从来没有了解过三文鱼，现在他要烹饪三文鱼，那他很有可能将其做成一份红烧鱼。我们都知道，这绝对是"暴殄天物"的做法。如果这位厨师能够了解到不是所有的鱼都是能用这种方法做好吃的话，那他一定会去查阅资料，根据三文鱼肉质的特性，选择将其做成刺身或者低温慢烤。教师也是如此，因为自身局限，教师绝不可能了解一切类型的文本，也不能解析出文本中每个关键所在。所以，教师应当慎重对待文本，尽可能去发现文中"不易发现"的闪光点，然后解决之后给学生呈现。

如《父爱之舟》一文，所写的就是父亲对于吴冠中的爱，和长大后吴冠中对于父亲深深的怀念。但若只是理解到这一层，情感当然是没问题的，但是在深度上是绝对没有挖透的。在课题上，父爱之舟的"舟"字具有很深的内涵。笔者在备课时产生了以下疑问："这里的舟指的仅仅只是姑父的那条小渔船吗？那这和父爱又有什么关系呢？"对此，笔者去查阅了"舟"的相应含义。了解到"舟"这一字在过去带有"漂泊"和"远行"的含义。由此再回到文章，从而明白了吴冠中的父亲深爱自己的儿子，但是却通过"舟"这样的工具将儿子一次又一次送远，用舟让孩子进入一个又一个新的门槛。最终，儿子越来越有出息，但离自己的父亲却越来越远，最终只能以梦为舟，从而再遇到父亲。所以笔者认为本文不仅要关注到吴冠中本身的内心情感，更应当让孩子们去揣测这位父亲的感受。由此才能真正体会到这种父子间深厚的情感。

三、教师发挥文本解析力时的注意点

（一）教学活动不仅只有文本解析

如果一家餐厅看着就杂乱不堪，老板的态度也不太友善，拿上来的菜样子也不好看的话，那么不管这道菜在味道上多么惊艳，也肯定吸引不到多少食客。教师本身就是要面向全体学生的，所以绝不能有"恃才傲物"的想法出现，好的文本解读必然是要用学生能够接受、乐于接受的方式来体现的。所以一名优秀的语文老师，一定是拥有渊博的学识和让孩子喜爱的亲和力的，只有这样两者共同发挥作用，才会让学生"吃饱吃好"。

（二）紧抓课标，切勿标新立异

提升自身的文本解析力，绝非炫技。顾客点的是红烧肉，上来的却是汉堡薯条的话，哪怕这个汉堡薯条是多么惊艳的佳肴美馔，我想客人也是绝对不会满意的。这对于教师来说也是一样，若仅为体现自我观点，不考虑教学目标，偶尔的一次两次，学生兴许会充满兴趣，但是长久以往，其实学生就会学不到真正的知识。

如五上《四季之美》一文是唐代同时期作者清少纳言所写的作品，其本身是一篇文言文。教师当然可以在课堂上给学生展示原本的文言文，介绍清少纳言和其给日本文学带来的影响，但绝不能整堂课都说日本文学史和日本文学形式。所以一些老师的观点和新奇的内容可以作为"点心"，但切勿当作"正餐"给学生。

教师和厨师在很多方面非常相似。但是其最大的不同点在于：如果这个厨师真的很糟糕，那么顾客大不了扭头便走，不再光顾即可；但是如果老师不能带给学生优质的教学，那么学生是无从判断和拒绝的。所以老师务必要谨记自己的职责，用自己的学识去引导学生的成长。

参考文献：

［1］都昕蕾.基于小学语文学科本体特征的文本解读［J］.辽宁师专学报（社会科学版），2022（4）：41-43+65.

［2］李永伟.浅谈培养语文教师的文本解读能力［J］.学周刊，2022（23）：188-189.

［3］尹尚蕾.小学语文教学中文本解读的层次化［J］.新课程，2022（26）：185.

［4］李收田.小学中高年级语文阅读教学中的多视角文本解读［J］.语文新读写，2022（11）：73-75.

［5］汲安庆.语文解读的原则与视角［J］.中学语文，2022（13）：3-7.

让学生成为语文学习的"主人"

——聚焦学生的批注阅读能力,落实读写一体化目标策略

上海市浦东新区海桐小学　费诗宇

阅读与写作教学一直是小学语文老师课堂中的"香饽饽",但在课堂教学中,由于多种原因,学生读写一体化的能力无法得到实质性的锻炼。由孙立权老师提出的"批注式阅读"给予了我关于提高学生读写一体化能力的启发。此次研究通过培养小学语文高段学生批注阅读能力,以教材为依托,落实读写一体化的目标策略来激发和增进教育活力,真正在语言架构和积累中"得言",在思维发展和鉴赏理解中"得意",在语言训练和教学指导中"得法"。

一、小学语文高段学生批注阅读能力培养的意义

培养学生的批注阅读能力,一方面可以帮助教师改善教学方法,让语文课堂"流动"起来。更重要的是,批注是"互换思想式"的成长,通过培养学生的批注阅读能力,实现学生的个性化阅读、多元化阅读和迁移式阅读,从而达到读写一体化的教学目标。

(一)思活则能深

培养批注阅读能力有助于实现学生对文本的个性化理解。高段学生虽然能够认识到阅读对语文学习的重要作用,但可能只停留在"浅层次阅读"。批注可以是一个经历思维方法的语言表达过程,形成自己的认识与想法,进而实现对文本的个性化理解。

(二)思深则能透

培养批注阅读能力有助于实现学生对文本的多元化理解。批注有助于学生对

文章的主题思想有真切的感悟。通过培养批注阅读能力，将一些语文阅读中的知识点和重难点进行有效批注，学生的阅读所得在批注过程中被消化和利用，进而产生多元化理解。

（三）思透则能明

培养批注阅读能力有助于实现学生对文本的迁移式理解。通过培养学生的批注阅读能力，让学生用自己喜欢的方式理解文中词句、鉴赏优美段落、记录阅读中的疑惑和读后感悟，等等。通过这种行动与思维的一体化过程，将自己在批注阅读过程中所学到的迁移到课外，实现学生对文本的迁移式理解。

二、小学语文高段学生批注阅读能力培养的实践

在阅读教学中，学生是批注阅读的主体，但离不开教师的指导。学生的批注阅读应在教师的指导下有目标、有步骤地进行。

（一）规范批注

规范批注是培养学生批注阅读能力的基础。为了规范批注方式，学校设计了一套学生批注阅读时所用的批注符号。

1. 符号批注

（1）自然段序号：①②③

（2）课后生字表出现的生字：○

（3）课后词语表出现的词语：（　　）

（4）划分段落与层次：‖、｜（标在每一段或每一层末尾）

（5）文章的中心句、关键句：_____（直线）

（6）文章的优美语句、所欣赏的语句：～～～～（波浪线）

（7）文章的关键词（主要人物的主要动作等）：△

（8）关于文章的疑问：？

2. 文字批注

按批注的位置，可以分为三类：一是"眉批"（批在书头上），二是"旁批"（字词句的旁边，书页右侧），三是"尾批"（批在一段或全文最后）。按批注的内容，还可以分为这几类：概括类批注、信息类批注、理解类批注、对比类批注、写法类批注、评论类批注、质疑类批注、联想类批注、感悟类批注和创造类批注。

（二）有效批注

有效批注是培养学生批注阅读能力的前提。有效批注就是鼓励学生根据自己的理解，大胆地用符号和文字在课文的空白处或做标记或写评语，评语内容可以是感悟、体会，也可以是对文章内容的质疑。

（三）多次批注

多次批注是培养学生批注阅读能力的途径。多次批注是一个引入—内化—外化的动态过程。老师在课堂中教给学生关键的批注要领，帮助学生在批注过程中尝试解决遇到的问题。

1.初级批注——初步感知文章内容，梳理文本信息

初级批注是一个引入过程，主要是在学生初读感知文章时进行，是指需要学生掌握文章的人物、事件、结论等。这一阶段的批注阅读要求是梳理文本信息、概括文章梗概、理清文本结构，具体细分为阅读教学中分析段落层次、篇章结构，阐述详略关系，归纳中心思想，等等。初级批注以符号批注为主，用文字批注例如概括类批注、信息类批注来为符号批注提供辅助性的说明，主要用"眉批"和"尾批"，可以用铅笔批注。

例如：在四年级第一学期第七单元《为中华之崛起而读书》的教学过程中，我首先让学生初读课文，边读边思考：课文讲了哪几件事？并用相关的符号批注进行圈画，做好概括类批注。在完成这样的初级批注之后，很多同学对课文的基本内容有了清晰的认识，依据批注笔记，将课文内容分为三个小故事。最后我让学生再次默读课文，针对周恩来的言行做进一步细致化的批注，写一写自己的看法。在教学过程中，教师教会学生用初级批注来进一步梳理文章内容，归纳中心思想，既教会学生掌握阅读方法，提高阅读能力，也更好地激发学生热爱祖国的情感，实现学生对文本的个性化理解。

2.中级批注——深入研读文本内容，理解文本含义

中级批注是一个内化过程，主要是在学生研读文章时进行，是指教师引导学生根据自己对文本的理解来写理解类批注、对比类批注、写法类批注、评论类批注、质疑类批注等。这一阶段的批注阅读要求可以围绕字词言语的揣摩、情景意境的体会、深层哲理的理解来展开，具体可以细分为针对文章题目、文章的疑惑之处、文本的遣词造句、鉴赏优美段落、评价人物形象等来展开。深入研读文本内容是批注阅读最重要的阶段，主要用"旁批"，可以用蓝笔和红笔批注。中级批注可以从鉴赏和

质疑两个角度进行。

（1）鉴赏

鉴赏可以用蓝笔批注。鉴赏可以从两个方面进行，一是针对语言文字方面的内容，对作者的遣词造句进行合理的评价，品味作品中的语言技巧和写作技巧；二是针对人物、事件和作者的思想情感、发表的观点等内容进行客观评价。

例如：五年级第一学期第七单元《四季之美》是一篇写景散文。为了让学生体会作者笔下四季之美独特的韵味，首先让学生从四个季节之中选择最喜欢的一段，思考这个季节美在哪里，并在书页旁写下批注。一部分同学能在完成初级批注的基础上，对文中写到的景物进行圈画和批注。我再让同学对作者的写作技巧进行批注。例如同学们都很喜欢秋天这一段，通过完成对"点点归鸦急急匆匆地归窠、成群结队的大雁比翼而飞、风声虫鸣让人心旷神怡"内容的理解类批注，很快就让人联想画面，产生情感共鸣。我继续启发学生：第三段的描写还有什么独特之处？在完成中级批注之后，同学们很快得到结论，作者没有写我们常见的景物，而是赋予乌鸦和大雁情感，使画面有动态感。在不断深入研讨批注的过程中，学生们更形象地感受到了作者营造的氛围美，实现对文本的多元化理解。

（2）质疑

质疑可以用红笔批注。学会提出问题有利于提升学生的语文阅读能力。

例如：四年级第一学期第二单元《蝙蝠和雷达》是一篇说明文，在了解课文主要内容之后，我让学生再次默读课文，边读边进行质疑，在书页空白处记录好批注。在交流过程中，很多同学都大胆提出了自己的问题。例如蝙蝠和雷达有什么关系……在第一次的交流过程中，我先将第一位同学提出的"蝙蝠和雷达有什么关系？"这一问题简要记录在黑板表格上的"课题"一列下，接着请同学模仿分类，老师是如何梳理问题进行分类整理的。同学们很快就发现，有的问题是针对课文的写法来提的，有的是从课文中获得启示，联系生活经验提出的。全班同学一起将质疑类批注进行分类梳理，进而对蝙蝠夜里飞行的秘密已了然于胸，深入理解了文章内容。

3.高级批注——细读品味文本内涵，引发情感共鸣

高级批注是一个外化过程，主要是在学生巩固复习时进行，分为联想类批注、感悟类批注、创造类批注。高级批注可以在课堂上完成，也可以在课后阅读相关的补充材料或是观看了相关的影像资料之后再进行补充批注。高级批注主要从感悟和联想两个角度出发，主要用"眉批"和"尾批"，可以用黑笔批注。

（1）感悟

如果学生认真静下心来阅读课文，一定会对文章的一些观点或表达的情感有所感悟，将这些感悟记录下来，有助于学生把握作者情感，抓住文章主旨。

例如：在五年级第一学期第四单元《圆明园的毁灭》教学过程中，我让学生先观看圆明园海晏堂外的3D还原视频，再写一写观看后的感悟。学生在这种直观的影像感染下，对中国劳动人民的智慧，不由得发出赞叹。紧接着导出圆明园的毁灭这一部分，学生自然就对圆明园的毁灭产生最深刻的感触，接着我再次启发学生：回顾祖国的历史，你有什么新的思考呢？然后让孩子们先独立思考，小组交流自己的批注内容，最后再全班汇报每组的批注成果。

（2）联想

阅读中产生的联想，可以是从内容、题材方面对不同文本的迁移，也可以是由文本内容联想到生活实际。

例如：四年级第二学期第四单元《猫》和《母鸡》这两篇课文都是老舍先生的作品。在学完两篇课文之后，我让学生比较这两篇课文在表达上的相同和不同之处，在书页空白处进行联想类批注。学生抓住关键语句，归纳高级批注之后，发现《猫》通篇表达了作者对猫的喜爱之情，《母鸡》则是作者对母鸡的情感发生了变化，从最初的讨厌到之后的敬重。接着我创设情境，让学生联系自己的生活实际，仿照老舍先生的两种写法，介绍一下自己的动物朋友，在书尾处进行创造性批注，从阅读教学拓展延伸到写作教学，实现了学生对文本的迁移式理解。

三、小学语文高段学生批注阅读能力培养的注意点

在培养小学语文高段学生的批注阅读能力时要特别注意优化批注这一环节，它是培养学生批注阅读能力的升华。学会批注后，教师要及时组织学生进行交流并给予评价，让他们在交流评价中留住阅读的精彩瞬间。

（一）搭建培养学生批注阅读能力的交流平台

首先，学生根据老师指导，完成批注后进行小组交流讨论。要求一：整合小组批注成果，检查小组其他同学有没有和自己的批注内容相似的部分。要求二：评价小组批注成果，选出本组成员3～5条最有价值的批注。最后，老师还可以提出学生忽略的、自己在阅读中发现的问题与大家交流，进一步优化批注。

（二）创设培养学生批注阅读能力的竞赛平台

为了使学生养成批注的习惯，可以通过专题批注竞赛的形式，检验学生的批注能力。首先把全班学生分为若干组，完成自我批注后，由一个同学将全组的批注进行整理，去粗取精，形成一篇新批注。然后每组学生代表分别上台朗读自己的批注。再根据具体的标准进行评选，比如是否文章的重点、是否能把握文章的中心等。还可以对其进行量化，每一项皆有分值，特殊的可以加分，根据最后得分，评选出"最佳批注者"。

（三）拓展培养学生批注阅读能力的思考平台

例如上文提到的《圆明园的毁灭》一文，在检验学生的高级批注成果时，可以利用多媒体设备，让全班共评不同学生的批注。最后老师总结归纳：我们要牢记国耻，只有国力富强，才能够避免这一耻辱重复上演。最后，我还要求学生全体起立，摸着胸前的红领巾起誓：勿忘国耻，为中华之崛起而读书，进而情感体验得以升华。二是可以结合学校的读书节等活动，将自己的批注成果制作成小报，一份作为比赛上交学校，另一份张贴展览，欣赏者可以在上面再圈点、批注，并署上自己的大名，形成循环性批注。

每一次的批注阅读教学都带来了新的实践与思考。通过实践，班级大部分学生已经初步掌握了基本的批注法，初步养成了自读自悟的好习惯，阅读能力也逐步提升。在批注符号方面，除了教师规定的几种常用符号，学生其实可以根据阅读需求自己设计一些符号，只要自己能明确区分即可，以此来提高批注速度和思维的独特性；在批注内容方面，不必拘泥于教师设计的各类文本内容，批注阅读其他的文本内容；同时，教师也要给予学生更多的批注空间与时间。阅读是吸收，批注是倾吐。通过提高学生的"倾吐力"来提高学生的"阅读力"是一个持续的过程，因此在阅读教学实践中，还需要继续深入研究培养小学语文高段学生批注阅读能力。

教师应从身边发现写作资源，深入细致地钻研文本，找出"读写一体化"训练点，利用阅读教学内容进行拓展延伸。从教材中借鉴写法，尽可能多地为学生提供写作练习的机会。例如，教师完全可以依据教材，借助教材，研究不同版本的教材的内容编排、体系特点。从多角度出发，活用教材，创造性地运用教材。在语文课堂上，教师和学生在教学中对教材进行阅读，可以根据学生的情感、兴趣、写作的具体要求，对教材的选文进行筛选和解读，进而联系实际，让学生完成一些练习，来提高学生的写作能力，从根本上增进学生读写一体化的活力。

参考文献：

［1］中华人民共和国教育部.义务教育语文课程标准［S］.北京：北京师范大学出版社,2011.

［2］孙立权.孙立权语文教改专辑［G］.长春：东北师大附中研究室,2002.

［3］王萍.批注式阅读：让学生站在高处的阅读［J］.江苏教育研究,2009,11.

［4］黄晓林.小学语文"批注式"阅读教学的特点与机制［J］.语文天地,2014,6.

［5］张明明.语文批注式阅读教学研究——以义务教育阶段为例［D］.苏州大学,2012.

［6］杨芳.批注式阅读教学研究［D］.东北师范大学,2006.

优化语篇设计，落实核心素养

上海市浦东新区航城实验小学　陈丽佳

随着《义务教育英语课程标准（2022年版）》的发布，培养核心素养，落实立德树人成为英语学科的课程理念。发展语言能力、培育文化意识、提升思维品质、提高学习能力是英语课程的总目标。而英语课程内容又由主题、语篇、语言知识、文化知识、语言技能和学习策略等要素构成。

在构成英语学科内容的要素中，语篇承载着表达主题的语言知识和文化知识，它是教师实施课堂教学的重要语言材料，只有通过语篇学习，学生才能获取信息，习得语言知识结构并进行实际交流和运用，从而落实核心素养。所以教师在实际课堂教学中要根据教材内容、学生学情、教学背景等进行教学语篇的优化，使教学语篇更加贴合教学实际，符合学生的学习习惯、接受能力，从而有效地促进学生的语言习得和运用，更好地落实核心素养。

本文结合上海版小学牛津英语教材的教学案例，分析和总结一些优化语篇的方法，提高课堂实际教学的有效性。

一、单元板块巧搭配，语篇完整促高效

语篇设计的优化在一定程度上并不需要教师推翻原有的教材语篇，进行全新的语篇创作。教师完全可以将教材中的新授单词、词组，与教材中原有的各种语篇形式进行重新搭配组合，赋予语篇全新的教学内容和呈现方式。教师也可以将教材中各个板块的教学内容重新安排顺序，优化成一篇结构更加完整、语义更加丰富的语篇。这样的方式既符合教学要求，又不用老师花很多的心思在语篇的再创作上，同时又能发挥出语篇更大的作用，提高课堂学习的效率。

比如牛津上海版英语四年级上册第一模块第三单元中的Look and learn板块是

表示感觉的六个单词：happy, hungry, thirsty, sad, full, tired。考虑到学生在二年级已对这几个单词的音、形、意有一定的掌握，所以笔者选择了同册的下一个单元中Read a story板块中的一篇关于去祖父母家过中秋节的对话语篇，将六个新授单词巧妙地融入对话语篇中，优化组合成了一篇新的语篇：

Jill visits her grandparents on Mid-autumn Day.

Jill: Happy Mid-autumn Day, grandma and grandpa.

Grandma and grandpa: Happy Mid-autumn Day, Jill.

Jill: I'm thirsty. Can I have some juice, grandma?

Grandma: Of course. Here you are.

In the afternoon, they watch the Lion Dance on TV together.

Grandma: Are you **hungry**, Jill? Here's a mooncake.

Jill: Thank you, grandma.

In the evening, they have dinner in the garden.

Jill: The food tastes good. I'm **full** now.

Grandpa: I have a riddle for you, Jill. Sometimes it's like a plate. Sometimes it's like a bridge. What is it?

Jill: Er ...?

Grandpa: Don't be **sad**. It's big and round in the sky today!

Jill: Ah, it's the moon.

At night, Jill goes home.

Jill: I'm **tired** but **happy**. I like Mid-autumn Day.

优化之后的语篇不仅成为新授单词的载体，而且相比教材中原有的对话语篇内容更加丰富、语境更加完整。这样的语篇有利于学生更好地学习、理解和掌握核心语言项目，逐步提升综合语言运用能力，提高课堂实际教学的有效性，落实核心素养。

二、旧知新授巧融合，语篇丰富促高效

如果把将教材各板块巧妙搭配在一起而优化语篇的方法称为"内部融合"，那么学生已经学过的相关知识、新授的核心内容以及适量的新知识三者之间的有效融合，笔者就可以称为"新旧融合"。优点是能将新知和旧知融合在一起，既丰富了语

篇的内容，同时又赋予了语篇更深层的意义，从语言能力上来说，这样的语篇能帮助学生温故知新，在学习的过程中，又能充分地体验语言的丰富性，从而提升学生的语言实践能力，提高课堂学习的效率，落实核心素养。

　　牛津上海版英语五年级下册 5B M4 U1 Look and say 板块是一篇关于上海科技馆的对话语篇。通过仔细地分析教材中的原有语篇，笔者发现教材中的语篇的内容较为单调，只是简单介绍了某些机器人的特殊本领，教学内容不够丰富，语境也不够完整。如果教师只是依照教材提供的语篇素材进行教学，学生得不到更加生动且有一定语言结构的语篇支持，很难提起学习的兴趣，实际语言运用能力也难以得到有效的训练和发展，思维能力也无法得到锻炼提升，无法很好地落实核心素养。

　　为了优化语篇，笔者基于上海科技馆的主题"自然·人·科技"，除了教材中的"The World of Robots"这一展馆外，还选择了另两个具有代表性，同时学生也有一定相关语言积累的展馆进行教学，它们分别是"Spiders"和"Human and Health"。其中"The World of Robots"的语篇来源于教材本身，其他两个展馆的介绍语篇则是根据学生的已知语言进行一定的整合与创编，语篇如下：

In "The World of Robots", there are many robots.

Look at the "Piano Prince". He can play the piano. He's really cool!

Some robots can perform Beijing Opera.

They dance beautifully!

And some robots can help firefighters put out fires.

They are really great and useful!

We feel the magic of science!

In "Spiders", there are many different spiders.

We can learn a lot about spiders.

They have eight eyes and they can make silk.

They are really special.

We also can play some games and do a puzzle.

We have great fun!

We enjoy the wonder of nature!

In "Human and Health", there are many sports games.

We can play sports games.

We can ride a bicycle, play football and so on.

We feel the fun of sports!

We also can watch a "Body Structure" show and see a 4D film.

They are really interesting!

We explore the secret of human body!

在教学过程中,笔者以 Kitty 和 Ben 参观上海科技馆为情境展开教学,分别介绍了三个展馆中的所见及活动,从语篇情境中提炼出本课的主要语言结构,并在语篇情境中操练语言、运用语言。在语言内容推进过程中运用了图片、声音、视频等手段,分散难点,以此来帮助完成语篇的解读和语言内容的训练,同时关注在学生的认知建构中,渗透情感体验和思维培养,取得了较好的学习效果。

三、突破教材巧创编,语篇新颖促高效

突破教材是指教师在优化语篇的过程中不脱离教学目标,基于对新旧知识的有机融合,创编有实际意义的、有具体情境的语篇内容。这种方法尤其适用于以语篇带动词句学习为主要内容的课型。一切语言活动都离不开具体的情境,将新授词句融入有情境的语篇进行教学,赋予了词句在具体情境中的意义,更能让学生理解和掌握它们的含义和用法,同时,一些有趣味性的故事对学生,尤其是低年级学生更有吸引力,在学习过程中更能提升学生的思维品质,体验到语言学习的愉悦,从而更好地落实核心素养。

以牛津上海版英语一年级下册 1B M3 U3 clothes 为例,本单元要求学生掌握有关衣服的单词 T-shirt、dress、shorts 和 blouse,能运用核心句型 What do you need? 来询问别人的需要,并能用 I need ... 句型来正确回答。笔者以学生熟知的卡通人物 Dora 和 Boots 去海滩度假的情境,创编了两个小故事来完成整个单元的教学。第一课时教授的内容是四个单词和句型 I need ...,语篇如下:

Dora: Let's go to the beach.

Boots: Great!

Dora: Oh, It's hot. I need a T-shirt.

Boots: Do you like the yellow T-shirt?

Dora: Yes! I need a dress too. I like the blue dress.

Boots: Wow, so beautiful!

Dora: It's cool. I need a blouse.

Boots: Do you like the red blouse?

Dora: Yes, so nice!

Boots: I need shorts.

Dora: Do you like the shorts?

Boots: Yes, so cool!

考虑到语篇的丰富性,在优化语篇时,整合了前一单元重点"Do you like ...?"的句型,在形容服装时,又加入了"cute, nice, cool"不同的形容词,力求在学习新知的同时还能兼顾旧知的复习。在第二课时考虑到语篇的完整性和新颖性,创编了一个Dora和Boots帮助森林里的小鸟和猴子并得到它们的帮助,顺利到达海滩的历险故事。

The bird: It's hot, very hot. Oh, my face!

Dora: What do you need?

The bird: I need a hat.

Dora: Here you are.

The bird: Wow, a nice hat! Thank you.

Dora: You're welcome.

The monkey: I don't like the rain. I can't play.

Dora: What do you need?

The monkey: I need a raincoat.

Dora: Here you are.

The monkey: Wow, a nice raincoat. Thank you.

Dora: You're welcome.

整个语篇的设计都是将单词或句型融入有具体内容的故事情境中,情景交融,语言充满着生活气息和儿童趣味。熟悉的卡通人物瞬间引起学生强烈的学习欲望及表达欲望。同时,故事不能太复杂,低年级的语篇不宜有太多不同的语法结构,丰富而简单的对话文本、类似口语化的重复性句式可能更加符合学生的学习特点。学生在这样的语篇中更愿意去学习和模仿,更愿意去表达和交流,这也为学生综合运用本课的核心语言项目提供了很好的训练素材。

四、绘本素材巧改编,拓展阅读促高效

教师在创编故事时可能会发现以下情况:故事内容学生不感兴趣,语言使用不规范,故事内容不符合逻辑,缺乏故事性等。这时候教师可以借鉴原版的英语绘本故事,这些故事不仅可以运用在实际课堂中,还能作为课外的阅读延伸,达到"课内外的融合"。但是,笔者也发现,大多原汁原味的英语绘本对本校学生而言难度较大,它们一般篇幅较长、生词较多,所以在选择合适的绘本之后依然需要教师根据学生学情及教材要求进行一定的改编。

比如牛津上海版英语四年级上册第二模块第三单元中的Read a story板块是故事"The lion and the mouse"。原教材故事文本较简单,故事的逻辑性不强,对话语言文本不丰富,不能让学生感受到故事语言的魅力。所以笔者选择了同名的英语原版伊索故事进行改编,原版绘本故事内容比教材文本更丰富,但语言结构复杂,还牵涉到一般过去时态,难度太大。笔者将绘本故事和牛津教材文本进行整合,保留了大部分原有的教材内容,适当拓展了故事情节,改编成了新的教学语篇:

There is a lion. He is sleeping. A little mouse comes. He runs over the lion's nose. The lion wakes up.

The lion: I want to eat you, little mouse.

The mouse: Please, please don't eat me. Let me go. Maybe one day I will help you.

The lion: You help me? Ha! Ha! What a funny mouse! Go away. I'm not hungry now.

The mouse: Thank you, Lion.

One day, the lion is in the net.

The lion: Help, help! Who can help me?

The mouse: Don't be afraid, dear lion. I will help you.

The lion: What can you do? No one can help me now.

The mouse: I have sharp teeth. I can bite the net.

Now the lion is free.

The lion: Thank you, Little mouse! What can I do for you?

The mouse: Can I be your friend?

The lion: Of course! We are friends now.

改编后的语篇将故事的发展情节及脉络表现得更加清晰,将狮子和老鼠之所以能成为朋友的契机淋漓尽致地表现出来。生动活泼的对话文本内容更符合故事人物的情感,增强了故事的逻辑性,学生就能更容易理解故事的内容以及体验故事中人物所包含的情感,学生更愿意进行有意义的语言交流,为高效课堂的构建创造条件。

语篇是话题内容的载体。在语篇学习的过程中,对其中包含的语言知识进行整理、感悟、思维,这一系列的过程就是学生认知学习的过程。合适恰当的语篇会引起学生的学习兴趣以及共鸣,还会提升学生对整个语篇的感知、理解、欣赏和评价能力。学生通过学习语篇素材中的学科知识,感悟理解文化意识,构建或完善新的知识体系,提升其解决问题的能力,这都是语篇优化的目的所在。笔者相信,只要教师在平时的教学中合理创设语用情境,积极实施语篇优化,就一定能生成小学英语高效课堂,逐步发展其核心素养。

参考文献:

[1] 上海市教育委员会教学研究室.小学英语教学关键问题指导[M].北京:高等教育出版社,2022.

有效课堂探究之自主探索算法优化的模型构建

上海市浦东新区航城实验小学　　王佳奕

【摘　要】不同的学生在处理同一问题时会产生不同的想法，这反映了学生的不同个性和不同的思维结果。通过不同算法之间的观察比较、沟通联系、分析感悟，激起学生对多样化算法的深层思考、归类，体会不同解决策略的优缺点，在推导与理解的过程中逐步改进，构建模型，增强学生解决问题的思考能力。

【关键字】算法优化　模型　构建

一、问题的提出

《义务教育数学课程标准（2022年版）》明确指出：有效的数学学习过程不能单纯地依赖模仿与记忆，教师应该引导学生主动地进行观察、实验、猜测、验证、推理与交流等数学活动，从而使学生形成自己对数学知识的理解和有效的学习策略，这就需要学生能够真正切实地做到自主探索、合作交流、实践创新，做数学学习的主人。在数学课堂教学的研究过程中，我们还应当关注如何培养、发展学生的数字意识、符号意识、计算能力、几何直观、空间概念、数据分析概念、推理能力和模型思维能力。模型构建的思维是学生体验和感悟数学与外部现实世界联系的根本途径。模型构建的过程，其本质是从实际生活情境中抽象出数学问题，然后用数学符号构建出各种数学问题中的数量关系和变化规律，以此得出结果并探讨结果的意义。模型构建的思维是对实际问题的抽象，从中可以构建数学模型来解决相对应的策略和概念问题，并且能够增强学生对学习数学的兴趣和应用意识。

"优化思维"是数学思维中非常重要的一部分。它具体指使用更好的想法或者更直观的方法通过分析、观察、联想等来解决问题，最终让该问题可以得到更好的解决。在解决问题的整个过程中，我们可以从一个更好的角度去思考，或者产生一个新的问题,然后通过新旧两个问题之间的联系,找到两者之间的本质关系,能够更加直观地对其进行解释,从而使我们能更好地解决问题,这就是优化思维。它不仅仅被认为是一种逻辑思维,更是一种从多角度进行分析、思考来解决问题的办法,也是解决问题的策略。在数学课堂教学的研究过程中,算法的优化是一个发展学生思维、培养学生能力的过程。通过引导让学生能够掌握分析问题、呈现不同的算法并对各种多样化的算法进行比较,从而达到算法优化的目的,这一教学过程可以不断地培养和提升学生的逻辑思维能力。算法的优化是学生不断地进行反思,不断完善自身认知结构的过程,通过渗透"优化思维"可以让学生掌握如何从众多的可行性方案中,选择最优的方案,既能有效地解决问题还能大大地提高效率。

这些都是我们课堂教学中所关注的,但是往往算法优化我们在计算教学时非常关注。通过算法的多样化和算法的优化,在模型的构建过程中,我们通常采用的策略基本上都是以从相似情境解决问题中抽象出模型并且应用为主线。通过差不多类型的几个例题进行抽象,但是在解决问题的策略、思考问题的路径上,模型进行优化较少。因此,在出现新情境时,学生通常在解决问题的能力上较弱。鉴于此,沪教版四年级下册《计算比赛场次》这一课,我进行了基于自主探索算法优化的模型构建的实践与研究。

二、基于自主探索算法优化的模型构建的含义

不同的学生在处理同一问题时会产生不同的想法,它反映了学生的不同个性和不同的思维结果。课堂上,教师应尊重学生的想法,鼓励学生积极探索。学生从实际情境中抽象出数学问题,通过自主调动已有经验,自己探索尝试解决问题。肯定学生不同解决策略的同时呈现各种学生资源,体验算法的多样化。通过不同算法之间的观察比较、沟通联系、分析感悟,激起学生对多样化算法的深层思考、归类,体会不同解决策略的优缺点,在推导与理解的过程中逐步改进,构建模型,增强学生解决问题的思考能力。

三、基于自主探索算法优化的模型构建的步骤

(一)问题呈现、自主探索

问题是模型构建的依托,学生只有在问题解决的过程中自主探索问题解决的方法,才能体会出模型解决问题的重要性。算法需要先进行优化之后才能构建出模型。因此,学生在解决问题的过程中需要先呈现出多样化的算法,然后才能对其进

行比较优化。在问题解决的过程中，基于每个学生自己的探索，和每个学生原有的认知水平构成，他们的表现就会不一样，从而呈现出多样化的算法。因此才会为我们后续的算法优化、模型构建提供足够多的探索解题的素材。

【片段一】

师：根据（单循环赛制）比赛规则，小组中每两支球队之间都要进行一场比赛。整个B组共有6支球队，一共要进行几场比赛呢？谁来猜一猜？

生1：30场　　　生2：15场　　　生3：……

师：请大家开动脑筋，小组合作，用你们喜欢的方法进行解答，并把思考的过程记录在学习单上。

课堂开始，通过中国女排夺冠视频引入，创设情境提出问题：6支球队，一共要进行几场比赛呢？学生在自主探索前先带着问题进行猜想，绝大多数猜想结果为30场或者15场。猜想结果的不同给学生们带来了矛盾的冲突，有了矛盾就更容易激发学生探索的欲望。带着猜想结果，小组合作进行自我探索，在后续探索中，学生会同步联想猜想结果，进而验证、观察、比较等数学思维就会自主产生。在积极主动参与教学活动的过程中，学生将基于自己的已有经验和知识，通过积极地探索和发现、亲身体验与实践，将知识以自己的方式纳入自己的认知结构中。由于学生的认知水平不同，因此解决问题所使用的方法也各不相同。不同方法的呈现为后续算法的优化提供了足够多的素材。

（二）呈现资源、说理明理

在说理明理的过程中让所有学生都能明白每个人自我探索的路径和自我探索的整个过程。明晰每个算法背后的思维过程和解决问题的探究路径，知道每个算法资源到底好在何处、不好在何处。让学生清楚地理解，在理解的过程中有体验的过程，并在其中收获经验。有了体验，学生才能体会出利用算法优化的模型解决问题的重要性，随后才会逐步从优化的角度进行思考，想方设法做到不仅对而且优。优化之后，就可以用模型的构建抽象到模型并解释模型。

【片段二】

学生交流自主探索结果。

生1：每个队伍都要和其余5支队伍进行比赛，所以中国队要比5场、俄罗斯队要比5场、美国队要比5场、古巴队要比5场、德国队要比5场、多米尼加队要比5场，一共30场。

生2：中国队先进行比赛，一共要比5场，然后俄罗斯队再进行比赛，因为和中国

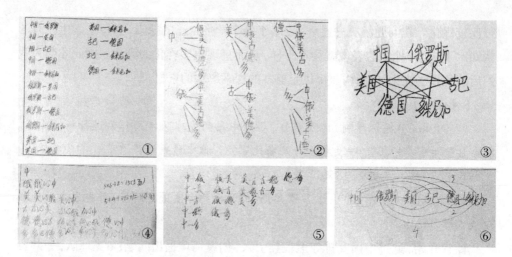

已经比过了,所以只要再进行4场,接着美国队和中国队、俄罗斯队比过了,只要再比3场,古巴队再比2场,德国队再比1场,多米尼加队和其他队都已经比过了,不用再比了,所以一共15场。

生3:中国队和俄罗斯队这两个队连起来,连线可以表示进行了一场比赛,然后再和美国队、古巴队、德国队、多米尼加队分别连起来,表示中国队一共进行了5场比赛。俄罗斯队已经和中国队比赛过了,所以不用再连了,只要和其他四个国家队分别连起来,一共进行4场。依此类推,所以美国队是连3场,古巴队连2场,德国队连1场,一共15场比赛。

…………

交流过程中,将每个学生解决问题的整个过程呈现在投影上,并请他们根据自己解决问题的结果说出解决问题时思考的策略。在说理的过程中,很直观地能发现30场的情况中会有重复的现象存在。在其他同学解释自己算法的时候,答案是30场的同学自然而然明白了自己的错误之处。所以先确定一支队伍的比赛场次,再确定第二支队伍比赛场次的时候要先去掉重复的比赛。在不同学生的说理过程中,让每个学生都明白了每一步都是有理可依的,加深了对解决这一问题的认识和理解。在不同学生解释自己算法的时候,学生就会将自己的算法和别人的算法进行比较,感知到自己算法和别人的差异,从而优化的思想慢慢开始渗透。

(三)观察比较、关联沟通

观察和比较是学生发展核心素养当中的关键能力和主要问题。通过对于问题各种解决方法的观察和比较,学生能在这一操作中观察到知识的形成过程、本质属性、内在规律等,体会新旧知识之间的联系。观察和比较是学生智力发展的重要组成部分,也是掌握系统知识的必要条件。

多样化的算法需要学生在观察比较中找出每种算法之间的联系。明晰算法之间的沟通关系之后才能比较出不同算法之间的差异性,从而体验到不同算法的优缺性。知道每个算法"缺"在何处、"优"在何处,学生就会产生选择更优的想法,从而自主探索出自己认为较为优化的算法模型,体验感悟到算法优化的模型构建的重要性。

【片段三】

师:你能找到这些方法中的相同点和不同点吗?

生讨论:

生1:在找的过程中,都是先把一支队伍的情况全部找完,再找第二支队伍的,这样按着顺序找,不会有重复或者遗漏。

生2:第四个方法和第五个方法表达的意思都是一样的,就是写的格式有点不同。但是都比第一个方法简单一点,用一个字来表示一支队伍。

生3:我可以在第二个方法中找到第一个方法,相同的队伍每次都写比较麻烦,写一次就可以了。都是中国队跟其他队进行的比赛,中国队只要写一次,跟其他队再连起来就可以了。

生4:连线的方法相比每种情况都列出来的方法,写起来更简单。

生5:第三种的连线方法跟第二种比起来更简单,每个队伍只要写一次就可以了,第二种对战的国家名字每次都要写出来相对比较麻烦。

生6:第三种方法和第六种方法都是连线,只是队伍摆放的位置不一样,所以看起来不一样。但是思考过程其实都是一样的。

……

在观察和比较每一种算法之间的相同点和不同点时,学生对每一种算法之间的联系有了更直观明确的认识。观察和比较中发现,虽然每种算法呈现的形式略有不同,但是本质的思考过程其实都一样,都是先确定一个队伍进行的比赛场次,再去掉重复的比赛场次后确定第二支队伍进行的比赛场次,依此类推。思考过程中,呈现的形式不同,所花费的时间也是不同的。每种情况都列举出来的方法所用的精力最多,利用符号化思想将队伍名称简化成简洁的数学符号用的时间相对少一点,利用连线方法用的时间最少。在这一过程中,学生的多种能力得到锻炼。学生能从多样化的算法中进行观察比较,发现连线法的算法在解决问题的过程中呈现得更清晰,使用的时间更少,这类算法明显在解决问题中比其他类算法要更好。基于算法优化的模型构建意识初步形成。

(四)算法优化、解决问题

优化是一个能够促进学生进行自我反思、自我完善的过程。学生通过观察比较、关联沟通之后明确了每个算法之间的优缺性,有些算法在解决问题的过程中呈现得比较清晰、解题思路比较简便,等等。从而学生就会在不同算法中选择更优的算法来解决问题,在不同问题的解决过程中,利用算法优化对模型进行抽象和构建。

【片段四】

模仿练习:足球决赛中入围了5支球队,每2支球队之间都要进行一场比赛。整个决赛一共要进行几场比赛?

生自己动手完成。

模仿练习中全班43人,35人用了连线法(方法3),3人用了连线法(方法6),3人直接列了算式,2人用了列举法(方法2)。

本堂课在算法多样化的呈现过程中,学生通过自主探索获得个体算法。经过全班交流、说理明理的过程之后,对群体算法有所体验,并在观察、比较各种算法的过程中认识到个体算法的不足,从而产生自我修正的意识。这一完整的体验让学生在心中构建起了深刻的算法优化的模型。所以大部分学生在模仿练习中选择用连线法来解决问题。但是在多样化算法的优化中要明确,绝对的最优方法是不存在的,只有"更优",没有"最优"。学生在选择更优的算法时出现不同情况,也要给予相应的肯定。

(五)变式拓展、形成模型

算法优化之后,学生构建出了算法优化的模型,但是要想模型变得丰满,在使用模型时减少错误性,就必须要学生明确模型的适用范围。只有在不同的变式问题中,学生才能总结归纳出模型的适用范围,增强自身对于算法优化后构建的模型的实际应用。

【片段五】

判断题:

5个好朋友,每2人之间都要互相发一条短信拜年,他们一共发了10条短信。(×)

选择题:

我校乒乓球比赛中,四、五年级各派出12名小选手进行比赛,如果每2人之间都要进行一场比赛,整个小组共要进行(B)场比赛。

比赛结束后,24名小选手准备互送贺卡作为留念,共要送出(A)张贺卡。

A. 24×23　　　　　B. $24 \times 23 \div 2$　　　　　C. $12 \times 11 \div 2$

师:你是怎么思考的?

生:每2人之间都要进行一场比赛,就是单循环赛制,我和你比、你和我比其实是同一场,最终有一半是重复的,所以要除以2。但是互送贺卡,我送给你的和你送给我的是不同的两张贺卡,所以没有重复的。

通过变式教学进行拓展,让学生明确自我探索所得到的模型适用于哪些范围,抓住情境中问题的本质进行判断。我们所构建的模型适用于两者之间有重复情况下的算法计算,但是对于两者之间不重复的情况,这个模型就要进行相应的改变。变式练习丰满了学生对于这一模型构建的充分认识。完整构建出的模型,能让学生在今后接触到这类问题时,快速地进行辨析,利用本质找到对应的适用范围,快速解决问题。

自主探索、算法优化、模型构建是非常重要的。模型的构建是要基于学生的自主参与探索,学生经历了发现、分析、猜测、验证、观察、比较、总结、概括等一系列数学活动。同时还须关注自主探索之后的优化。如果学生的自主探索不进行优化,那么他在后续解决问题的时候构建的这个模型可能不是最优化的。在这一自主探索、算法优化模型的构建过程中,学生解决问题的方法和途径更为丰富,数学思维能力的灵活性、深刻性与广阔性都得到了锻炼与提高。

参考文献:

[1] 顾必兴.小学数学优化算法教学初探[J].教学研讨,2016,11.

[2] 张尖.小学数学教学中数学模型的构建[J].陕西教育,2016,10.

浅谈小学数学几何小实践多元化作业设计

上海市浦东新区进才实验小学　　沈张青

【摘　要】目前小学课堂教学过程中，作业的设计呈现出一定的可改善空间，主要就是作业内容、形式、评价的单一。这不仅影响到教学效果的反馈，同时也影响学生的多元化发展。本文将小学数学作业设计作为切入点，将几何小实践的教学作为论据，深入地分析多元化作业设计在内容、形式、评价三个方面的探讨，旨在进一步提升小学数学多元化作业设计的质量。

【关键词】小学　数学　多元化　作业　设计

一、作业内容多元化

在开展数学教学活动的过程中，老师可以通过作业精准掌握学生对数学的应用能力和程度。随着我国课程改革的逐步深化，目前很多小学数学老师为了提升教学的质量和效果，将作业的设计定位为核心，老师可以通过作业完成的情况，对学生学习的情况精准全面掌握，以此来更好地提升教学质量。

（一）作业内容梯度分层

在班级当中，不同的个体自身的成长环境不同，呈现出个体差异性，为了因材施教，老师在进行作业内容布置时要避免出现整齐划一的情况，要依照不同学生的学习程度来进行分层的作业设计。

在五上几何小实践《梯形的面积》学习中，作业布置可以使用分层的方式，将其分为基础题、提高题和拓展题。对于基础的题目，例如已知梯形 a=6 cm，已知 b=8 cm，h=6 cm，求梯形面积，主要考查的是本节课的重点：梯形面积公式。我设计要求学生们100%都要全部完成，这是提升数学的基础。但是对于提高题型来讲，我设计的学生完成度在80%～90%,例如题目已知梯形S=42 cm^2,a=6 cm,h=8 cm,求下底。这道题目是求梯形面积的变式,对于学生在数量关系的转变上有所要求,大部分同学可以完成。拓展题则是让学有余力的学生来选做完成,例如已知梯形面积S=42 cm^2,h=8 cm,求梯形上底和下底的关系。这道拓展题目的设计已经不止于计算,更是让学生感受这里存在符合条件的无数个梯形,也由此拓展他们的思维,理清梯形上底和下底之间的关系对面积的影响,能够更好地提升几何图形感知能力。作业内容的分层设计体现的是因材施教,给予不同学生不同的要求。

(二)作业内容融合生活

在设计教学目标时,我们常常会考虑到学生需要感受数学和生活的联系,感受生活中的数学美。而几何小实践更是数学知识中非常直观、立体的存在,在作业内容设计中,我也时刻注意让学生将数学知识与生活相连接,感受数学在生活中的运用,让学生更有学习的劲头,学以致用。

在二下的《东南西北》一课中,我设计的作业内容是自制家周围的地图。在这个信息化的时代,让学生脱离导航等工具,通过平时生活中的经验及学习内容自制地图。学生不仅可以认清方向,更能在自制地图中将自己家周围的情况清晰地展现,让数学知识与生活密不可分。《东南西北》一课中东西、南北的相对关系,描述物体所在位置、走怎样的路线距离最近等问题也在自制地图中得到更深刻的解答。

(三)作业内容生动激趣

老师在作业设计时要立足于学生基础,针对学生自身的特征和学习的方式进行综合的考虑。例如从低年级的小学生的年龄特征来看,其对于自身兴趣不高的事物往往注意力就不会集中,特别是在做作业期间。因此在进行作业内容设计时,利用小学生爱玩的心理特征,将内容设计成游戏、比赛,这样才能够让其探索的欲望和好奇心不断地提升,充分激发学习兴趣。

在一上《物体的形状》一课中,教学重点是初步认识正方体、长方体、圆柱体、球。我将课后作业内容设计成了套圈游戏,将生活中各种形状的物体例如魔方、牛奶盒、地球仪、笔筒等作为套圈礼品,安排第一个学生做裁判员发指令,例如,请套住正方体的物品。在游戏过程中,未识别出正确的形状或套不到物品都算失败,失败的同学替换裁判员发号口令。游戏开始后,学生们都兴致高昂,跃跃欲试,就连还轮不到自己时作为观众都心潮澎湃。我看到同学套圈失败,碰倒了地球仪,它开始到处滚动；有同学失败后发出的指令也进行了改变，例如请套住只向一个方向滚动的物体；有的同学在正确识别并套中魔方后扬扬得意，开始研究……同学们在热闹的游戏中认识了物体，感受到了这些形状的特征，更是成为小老师考验着套圈的挑战者。作业内容设计的生动有趣不仅让学生乐于学，更是高效学。

二、作业形式多元化

几何小实践板块中，教材在对学生学习内容的设计方面具有显著的层次性，从平面图形逐步转变为立体图形，此方面与小学生的身心发展规律相符合。因此我们在对作业进行设计时，要依照教材的内容进行科学的编排，引导学生对图形进行认知和探究，让学生从不同的作业形式对几何小实践进行全面的学习。

（一）动手型作业，发展学生操作能力

从数学课程的教学来看，如果仅仅让小学生依靠模仿和记忆的方式来获取相关的知识，呈现出一定的局限性，但是使用动手实践的方式能够让学生的学习质量不断地提升。从客观的方面进行分析以后可以发现，学生在实践期间可以将课堂的概念进行更好的转化和吸收，几何小实践与计算部分进行对比后，我发现这部分内容不能够使用单纯传统作业的形式，局限在书面。因此在进行作业设计期间，要依照教材科学地对实践作业进行设计，让学生能够实现知识的全面汲取。

在五下《长方体的表面积》中，我设计的作业形式是动手操作，用纸板自行设计长方体。在学生制作长方体中，看着他们先想一想如何设计、再画一画长方体的六个面、后剪一剪、最终折好粘一粘，一个自制长方体横空出世。这既培养了他们的操作能力，又对长方体表面积的认识进行了深入思考。

（二）口述型作业，发展学生表达能力

在2022年上半年，我们进行了三个多月的线上学习，组建的钉钉平台给予了学生更多的展示机会。在日常教学中，习惯老师说学生听，而如今我们更愿意让学生多说一说，培养他们的表达能力。口述型作业可以激发出学生的说话潜能，发展语言表达能力的同时培养思维逻辑能力。

在四下的《平行》中，由于课堂中我们已经进行了大量的动手作图，而同学们对于一些概念容易混淆，所以我布置的作业形式是说一说对平行的认识，录制视频上传在钉钉群里。只见有的同学寥寥数语，有的同学说错了再更正，有的同学逻辑清

晰一气呵成。他们中既有意识到自己说话不精练的，也有说出的概念有漏洞的，还有重复的，这个口述作业在锻炼逻辑、锻炼表达上非常有效。

（三）实践型作业，发展团队合作能力

纸上得来终觉浅，绝知此事要躬行。实践出真知，我相信通过学生自主实践出来的结果和感受他们一定可以铭记于心。

在三上的《平方米》一课中，我设计了以小组为单位，团队合作实践出一平方米大约有多大，可以站下几个学生。只见同学们以自己的手臂伸长估算为一米，四个同学手拉手组成一个正方形，预估为一平方米的面积。然后同学们逐个进入这一平方米的领域，同学们挨在一起，团结合一，最后颇有成就感地告诉我，站下了9个同学。其实，一平方米能容纳几个同学根据胖瘦情况会有误差，但同学们由团队合作的实践活动，既培养了小组合作意识，又形成了一平方米的具体量感，一举两得。

（四）整理型作业，发展学生归纳能力

归纳整理的能力要求很高，需要对知识的横向、纵向联系都清清楚楚，全面的整理有助于学生二次学习。

在四上《梯形的面积》教学后，我们已经学完了长、正方形面积，平行四边形的面积、三角形面积和梯形面积。这些图形面积都有联系和变化，所以此节课后我布置的作业形式是归纳整理。

同学们拿来小棒拼搭感受图形，用对应图形的纸片进行移动、裁剪演示变化过程，利用表格进行异同点的比较……他们的归纳整理是二次学习的过程，是反思的过程，可以构建更完整的知识脉络。

三、作业评价多元化

《标准》中指出："应建立评价目标多元、评价方法多样的评价体系。"课程标准中还指出：评价的最终目的是促进学生发展。因此，我们在对学生的作业评价上要结合评价内容及学生学习的特点，选择合适的评价方式考查学生的学习数学学科情况。

（一）评价内容多维

作业评价的标准应该由传统单一地重知识、重结果走向多维度、综合性的评价。评价内容不仅要反映学生对数学知识的掌握情况，同时还要能够满足对学生个体差

异性的充分重视对综合性素质的重视。

在四上的《线段、射线、直线》一课中，我设计的作业评价内容如下：

1. 我知道射线、直线是如何形成的以及会读、画射线、直线。（强调学习过程）

2. 我会通过比较来找出线段、射线、直线的异同点。（注重学习方法）

3. 我能准确完成作业。（评价学习成果）

4. 我会在做完作业后进行检查。（培养学习习惯）

5. 我的完成时间在10分钟以内。（注意学习效率）

在以上五点作业评价内容中，每一点我都设计了一颗星，共五颗星。从数学学习的过程、方法、成果、习惯以及效率多维地评价学生，以此来与小学生多元化发展的需求相符合。

（二）评价主体多元

作业评价的设计主要的目的就是让学生实现更好地发展，因此我们要立足于学生积极健康发展的基础上，让学生实现多元化发展。

从以往老师刻板地以分数、等第单一化、包办式评价学生作业，我们如今需要更强调以学生为本、学生的主体参与。所以评价主体我设计成老师、学生、家长等，从而有了更多角度的师生互动、生生互动、家校互动。教师面对学生需要全方位评价；家长在评价中更全面地了解孩子情况；学生互评促进同学间的了解；学生自评则促进学生自我肯定、自我反思、自我改进。淡化单一性评价，结合评价主体多元化，学生更易获得学习上的成就感。

（三）评价方式多样

在开展评价时，要将多样的测评符号充分利用，以此来对小学生的学习积极性全面激发。我们可以使用等第、笑脸或者摘星榜等形式来细致地对小学生的数学作业进行评价，不仅能够更好地了解教学的成果，还能够针对教学的不足转变教学的方式。

此外还可以对评语进行科学使用。评语是老师和学生沟通的载体，在对作业进行评价期间，要注意评语使用的度，以此来促进小学生的健康发展。

综上所述，我们可以从作业内容、作业形式、作业评价三方面多元化设计，从教师布置作业、学生完成作业、完成评价三方面形成完美闭环，让数学的教与学良性循环，学生也得以多元化地发展。

参考文献:

[1] 陈幼玲.对接·融合·拓展:小学数学作业设计的路径探索——以"三位数乘两位数笔算例1"为例[J].福建教育,2021,12(9):55-56.

[2] 黄伟.基于分层理念的小学数学弹性作业设计[J].学生·家长·社会:学校教育,2021,10(4):87-88.

[3] 奚碧莹.基于教学做合一的小学数学个性化作业设计探究[J].科学咨询,2021,5(3):101-102.

[4] 王玉芳,盛文奇.网络环境下小学数学个性化作业设计策略与方法[J].教育革新,2020,8(3):55-56.

[5] 杨晓玲.小学数学创新型作业设计的实践研究[J].天津教育,2021,17(3):22-23.

[6] 胡文琪.减负增效——谈"双减"背景下的小学数学作业设计[J].新一代(理论版),2021,6(2):281-282.

[7] 王利刚.优化小学数学双休作业设计 助力儿童深度学习——小学数学双休作业设计策略探究[J].求知导刊,2021,7(3):75-76.

浅谈数学实践活动的意义

上海市浦东新区进才实验小学西校　王　慧

近年来数学实践活动越来越受到重视，我们的课堂也在慢慢改变，在原来的教学中，教师往往注重书本知识，而对直接经验比较轻视，简而言之就是教师多为说教式，学生的实践活动相对较少。这样的学习使得学生综合能力比较弱，当碰到实际的综合性问题时较难使用书本上的知识来解决问题，不能做到学以致用。因此现在我们越来越重视学生通过实践活动这种学习方式来获取知识，并在其基础上有所发展。以下是我对学生实践活动学习后的一些感悟。

一、实践活动是预习和复习巩固的好帮手

我们都知道课前预习对于学习的重要性，通过课前预习，学生能初步掌握一些课堂中的知识点，在听课时能提高学生的听课效率；同时学生预习后，能够有侧重点地来听课。但是我们数学课预习往往是让学生提前看一些课本，对于孩子来说是一件很无趣的事，甚至说很无聊的一件事，学生对于数学课的预习也不重视，因此如果能让学生通过实践活动这样有趣的任务来完成数学课的预习，我想学生应该也是非常乐意的。

比如一年级的认识钟表。钟表其实在我们的生活中是非常常见的。那么在我们上课之前，布置一个实践活动"画一画你身边的钟表"，就能够帮助学生预习钟面知识。学生在绘制钟表的时候会先画上钟面上的12个数字，通过这个绘制，学生就知道了钟面上有12个数字这一知识点，然后学生会画上两根针，有些学生还会画上三根针。通过这个绘制学生初步掌握了钟面上有两根针，对在课堂上认识时针和分针有着很大的帮助。经过这样的绘制过程，学生能够发现很多钟面上的小秘密。这些知识点就是孩子对认识钟面这节课的预习。我们都知道预习对于学习来说是多

么重要，一次有效的预习，能够让学生在课堂中自信地展现自我。而实践类的预习作业会让孩子更愉快，更轻松地去完成预习的内容。所以说我们的数学实践活动是帮助学生有效预习的好帮手。

除了预习，课后的复习与巩固也非常重要，而数学实践活动还能帮助学生进行课后知识点的巩固。

比如三年级的制作年历，学生们在课堂上学习如何制作年历，但是课堂上的时间往往比较有限，学生们并不能在有限的时间里完成。因此制作年历往往是学生带回家的一个实践活动。学生在制作的过程中反复回忆上课时的知识内容，应该说每写一步都是一个复习巩固的过程，直到学生完成一份年历的时候，他已经把制作年历的过程、制作年历的知识点都反复复习多次。

在每个单元结束的时候，给学生们布置制作数学小报的实践活动，可以让学生对本单元的知识进行一次巩固和梳理，对学生构建知识框架有着非常大的帮助。

因此，数学实践活动是帮助学生预习和复习巩固的好帮手。

二、实践活动是提高课堂学习效率的好帮手

我们都知道要想让学生的学习效率高，首先就要提高学生对于学习的兴趣和主动性。爱因斯坦曾说过，兴趣是最好的老师，所以学习兴趣对于学生来说是多么重要。而数学实践活动在课堂中的应用就是提高孩子的兴趣。例如，二年级的认识正方体和长方体。其实这节课的知识点很多，学生有时很难在课堂中消化这些知识点。如果教师只是通过演示文稿来进行教学，学生会感到枯燥。因此在本节课中设计数学的实践活动能够提高学生对本节课的学习兴趣，提高课堂的学习效率。

长方体正方体的认识实践活动

1.首先阅读学习任务单，明确任务要求。

2.拆除一个长方体和一个正方体，并完成任务单的填写。

3.选择所需材料拼成一个长方体和一个正方体。

学习任务单：1

物体名称	面	顶　点	棱
长方体			
正方体			

通过比较你发现长方体的面的特征是：

　　　　棱的特征是：

通过比较你发现正方体的面的特征是：

　　　　棱的特征是：

学习任务单：2

　1. 需要拼成一个长方体你算的小棒是：红色（　　）根,黄色（　　）根,蓝色（　　）根,小球（　　）个。你这样选的理由是（　　　　　　　　　　　）

　2. 需要拼成一个正方体你算的小棒是：红色（　　）根,黄色（　　）根,蓝色（　　）根,小球（　　）个。你这样选的理由是（　　　　　　　　　　　）

　3. 通过观察你拼成的长方体的面的特征是（　　　　　　　　　）

　　　　棱的特征是（　　　　　　　　　）

　4. 通过观察你拼成的正方体的面的特征是（　　　　　　　　　）

　　　　棱的特征是（　　　　　　　　　）

在本节课中学生通过实践操作能够牢牢掌握长方体、正方体的基本知识点。

学生在活动的过程中,不仅能体会基本的数学思想方法和必要的应用技能,还能体会到数学和生活的密切联系。学生能够通过自己的活动解决实际问题,收获会很大,课堂的学习效率大大提高。

三、实践活动是提高孩子合作探究能力的好帮手

"学以致用"是我们学习的最终目标,我们需要通过学习,通过已获得的知识技能解决问题。此时我们的数学实践作业就显得尤为重要,下面我通过一个案例进行简单分析。

比如五年级《平均数的应用》的实践活动。

小组进行合作,利用步测的方法计算学校篮球场的周长。

1. 小组分工：6人一个小组

	步　行	测　量	记　录	核对整理
小组成员1				
小组成员2				
小组成员3				

（续表）

	步　行	测　量	记　录	核对整理
小组成员4				
小组成员5				
小组成员6				

说明：（1）在表格中用"√"的方法进行选择。

　　　（2）1人步行，2人测量，2人记录，1人核对整理。

　　　（3）根据数据所有小组成员进行计算，校对后完成最终计算汇总。

2. 数据记录

步骤一：测一测步行成员10步的距离。（测量结果保留一位小数。）

次　　数	第一次	第二次	第三次	第四次	第五次
10步的距离（米）					

步骤二：测一测篮球场的周长需要走的步数。

次　　数	第一次	第二次	第三次	第四次	第五次
步数（步）					

3. 计算汇总

（1）平均一步的步幅。

（2）平均步数。

（3）学校篮球场的周长。

　　在这个实践作业中学生需要学会分工合作，每个小组都是一个团体，同时在这个团体中有着分工与合作，有些任务需要单独去完成，而有些任务就需要合作完成，在这个团队中每一位成员都是非常重要的一环。每个学生都有展示自己的机会，同时也给了他们互相学习的机会。

　　学生通过此次的实践作业首先学会的是互相配合与合作。我们知道，在我们学习的模式中有模仿学习、独立学习、合作学习等，合作学习在学生的成长道路上也是非常重要的一环。

通过这样的实践活动不仅让学生体会"学以致用",在实践中获得成就感,同时在实践中获得快乐的体验。与同伴共同参与的过程,是共同成长的过程,也是自我完善的过程。

四、实践活动是提升学生学科核心素养的好帮手

数学学科也有着它独特的学科核心素养,这些素养的提升有助于学生运用数学的思维思考抽象的复杂的问题。因此在学生学习数学过程中,教师需要不断培养学生的数学学科素养。实践活动就是提升和培养学生数学学科核心素养的重要途径。

比如三年级《条形统计图》实践作业。

作业任务:

三年级各班学生剩饭剩菜重量统计。(周一至周五)

三年级各班学生饭量统计。(100克,150克,200克)

统计各个班级周一至周五喜欢的菜品。(区分大份菜与小份菜)

完成过程:

合作小组的形成与分工。

交流讨论,教师调整,形成以5人为单位的合作小组。

合作沟通交流,选定组长并明确每位成员的各自分工。

	数据收集	数据整理	制作统计图	汇报分享
小组成员1				
小组成员2				
小组成员3				
小组成员4				
小组成员5				

说明:(1)在表格中用"√"的方法进行选择。

　　　(2)每人可选1个或2个任务。

问题思考:

如果你是大队委员,你能根据这次的统计任务提出一个好的方法吗?

根据我们这次的统计任务,你会给学校食堂提出什么样的建议?

通过实践活动,学生会主动分析统计图中的数据,而数据代表的意义学生会更深入地思考。我们都知道统计有着决策意义。这使学生的分析整理能力、判断能力、决策能力大大地提高。这对培养学生批判性思维、高阶思维有着很大的作用。在统计的实践活动中培养的就是学生数据分析的学科核心素养。

五、实践活动是提升亲子关系的好帮手

我们都知道数学实践活动在教学过程中有着非常重要的意义和作用,其实我还想说,数学实践活动在课后能够提升家长与孩子之间的感情,能增进亲子互动。

比如一年级人民币这个知识内容,按以往教师的习惯,我们会给孩子布置一些人民币的换算、人民币的应用等题。然而这几年来,低年级段的孩子们已经没有书面的家庭作业。这时老师们会想很多办法来帮助孩子们巩固知识点。我们给学生布置一些实践活动类的作业,比如家庭小超市等。这个作业是一个实践活动类作业,需要家长的配合。家长和学生通过角色扮演来完成这个实践活动。

首先家长需要准备人民币、物品等道具,让我们的学生来扮演营业员,家长扮演顾客。当顾客进入家庭小超市后,需要购买物品。购买物品时,营业员需要准确地说出物品的价格并收款。在这个过程中学生可以巩固人民币的知识。第一,他需要认识人民币,知道顾客所给的人民币是多少面值的。第二,他可能还需要学会换人民币,同样是20元的物品,顾客有可能给的是一张20元,可能是2张10元,也有可能是4张5元,还可能是一张10元、2张5元等不同的组合。第三,他还需要学会如何找零。比如物品是20元,顾客给了50元,这时就需要找零。这样一个小小的实践活动,其实包含了我们认识人民币的所有知识点。这样的实践活动不仅不枯燥,还提升了学生与家长之间的亲子关系。试想一下,学生如果带回家的是练习本上的作业,那么家长和孩子都会比较紧张,他们不会像对待实践活动那样轻松。在我们大家的意识当中还是会把一份书面作业看得很正式,而像实践活动这样的作业我们往往会当作小游戏一样对待,相对比较轻松。当我们的家长和孩子都处于一个比较放松的心态时,在完成实践活动的时候亲子关系也就会比较和谐,甚至说比较愉快和享受。其实我看到家长发的视频,在家中开展实践活动时,孩子们是非常快乐的,他们就好像和爸爸妈妈在玩游戏。即使在这过程中会有一些小错误,爸爸妈妈也不会去严厉地批评孩子,而是指出孩子的错误,并及时地纠正错误,孩子们的接受度也非常高。

其实每一个给孩子布置的实践活动，孩子都是非常开心快乐地去完成的。比如，二年级的"轻与重"，制作简易天平。在制作的过程中，孩子与家长一起寻找合适的材料，然后互相配合，这些都在潜移默化地提升孩子与家长之间的亲子关系。

　　数学实践活动对于我们现在的教学来说是越来越重要，不管是在课前还是在课中抑或是在课后，它都可以出现在学生学习的过程中。数学实践活动对学生快乐学习、学以致用、提升综合能力有着非常大的帮助。

让"绿色作业"为学生思维能力做加法

上海市浦东新区塘桥第一小学　李　真

作业作为学习活动的重要组成部分,是学生巩固知识、形成能力的重要方式,却普遍存在形式单一、缺少关注个体差异、忽视能力发展等问题。在"绿色指标"评价体系"提升学生学业水平、提高综合能力、营造有利于学生健康成长的良好氛围"的指导下,我们在关注课堂的同时,也要关注作业的有效设计,让我们的作业变成激发学习兴趣、遵循个性发展,提升学生各项能力的"绿色作业",来促进学生健康、全面、可持续发展。新基础教育研究中心也曾指出:小学数学教学要有一种开放意识,作业不只是巩固知识、形成技能,更将是唤醒、激发学生兴趣和培养能力的重要工具。那么如何设计一年级数学非书面"绿色作业"来帮助学生提高学习动力、感受到数学思维方式的力量、形成灵活的思维品质,从而达到减负增效的目的呢? 我结合教学实践,总结了以下几个方面。

一、丰富作业形式,提高学生学习的主动性

学生学习动力指数主要包括学生学习自信心、学习动机、学习压力、学生对学校的认同度,与学生学业水平呈现明显的正相关。在设计作业的时候,我们既要完成学习目标中的知识与技能,又要注意趣味性、多样性,来提升学生的学习兴趣和自信心。

(一)亲子游戏,提高学习积极性

刚进入小学的小朋友,很多计算能力较弱,主要依赖掰手指头计算。而数与代数是小学数学学习的重要内容,计算能力差会导致以后做题正确率不高。兴趣是学生各种创造力、求知欲的原动力,刚步入一年级的学生,充满着好奇,呵护并培养他们学习数学的兴趣,是我们的首要任务。所以刚开始的作业要以基础、有趣味、培养孩子们养成主

动完成作业的习惯为主。那么,如何设计作业才能把枯燥的计算变得有趣起来呢?

　　爱玩是孩子的天性,我们可以通过亲子游戏,使孩子们在玩一玩中提升兴趣,加强对知识的记忆和掌握,进而提高数感。例如,可用"对口令"和"梅花开"游戏作业来复习数的分与合。一方面,小朋友在玩的过程中熟练掌握10以内加减法计算,另一方面,家长也更多地参与到小朋友的学习中,更加了解小朋友的学习情况,增进了亲子间的交流。小朋友在轻松愉悦的气氛中达到学习目标,也提升了学习兴趣,做到减量不减质。

梅花开游戏:

> 一共有7朵梅花:
> (家长)左手4朵梅花开,右手几朵你来猜?
> (学生)右手我猜有3朵。

对口令游戏:

> (家长)我出2。
> (学生)我出4,2和4合成6。

(二)走进生活,激发学习动机

　　低年级的学生大多数缺乏生活常识,而我们平时的学习又和生活割裂开,学生迷茫,不知道学习数学的意义何在。我们可以通过学科整合,将作业和生活实际相结合,激发学生的创造力,帮助学生发现知识来源于生活,并应用于生活,进而激发学习动机。例如:

　　在学习了常见的立体图形——长方体、正方体、圆柱体、球体之后,可以通过让小朋友们观察立体图形的特征,找出生活中的立体图形,如牙膏盒、瓶盖等,并制成漂亮的手工制品。在整个过程中,小朋友敢于创新,充分发挥想象力和创造力,积极动手

生活中的数学

参与制作,不仅体会到动手制作的快乐,更学会观察生活,发现生活中的数学。

在学完"认识人民币"后,布置一场小购物活动,把冬奥会、防疫等时事热点融合在解决问题的作业中,可引导学生感受数学,学会运用数学。

这些作业帮学生发现数学来源于课本,回归于生活,发展于创造,体会学习数学的意义,激发学习动机。

(三)动手操作,增强学习自信心

低年级的小学生正处于具象思维向抽象思维转化的过渡阶段,动手操作的作业,可以为学生对知识的理解、掌握提供支撑。双色片是我们小朋友学习数学、对知识查漏补缺的好帮手,例如可以设计在数板上移一移双色片的作业,理解20以内进位加法是如何凑十,来帮助理解算理;还可以布置翻一翻双色片的作业,来巩固几个和第几个的区别。小朋友在动手动脑的过程中,打好基础,增强了学习自信心。

有了兴趣,学生完成作业就更加投入,作业的效率就会大大提高;有了信心,学生就敢于面对更多学习的挑战,数学思维才会变得更加活跃,开始形成数学思维能力。

二、关注个体差异,渐进式发展多元智能

加德纳的多元智能理论认为,我们每个人都拥有语言智能、数理智能、空间智能、人际关系智能等八种主要智能,每个人都是聪明的,只是呈现出擅长的差异。因此,我们要关注学生认知的差异和接受能力的不同,因材施教,用动态的、发展的眼光看待每一位学生:对接受能力较强的学生,提出更高的要求,提供更多发展的机会,使他们茁壮成长;对接受能力暂时有困难的学生,降低要求,提供脚手架,为他们找到更合适的方法去进步。

这就要求教师在设计作业之前要认真研究作业目标,精准分析学情,关注学生认知的差异和身心发展的特点,在设计作业时做到有坡度有层次、循序渐进,不用统一标准衡量和要求,注重学生综合能力的培养。

(一)分层要求,系统发展语言智能

语言是思维的外衣,思维与语言密不可分,小学数学的学习是思维与语言不断发展的过程。我们可以有计划地根据阶段学习内容,对学生进行数学语言智能的训练和培养;同时尊重儿童认知发展的规律和个体差异,循序渐进地培养一年级学生的数学语言表达能力。

例如，在学习"添加"时，我根据当天学习内容，先出示一个规范的例子，再以填空的形式，让学生模仿着练习看图编数学故事，并语音上传作业。由于学生学习能力的差异，回答情况参差不齐，所以针对每个人的情况分层评价，提出不同的要求、进行鼓励和提出改进意见；然后把较好的作业设置为优秀作业。这样在作业的对比中，有意识地引导学生发现别人的优点，学会欣赏他人，也能更清醒地认识自己，进而更好地提升自己。

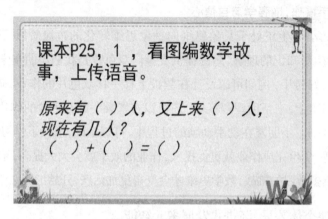

课本P25，1，看图编数学故事，上传语音。

原来有（　）人，又上来（　）人，现在有几人？
（　）+（　）=（　）

填空的形式辅助练习

有了前面语言训练的基础，在学习解决问题的时候，我再阶段性出示一些开放式的图片到小讨论，要求每位学生至少提出一个问题，学有余力的学生尽可能多地

看图讲数学故事

提出问题,并口述算式,计算结果。在系统的培养下,渐渐地,更多学生能把条件问题说得清楚标准,对自己有较高要求的同学会主动提出更多问题并自己解答。

经过几次训练后,我再邀请学生自愿报名"数学小主播",为同学讲解错误率较高的题目。掌握熟练的学生们踊跃报名,他们认真细致地分析,自信大方地讲解,对算理透彻地理解,给其他同学做出了很好的榜样;不够熟练的学生也能通过其他学生的讲解,提高了对题目的理解,学会了规范的数学语言和书写格式。不同能力的学生均找到了自己的"最近发展区",在发展语言智能上获得了不同的进步。

逐步培养语言表达能力

(二)分层作业,阶梯培养数学智能

《基础教育课程纲要》强调学生应该在教师指导下"主动地、富有个性地学习"。多元智能理论也指导我们要尊重认知差异、因材施教,更加关注学生在学习过程中的变化和能力的发展。作业设计要立足单元,就是在单元教学目标的统领下,梳理本单元知识之间的内在联系,围绕学习内容和学习水平细化,同时尊重个体差异,设计对知识和能力的不同发展要求的作业。

以《100以内数的加减法》这一单元为例,知识之间互相联系,方法之间有共性,立足单元细化作业,阶梯式进行知识回顾和能力提升。

首先,在布置两位数加一位数(有进位)的作业时,先以填空的形式,请学生仿照着说出35+8的计算步骤,两种方法中任选一种掌握。学有余力的学生,可以试着完整说出两种方法的步骤。

之后,在学习两位数减一位数(有退位)时,虽仍用填空的形式进行辅助,但逐渐提高要求,试着口述两种方法。学有余力的学生可以试着说出两种方法的算理。

接着,在学习两位数加两位数(有进位)时,继续提高要求,抽掉填空辅助,改为让学生自己口述三种方法的计算过程。学有余力的学生可以比较和两位数加一位数(有进位)的联系与区别。

最后,学习两位数减两位数(有退位)之后,同学之间比一比,看谁掌握的方法更多。保证每位学生至少会一种方法,学有余力的同学可以掌握更多的方法。充分调动学生学习积极性,鼓励他们掌握更多的方法,尽最大努力灵活掌握。能力较强的

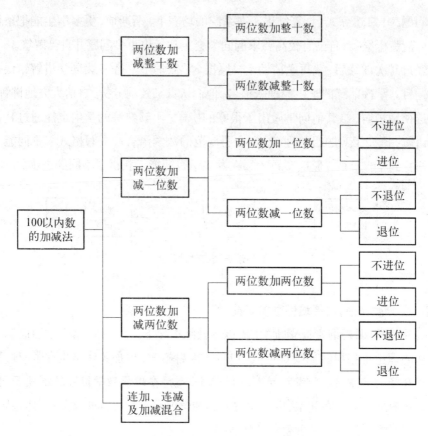

"100以内数的加减法"单元知识结构图

学生还可以学着画简单的思维导图,尝试构建本单元的知识框架。

掌握了算理和计算方法之后,我又设计了扑克牌游戏的作业,帮助学生熟练练习。学生和家长随机从数字为1~9的扑克牌中任意抽取4张扑克牌,组成两位数加减两位数的算式,并口答结果。在组成算式的时候,同样的几个数字,有

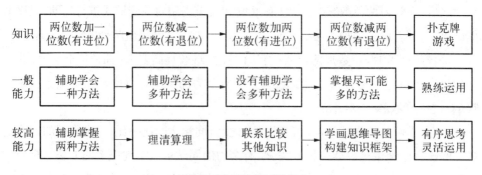

立足单元阶梯培养思维能力

的学生为了不重复不遗漏地进行有序思考,排列组合出了所有的算式;有的学生在玩的过程中,题目灵活随机组合,大家都充分训练了自己的口算能力,使数学思维智能得到基于自身能力的相应发展,学生感受到作业是游戏的天地、能力培养的乐园。

立足单元,根据内容在单元出现的顺序和地位不同,阶梯式地培养能力,降低了学习难度,逐步帮助学生完成单元学习知识和能力目标。通过一题多解训练学生思维的发散性和对知识的灵活掌握;思考、比较后找出知识之间的联系,训练了学生的观察和理解能力。学习画思维导图,构建知识框架,提高了逻辑思维能力。对不同学生的知识和能力的不同要求,使每个人获得循序渐进、个性化的进步和成长,提高数学综合素养,数学思维能力得到提高,为未来的发展打下良好的基础。

(三)分层探究,逐步发展人际智能

在学习过新的知识后,我通过有意识地设计作业,在合作过程中逐步培养学生组织协商能力与团队协作能力,在探究中发展知识迁移与综合运用能力。

如在学习过《分彩色图形片》一课后,我先给学生布置了这样的实践活动:请学生仿照课堂上对同一物体多角度分类,思考如何给一副去掉大小王的扑克牌进行分类,看谁的方法多,并把自己的发现通过语音和图片上传至班级群进行讨论交流。大家在热火朝天的交流讨论中,尽可能多地分享自己的方法,同时认识到各自能力的优势和不足,并获得他人更多的想法。学生发现利用集体的智慧可以获得更多的知识营养和能力,越来越愿意和同伴建立更多更好的联结。

有了这样的合作意识,我又给出一些算式,请学生课后以小组为单位,讨论如何联系前后知识,运用分类对学过的算式进行整理。通过小组合作探究,学生交流出了很多种想法,有的按照符号把算式分为加法和减法两类,知道做题目时要看清算式的符号;按照算式的结果分类,锻炼口算的能力;按照有没有进退位分类,记清了个位数相加超过10要进位,被减数减去减数,个位数不够减要退位;按照算式中是否含有两位数来分类,发现了课本划分单元的秘密。在此过程中,有的同学通过动员与协调群体,培养了组织能力;有的通过仲裁与排解纷争,发展了协商能力;有的敏锐观察,帮助大家分析选出正确的答案;有的在合作时表现出对他人的关心和鼓励,善解人意……通过这样的合作探究活动,不同的学生发展了不同的人际智能,同伴之间更和谐更团结,集体的力量发挥到更大,对知识的掌握更牢固,思维更具逻辑性和缜密性,逐步形成数学思维品质。

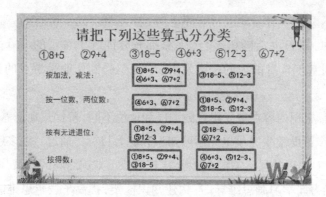

算式分类

综合来看,低年级"绿色作业"实施下来有几点优势:

1. 学生的学习热情高涨,学业成绩得到正向促进。

2. 师与生、家长与孩子、生与生之间的互动增多,关系更加融洽。

3. 个性化评价、分层开放的作业,打破时间和空间的限制,不同能力的学生得到不同的发展。

但也存在着一些问题,引起了我们的思考:

1. 学生和家长普遍重视程度不够,作业质量不高。这需要教师一方面和家长学生做好沟通,另一方面也要做到及时评价、总结和指导。

2. "绿色作业"需要在学生能力上升之后,为进一步发展学生思维能力,更多地转向合作式、解决问题式、探究拓展式的作业。

"绿色作业"就是要尊重孩子的认知规律和身心发展的特点,以提高学生兴趣和能力为目的,而设计出内容生活化、多样化和个性化的减负增效的作业。"绿色作业"的有效实施,能让学生的知识在作业中掌握、技能在作业中形成、能力在作业中提升、思维在作业中发展,能有效激发学生的内驱力,促进孩子可持续发展。

参考文献:

[1] 沈作璋.绿色指标评价的小学学科作业设计实践[J].中小学教育,2021(9).

[2] 陆浩.基于绿色指标的数学作业[J].新课堂,2016(4).

[3] 霍华德·加德纳.多元智能[M].沈致隆,译.北京:新华出版社,2004.

[4] 黄玉芬.绿色指标评价框架下的教学方式探析[J].山西教育:教学版,2012(10):42.

[5] 李红运.新课标下小学数学低年级课外作业生活化研究[J].读与写(教育教学刊),2016,13(9):226.

重质轻量，优化强效

——"双减"背景下优化小学数学作业设计

上海市浦东新区海桐小学　刘梦琪

【摘　要】学生的学习过程是对知识的内在加工过程，从理解到巩固再到学会应用，这是一个从简单到复杂的曲折发展。作业是这个过程中，连接课程、教学和评价的重要纽带，是对于课程活动的扩展与延续，也是教师检验教学的重要环节，更是帮助学生巩固与吸收已学知识的有效手段之一。在"双减"背景下，优化作业对于教师是一种考验，一方面要确保作业具备整体性与长程性的效益提升，还要能增强教学的有效性，另一方面要减轻学生的压力，减少家长的负担，使最为熟悉的作业成为学生成长和发展的重要助力器。基于此，本文将对如何在"双减"背景下优化小学数学作业进行探索和思考。

【关键词】双减强效　优化作业

2021年7月24日，中共中央办公厅、国务院办公厅印发《关于进一步减轻义务教育阶段学生作业负担和校外培训负担的意见》，要使义务教育阶段学生作业总量和时长得到有效管控，受到了社会广泛关注。

在学生的学习过程中，作业是连接课程、教学和评价的重要纽带，是对于课程活动的扩展与延续，是教师检验教学的重要环节、帮助学生巩固与吸收已学知识的有效手段之一，一时间，"优化作业"成为"双减"政策中重要的一环。

数学对于基础教育阶段的学生来说，是一门非常重要的课程，因为数学学科的特点就是让学生们发现、提出并尝试着解决问题，是能够让学生们获得深层次思考和学习方法的学科，它对于学生智力的开发、思维的创造，都起着很大的作用。

然而现阶段的数学教学却是过多的学科作业成为学生们的负担与压力，或是教师实行填鸭式教学利用相对固定的教材配套练习册，让学生们失去了对于学习的动力与积极性,更多的只是为了完成作业而做作业。所以我们要以"双减"政策作为契机,基于整体性与长程性,真正实现作业"重质轻量,优化强效"。

一、"双减"背景下优化作业的意义与目标

(一)优化作业的意义

近年来,在社会中掀起了一阵数学风潮,越来越多的学生在课堂外参加数学竞赛班,有的孩子甚至从幼儿园就已经接触数学,如果一直延续到大学毕业,整个学习过程将长达十几年,这期间家长们老师们都秉承着一种叫作"刷题"的思想——"习题轰炸",使学生不断沦为被动学习。

因此国家在《关于进一步减轻义务教育阶段学生作业负担和校外培训负担的意见》中,明确提出了"全面压减作业总量和时长,减轻学生过重作业负担"的要求,并提出了五条建议:"健全作业管理机制、分类明确作业总量、提高作业设计质量、加强作业完成指导以及科学利用课余时间。"

"双减"政策从根本上减少学生作业负担,帮助学生们从"以练为主"的窘境中逃离,帮助家长们走出"内卷"的焦虑,减轻家长心理负担,也帮助老师们改变教学思想,优化作业质量,发挥教师主观能动性,实现"减轻负担"和"增强学习效果"的有机统一。

(二)优化作业的目标

在《关于进一步减轻义务教育阶段学生作业负担和校外培训负担的意见》中,提及了工作目标——学校教育教学质量和服务水平进一步提升,作业布置更加科学合理,学校课后服务基本满足学生需要,学生学习更好回归校园。那么针对数学学科特色要求,可以有以下期许:

1. 减少学生对于学习的厌倦情绪。小学阶段是让学生养成良好学习习惯的重要时刻,是养成学习兴趣的最佳时刻。因此减少重复性的数学作业,适量布置具有趣味性的作业,以最大限度激发小学生的好奇心,促进学生积极主动参与到作业思考中,减少出现不必要的厌学情绪。

2. 提升学生的多维发展。除了符合"双基"标准外,作业设计还须将核心素养融入其中,培养学生数学思维能力,语言的概括能力,使作业的字里行间充满着人文素养、科学精神,通过作业培养学生良好的思想品质与人文情怀,努力做到一份作业带动学生多维发展。

3. 构建和谐教育环境。"双减"根本的目的就是让学校回归最本质的教育,杜绝繁重的作业,让学生回归正常的作业时间,拥有更多可以发挥自己的课余空间,实现自己的价值取向,也同时让家庭教育回归到本质,与学校教育形成学生成长过程中重要的两驾马车,相互配合,焕发出教育的持久魅力。

二、"双减"背景下优化作业的措施

(一)"重"质——提高课后作业的效益

1. 丰富作业趣味性,激发学习兴趣

儿童是有主动性的人,所教的东西若能激起儿童的兴趣,符合他们的需要,就能有效地促使他们发展。所以兴趣是学习过程中一个非常重要的内在驱动力。提升作业的趣味性,不仅能使学生学得更愉快,还能激发学生强烈的求知欲。

针对低年级的学生,可以在练习形式或是题目类型上灵活多变,画一画、猜一猜、讲一讲都是学生们所喜爱的作业形式,另外还可创设一些符合学生年龄特征的情境,编一些具有互动性的游戏活动型作业,在游戏中练,在游戏中学。

例如:沪教版数学一年级第一学期第二单元"10的游戏",可以设计"对口令"的游戏,让学生与老师玩、学生与学生玩、学生与家长玩。将所学数学知识蕴含于其中,让学生在愉快而轻松的游戏气氛中完成作业,既增强了合作意识,又体验到学习数学的乐趣。

在沪教版数学二年级第二学期第五单元"质量的初步认识"的学习中,老师就可以布置自制天平的特色作业,让学生们发挥想象力,自由组合工具制作各式各样的简易天平(见下图),对铅笔、橡皮、直尺、胶带与剪刀进行称重,并利用双色片的数

量进行对比,这样不仅加强学生对于质量轻与重的感知,也锻炼了学生们的创造力与动手能力。而针对高年级学段,则要在作业设计中,利用形式多样的作业,来刺激学生的主动性,在完成作业的过程中感受到学习数学知识的乐趣,再配合富有整体性的思维练习,加强各阶段或各次作业之间的关联性,体现知识的系统性。这样不仅能帮助他们更扎实地掌握相应的数学知识,还能进一步培养学生们的数学思维,促进学生未来的发展。

例如,在沪教版数学四年级第一学期第四单元"三步计算式题"这一课中,老师就可以布置以下作业:"比一比赛一赛:利用扑克牌计算24点。"用卡牌来引起学生的兴趣,丰富作业的形式,可以是与同学之间的互动,也可以是与家长进行比赛,以此来使学生产生强烈的求知欲,从而进入高质量的学习状态。不仅强化了加减乘除的四则混合运算,还可以让学生自主感知利用括号来改变运算先后顺序的重要性,把训练性和趣味性相融合取得崭新的作业效果。

2. 提升作业生活性,感知数学价值

数学是一门具有极强实用性的学科,在人们的实际生活中起着举足轻重的作用,是处理生活各方面信息的重要工具。因此教师们设计的作业应当与现实社会生活相关联,在作业中增加学生的数学体验,感知数学的抽象性、数学思考的条理性及数学结论的明确性,让学生试着用数学的眼光面对世界,用数学的思维发现和解决问题,感受数学对于生活的应用价值。

例如,现代智能技术的发展,使得人们的支付方式变得更为便捷,也导致了当代学生对于人民币的概念不明确,不仅对于"汇率换算"的认识不足,甚至对"元角分"的使用感也不强。为此在沪教版数学五年级第一学期第二单元学习"积商近似数"这一课中,可以让学生完成如下生活作业:

(1)记一记:去超市做个采购员,用人民币尝试着购买一些家庭生活必备的物品,并记录下单价、总价以及结余。

(2)看一看:去银行看看今天"外币与人民币的汇率"。

(3)算一算:回家做个营业员,将物品转化成外币的价值"卖"给家长。

实际完成后的效果也达成了作业设计的目标,学生们通过第一步"记一记",回归人民币的交易方式,将采购的过程利用数学的方式记录下来,感知数学与日常生活的密切联系,更是在结账付费以及计算结余的过程中,让学生体会"单价、数量和总价"之间的关系,还可以通过对比,感受人民币支付与信息化支付的区别,感知科技的进步。第二步"看一看",引导学生看懂外币与人民币之间的兑换方式。第三步"算一算",通过计算与实践,加强乘除法的使用,熟练利用"四舍五入"的方法取积、商的近似数,感受人民币"元、角、分"的相关知识。

由生活发现问题,通过数学解决问题,形成数学与生活的双向循环,加强课程内容与学生生活以及现代社会和科技发展的联系,关注学生的学习兴趣和经验。

(二)"轻"量——控制课后作业简而精

数学是小学阶段主要学科之一,数学作业也是小学生们课后作业的主要任务,数学的学科特征使得教师们会给学生留大量的练习题来巩固课上所学的知识,但往往这种做法反而只会降低学生的积极性,增加了学生的负担。所以教师们应当优化作业,以此来代替"过量的负担",达到事半功倍。

对于小学低年级的学生,不布置家庭作业,那么就意味着教师要在校内安排相对应精良的巩固练习,让新知识、新内容在学生做作业时得到消化和提高,不仅要引导学生产生对学习的兴趣,还要培养学生良好的学习习惯,从一点一滴做起,从根本上打消对作业的恐惧。

例如:沪教版数学二年级第一学期第二单元"5的乘法"一课中,可以布置这样一道思维挑战题:国庆节快到了,小胖班级的34位小朋友,每人做了5只千纸鹤装饰教室,小胖一共数了3次,其中只有1次数的结果是正确的,是哪一次呢?为什么?

A. 171只   B. 170只   C. 175只

思维挑战题的形式不仅刺激了学生的求知欲,也对课上的已学知识又进行了进一步的巩固,针对本题学生可以根据题意列出 34×5 的算式,通过双数 $\times 5$,积的个位上是0的特征,得到了正确答案,更是培养了推理的数学能力。

对待小学高年级的学生,教师则应当重质轻量,精心筛选有针对性的作业。不仅要把教案内容与作业科学有机地结合起来,使作业内容紧扣教材、教学目的、教学要求,还要告别题海战术,减少数学作业的数量,取其精华凝结成一套具有含金量的作业题,达到"简而精"。教师在准备作业时,也应对学生完成作业的时间做到心中有数,这样能有效地遏制作业所带来的负担,也促使教师在提高自身素质上下功夫,通过35分钟的课堂教学来提高数学教学效率和教学质量。

例如教学沪教版数学五年级第二学期第四单元"长方体与正方体的认识"一课中,布置一道综合实践题:请同学们利用18个大小一样的小正方体模型搭成一个大长方体模型,并将所搭长方体的长宽高记录在表格中(形状相同、大小相等但位置不同的算一种)。

	长	宽	高
长方体①			
长方体②			
长方体③			
长方体④			

　　学生们在课后通过动手拼搭的方式,分别摆放不同的长宽高,借助操作启发数学思考,发展空间观念、几何直观和应用意识等。不仅夯实了课堂基础知识,也为下节课"长方体与正方体的体积"的教学做了前期铺垫,体现了数学学科的整体性与关联性。

三、结束语

　　随着"双减"政策的进一步落实,优化作业设计,既是对教师的一种挑战,也是改变教育环境的一次良机。重质轻量,减少的是数量,加强的是质量;优化强效,减少的是压力,加强的是效率。就像数学中,我们称"加法与减法互为逆运算",让我们一起努力在"双减"的道路上增加质量,使学生们最为熟悉的作业成为他们成长与发展的助力器。

参考文献:

[1] 张健.学校教学实用全书[M].北京:北京师范大学出版社,1994:163.

[2] 马文杰,李恩瑞.中小学数学作业基本设计原则:反思与重构[J].教育导刊,2020(2).

[3] 李丹.浅谈小学数学课后作业优化设计的有效策略[J].魅力中国,2017(38):157.

发挥绘本优势　助力有效课堂

上海市浦东新区晨阳小学　刘晓霞

英语绘本,将生动有趣的图画与简单的文字结合,为学生学习英语提供了自然、真实、有意义的语境,丰富的题材有助于学生学习词汇及概念,情感、态度、价值观等内涵元素也能通过绘本进行渗透。近年来,越来越多的英语绘本走进了小学英语课堂,成为当代小学英语教学的重要辅助工具。

一、巧用绘本,享受阅读

绘本"图文并茂"的特点可以让孩子们享受阅读、乐于阅读。享受阅读是阅读的最高境界,学生需要把阅读当作令人愉快的有效任务,才能真正地把"阅读"提升为"悦读"。即使在英语知识和能力欠缺的情况下,学生通过画面阅读也可以很容易理解并学习绘本。生动的图画加上有趣的对话,可以激发学生对阅读的兴趣,使学生体验到快乐,从而对阅读保持长久的兴趣和热爱。

(一)选对绘本故事,开展趣味阅读

我们在选择或改编绘本时,除了要符合学生的年龄特点,注重内容上的趣味性,还要考虑绘本的适配度。经典的绘本故事数不胜数,近年来新锐作家的主题绘本丛书也是层出不穷,如何选择合适的绘本内容并有效运用在小学英语课堂中,依然是一大难题。通过阅读绘本、观摩课例、实践课堂,在挑选绘本时要注意以下几点:

1. 增强韵律性

自然拼读(Phonics)是英美两国孩子学习英语的入门课程。孩子学会自然拼读的技巧,才能达到看字能读、听音能写的目的。然而,国外的大量研究也表明,教授自然拼读技巧前,孩子须拥有适度的音韵觉识能力,否则,自然拼读的效果可能会

大打折扣。因此,在低年级课堂中运用的英文绘本要充满口语化的文字,且富有韵律,适合大声朗读。根据英国传统童谣改写的 Twenty four Robbers, Little Rabbit Foo Foo, Walking Through the Jungle,以及掌握自然拼读技巧的 Room on the Broom,认识英文字母的 Tomorrow's Alphabet,不仅能激发小学生跟唱跟读的动力,而且能让孩子通过辨音、理解、记忆,最终内化为自然的语感。

2. 主题适配度

不少绘本都包含天气、颜色、时间、食物、动物、衣物、情绪、交通工具等主题,很多内容与小学英语课本的主题相一致,让学生能够认识不同主题的词汇,积累常见词汇,增强英文阅读及写作的能力。例如充满趣味和惊喜的故事 Duck on a bike,涉及农场动物及其拟声词,非常适合低年级学生大声朗读,不但能学习到各种动物的叫声和特性,还能感受到勇于尝试所带来的快乐和满足。

3. 关注情绪感

孩子表达情绪时,常常让大人摸不着头脑。因此,有人说:"教会孩子情绪管理的能力,远比提高孩子的智力更为重要。"美国畅销绘本作家 Todd Parr 以他一贯创新大胆的图文表现方式,在 The Feelings Book 中,用具体的生活经验取代单一形容词描述情绪的方式,提醒小读者要勇于自我表达,分享自己的情绪,而不是把情绪深藏在心中。当读者读到 "Sometimes I feel like a king." 时,会倍感自信,宛如一位国王般抬头挺胸,为分享情绪做好准备,勇敢说出自己的心情。

4. 扩大国际视野

英文绘本阅读可以扩大孩子的国际视野,增强孩子的适应力和竞争力,帮助孩子在全球化潮流中吸纳各国的文化精华,不断壮大自己,既有本土情怀又有国际视野,具有世界公民的意识和素养。涉及港式饮茶文化的 Dim Sum for Everyone,通过华裔作者 Grace Lin 中西文化元素巧妙结合的图文,比如中式餐厅的特点与热闹氛围,以及中华料理的调味食材和工具,让学生能了解中华饮食文化的核心精神,也能学习到关于中华饮食文化的英文。而画风鲜艳、故事线简洁又富趣味的 Handa's Surprise 则是一部提供多元文化视角的精彩作品,能让孩子认识不同热带水果及丛林动物的英文名称,还能增加对非洲地理环境、生活形态及风土民情的了解。

(二) 注重图画信息,发挥绘本作用

绘本,拥有大量生动形象的图画,很多经典绘本的作者同时也是优秀的插画师。这些图画除了增添绘本的趣味性,很重要的一点是要帮助读者理解故事,所以我们在绘本阅读时不能忽略图画信息，要引导学生学会读图，通过图画阅读可以汲取很多信息。提取绘本图画信息，要关注每一个细节，联系生活，才能真正明白作者的意图，读懂绘本内容。

我们非常熟悉的绘本 My Mom，其文图作者 Anthony Browne 是国际著名的儿童文学作家，获得过国际安徒生大奖——这是儿童文学作家及插画家的最高荣誉。他的绘画技巧细腻，画作里常暗藏许多小细节，挑战读者眼力，例如：展现厨艺的妈妈，厨师帽上有颗小草莓；不管妈妈是芭蕾舞者、宇航员、女明星、女总裁，还是女超人，都可以看到那双妈妈超爱的粉红毛鞋；妈妈的碎花图案睡衣，也一直被改装为不同角色的装扮，就连严肃女总裁的西装造型，都可以发现碎花图案的领带。同时绘本中还渗透着深厚的文化内涵，故事里对妈妈的赞美和观察，反映出英国人特有的幽默，例如：称赞妈妈像杂耍特技员，可是图片里妈妈耍弄在两手间的不只是球，还有车子跟房子，暗指兼顾家庭事业 "She's juggling work and family."。英文谚语称擅长园艺的人有 "绿色大拇指"（green thumb），而妈妈的园艺技术更厉害，不只是大拇指，所有的手指都是绿的。

这些像宝藏一样的细节之处需要我们在绘本阅读时挖掘，细细阅读，慢慢品味。不同年龄段可能会挖掘出不同的信息，这可能就是优质的经典绘本经久不衰的原因，大人和小孩都能从中挖掘出乐趣。

二、善用绘本，有效活动

绘本涉及许多方面：学单词、学语法、学阅读、学道理。高效实效的英语课堂内容需要绘本知识的灵活运用，有效的活动设计尤为重要，我们要在活动中教与学，在逻辑关系中教与学。

（一）组织特色活动，开展有效教学

绘本阅读，不能单单是读故事，而且应该由不同的教学活动串联起来，在一堂课中同样应该分为读前、读中、读后三部分开展学习，完成语用任务，提高语言表达能力。除了听说读写四个语言学习基本技能，还应该加入戏剧表演、音乐律动、实际操作等特色活动，借助戏剧化朗读、小剧场表演、小书制作等形式，在活动中学习语言并能运用语言。

例如绘本故事 Let's play in the forest，以重复的句子及字形变化呈现故事情节，作者设计了四个特色教学活动：

教学活动一：与字共舞

字形的变化，能让读者体会到故事人物的情绪与情节氛围的变化。老师通过带领学生依照字形的提示来朗读故事，增加阅读教学的趣味及成效。首先，老师依照字形变化调整音量来朗读故事，请学生仔细聆听。如读到字形偏小的句子"Let's play in the forest while the wolf is not around."，须降低音量；读到变大的字形，则大声读出"Wolf, are you there?"。然后，老师请学生一起跟着字形变化朗读故事，用手势提醒学生调整音量。最后，老师不再用手势提醒，请学生依据故事中字形的变化读出故事。

教学活动二：欢唱无限

运用附在书后的歌曲"Let's Play In The Forest"，让孩子在欢乐气氛中唱熟这首歌曲，同时也学会书中的句型及单词。老师提前准备单词underpants, undershirt, T-shirt, pants, jacket, socks, shoes等服饰类的词卡或图卡，当每唱完一遍，请个孩子选一张词卡或图卡，全班运用"I am putting on my _____."句型说出完整的句子。

教学活动三：大野狼的衣服

这本绘本中介绍了许多服装的名称，引导孩子通过口语及拼写的练习，加深对单词发音及字形的印象，也提高孩子对于英语中服装类单词的熟悉度。通过完成"学习单一：大野狼的衣服"，完成服饰类单词的认读和拼写。

教学活动四：念念有词

老师和学生读出位于绘本右页的大野狼台词，并做出动作。

"I am putting on my underpants."

"I am putting on my undershirt."

"I am putting on my pants. I am putting on my T-shirt."

"I am putting on my socks."

"I am putting on my shoes."

"I am putting on my jacket."

"I am putting on my backpack."

"I am combing my hair."

然后学生完成"学习单二：念念有词"，根据图示读出完整的句子，再写出空格中的单词。随着大野狼的自我叙述，学生学会日常生活中例行事务的英语说法，以及现在时的用法。

（二）小组合作学习，多维评价跟进

在绘本教学的过程中，教师要为学生创设一个展现自我能力的平台，同时及时检验学生的掌握情况并给予过程性评价。小组合作学习能调动学生学习的自主性、积极性，培养他们的自主学习能力。另外，小组合作学习还能提高学生的组织、沟通、协作能力。许多绘本都涉及人物间的对话，很适合表演，这时候就可以让学生以小组的形式演绎故事情节，同时可以从 action, emotion, cooperation 等多方面给予学生评价。学生根据绘本中的情节可以进行探索和自由发挥，在表演的时候将自己代入绘本的人物角色中，站在人物的角度进行绘本故事情节的分析，配上录音和动画之后，声情并茂的绘本故事更能够激发学生的兴趣，方便学生进行模仿演绎。

三、活用绘本，训练思维

绘本严谨的语言逻辑、生动的图文信息，能够提供给学生完整的语言情境，提供猜测和想象的空间，学生在绘本阅读过程中大脑积极转动起来，在交流互动中碰撞出智慧的火花，逐步提高思维品质，感悟育人道理。

（一）巧设有效问题，锻炼逻辑思维

我们通过绘本阅读，不仅能增强语言能力，更能在阅读过程中锻炼学生的逻辑思考能力。在绘本教学中我们要活用绘本，巧妙设计一些发散性和创造性的问题情境，挖掘出绘本中蕴藏的逻辑关系，以大问题带动小问题，将低阶思维和高阶思维融入课堂，在回答问题中解决阅读，在阅读过程中培养阅读兴趣、阅读习惯、训练思维、学会道理。除了围绕每张图展开提问以外，我们还可以设计一些发散性问题，使学生更融入绘本故事中。例如经典绘本故事 Little Red Riding Hood，当大灰狼看到小红帽时可以提问学生：What's the wolf's idea? 让学生猜猜大灰狼有什么坏主意。当小红帽遇到危险时提问：If you are LRRH, what can you do? 在描述狼外婆 strange 时，让学生通过观察，创编新的对话，凸显狼外婆的"不一样"。以及 Which character do you like? 谈谈喜欢的人物。学生在回答时需要根据已有的知识，通过自己的想象和语言组织，给出一些富有情趣的回答，这对提升语言能力非常有帮助。有效的提问，可以帮助学生理解故事内容，体会故事人物的性格特点，在学生们富有想象力的回答中，绘本教学充满了灵动和情趣，语言学习变得更鲜活。

（二）开展合理联想，懂得育人道理

小学生在学习的过程中不断完善自己的世界观、人生观、价值观。英语绘本阅读的目的是辅助小学英语教学工作，而教学本身的一个很重要意义就是培养孩子们正确的"三观"思想。绘本故事常常包含深刻的寓意，我们可以通过绘本阅读弘扬和传播正能量，多收录一些团结友爱、互帮互助、尊敬师长、团结同学、礼貌待人的故事和例子。学生们不仅可以在绘本阅读中得到快乐、增长知识，还能加强自己的道德品质和修养，树立正确的"三观"。例如在读完Little Red Riding Hood后，启发学生思考遇到坏人的应急措施，根据学生语言能力和文本语言提炼出学生易懂的道理，要学会关怀老人、乐于助人。在学习3A Module 3 Unit 3 In the park时，创编的绘本故事In the magic park，讲述了一朵乐于助人的Rainbow Flower牺牲自己的花瓣，分享给三位动物朋友Little Ant, Little Mouse, Little Bird的故事。通过绘本阅读，学生能感受到Rainbow Flower身上的优秀品质，懂得分享，并愿意帮助别人。

英语绘本教学，能使课堂更加丰富多彩，能让学生在乐中学、学中乐，提高学生学习英语的积极性。既培养了学生的文化素养，又丰富了课堂教学内容，体现了"让课堂'活'起来，让学生'动'起来"的教学理念，大大提高了教学质量。每一本绘本，都向孩子展现出了多彩的世界。绘本阅读作为英语教学的重要途径，以自身的生动形象激活了英语课堂，教师可以利用绘本内容，通过图文和故事情节帮助学生尽快学会新知，发挥绘本教学的优势，真正做到对学生兴趣、能力、思维的培养。但是不同年级的孩子有心理状态和知识水平的差异，语言量不足会导致其思维的受限。绘本阅读，最终还是要服务于英语教学，回归教学目的本身，所以如何选择适合的绘本内容与教材相结合，如何创设有效的课堂活动支撑语言学习，是值得我们不断实践和摸索的。

参考文献：

[1] 冯国桂.基于核心素养培养的小学英语绘本教学[J].科普童话，2018（34）：31.

[2] 马红丹.谈如何开展小学英语绘本教学[J].中国校外教育，2018（24）：69.

小学英语高年级写作现状分析与对策

上海市浦东新区航城实验小学　陶阳雯

【摘　要】小学英语写作在小学英语教学中的重要性不言而喻。但是小学英语写作是小学英语教学中的一大难点，在实际教学开展中面临着种种问题。本文就小学高年级学生的写作现状展开分析，探讨提高学生的写作兴趣及写作能力的应对之策。本文分为四个部分，第一部分介绍本文的研究意义及小学英语教学的背景和课程要求；第二部分描述目前小学高年级英语写作中存在的问题；第三部分针对问题进行原因的剖析；第四部分针对原因提出切实可行的对策与建议，从而激发学生的写作兴趣，提升学生的写作能力，提高学生的语言表达能力与英语综合语言能力。

【关键词】高年级英语写作现状　对策

一、小学高年级英语写作的研究意义及课程要求

随着学生年龄的增长，对于他们英语语言的要求从低年级简单的听、说、读上升至高年级的听、说、读、写。英语写作在英语教学中是不可或缺的一环，其又是英语教学中的一大重难点。英语写作综合考查了学生的语用知识及英语表达能力，既能反馈学生听、说、读的掌握程度，又能促进这三方面的能力培养，相辅相成。

根据《义务教育英语课程标准（2022年版）》中对于小学高年级（二级）表达性技能要求的描述，要求小学高年级学生的写作水平能达到：围绕相关主题和所读内容进行简短叙述或简单交流，表达个人的情感、态度和观点；能模仿范文的结构和内容写几句意思连贯的话，并尝试使用描述性词语添加细节，使内容丰富、生动；能正确使用大小写字母和常见标点符号，单词拼写基本正确。

结合课程标准与英语教学的要求及小学高年级学生的写作现状，英语写作中还存在着诸多的问题亟待解决与改善。

二、小学高年级英语写作现状中存在的问题

（一）写作内容单一雷同

在进行小学高年级英语写作批改时,发现对于某一主题的作文撰写,大多学生都选取类似的角度和方面进行描述,且在文章中对于新授词汇的使用率较低,多数学生的写作内容停留在低年级所学的知识,从而导致学生写作内容雷同的情况。如四年级下学期,学生新学了parrot, tortoise这两个单词,在这之前也学习了许多动物类单词,然而在结束本单元教学后,让学生以Cute animals为主题进行写作时,许多学生仍选择了简单且常见的动物,如猫和狗等进行写作,并对它们的外形、颜色、喜爱的食物和能力进行描写。在进行能力的描写时,学生也大多描写其奔跑的技能等。

（二）语法错误频出,多使用简单词汇

语法是英语语言学习中的一大重要模块,是形成语句的"灵魂"所在。在语言使用中,语法与语音、词汇、语篇和语用知识紧密相连,会对语言的理解与表达的准确性和得体性产生直接的影响。因而在进行表达时,必须严格遵守语法规则才能保障表达的准确,避免造成歧义。但是学生在进行写作时常常想到什么就写什么,且常以中文式的思维去遣词造句,形成中式英语。加之对语法的敏锐度与语法意识的缺乏、对单词积累的不足,所以撰写的语句不具规范性,用词单一且语法错误频出。如想要描述一个小女孩有许多漂亮的洋娃娃,学生常会写成"She have some nice doll."。既没有遵循语法规则将三单she后面的动词have相应变为has, some后面的doll变为复数,句末的句号也遗忘了。漂亮的可以用形容词beautiful, pretty等来表达,这些都已经学习过,但学生大多还是选择简单词汇nice。

（三）审题不清,内容与题目不符

由于英语语言学习不同于中文母语,所以在对题目的理解上容易出现偏差,加上学生不认真审题,容易出现作文偏题的情况。如写作要求以My spare time为题目进行我的业余生活的描述,但由于学生审题不清,没有注重spare一词,所以在写作时只描述了时间安排,没有围绕题目进行正确描述,内容与标题不符导致作文偏题。

（四）学生写作兴趣低,缺乏自信

当写作时,许多学生会觉得难度大,总留到最后再写;或者觉得自己肯定不会写

就直接放弃了,即便遇到一些简单的作文题目也没有自信去完成,缺乏对写作的探索欲望,对于写作望而生畏。

三、小学高年级英语写作现状的形成原因

(一)教师在写作方面指导不系统,缺乏经验

在各类学习与公开课等教学研讨活动中,多数课的重点集中在单词、重点句型及语篇的讲解,写作类的公开课相对少很多。所以教师缺乏写作课的教学经验及相关学习,对于写作课的资源也捉襟见肘,寥寥无几。种种限制之下,教师自己也对写作教学缺乏信心。加上写作本身对于学生的水平要求就很高,而写作指导课上也多为大篇幅的讲解,氛围更显沉闷与枯燥,所以学生更加缺乏兴趣。

而且在进行写作教学时,教师常为了完成率高而建议学生使用简单词汇去撰写自己有把握的事物。那么学生自然就不会开动脑筋去写作,因为新知识的使用往往更具挑战。这在无形中阻碍了学生的发散思维,写作成了机械性的固化思维,只停留在表面的模仿,没有学生独立的思考和创造性的探索,缺乏对于内在真情实感的表达,没有灵魂的文章自然也无法出色出彩,随之而来不同学生的作文也就大同小异,单一雷同。

(二)单词积累量少,基础知识不扎实

写作要求学生不仅能正确地写出单词,更要求能灵活地运用单词,连词成句。因而不仅考查了学生的单词背诵能力、句型及语法知识的综合使用能力,更对学生的知识掌握情况有着很高的要求。但很多时候学生好不容易有了新思想、好主意,但用英文表述时,由于单词量的匮乏,前面的知识基础打得不扎实,导致无法将心中所想正确地用英语表达出来。有时就算表达出来也是词不达意,因而对于写作困难重重。写作即完成一个语篇描写,这就要求学生能正确使用标点符号及大小写来书写句子。但学生的基础知识不扎实,所以忽略句首字母要大写、句末要加上相应的标点符号的错误情况频频出现。再加上学生缺乏检查意识,常常下笔写完就交差,忽略且不重视检查的重要性,所以很多显而易见的语法错误也就发现不了。

(三)对写作教学指导不重视,操练机会少

由于应试教育与中国国情的影响,大部分老师都将教学技能化,将重点侧重放在听力、语法和阅读上。在家长心中,除写作外的其他部分的比重更为重要,且更易

获得,所以对于写作的态度较为忽视。另外中国的语言环境之下,对于英语多是口语交际,除了课堂的常规写作练习外,关于写作的用武之地较少,那对于写作的重视程度以及操练机会当然就更加"捉襟见肘"了。所以学生在遇到不熟悉的写作题目时,就手足无措,无法准确分析导致作文偏题。

(四)写作难度大、挑战高

语言技能主要包括听、说、读、写等方面技能以及这些技能的综合运用。想要完成语篇的写作,势必要求学生要有一定的词汇量足以支撑语言表达的需求。但是对于中国的学生及学情来说,学生本身在缺乏英语语言环境的情况下学习英语就具有一定的难度,缺乏语言环境对于英语学习来说,能运用训练的机会就少之又少。所以小学生对于英语基础词汇、句型的记忆就需要付出诸多努力。想要完成写作,除了具备基础的词汇量储备,还需要有大量的听读输入,量变达成质变,才能内化为自己所能运用的语言知识,才能用之进行表达。由此可见,写作的难度大,颇具挑战。所以许多学生在面对写作时心理上一下子感觉很抗拒,积极性降低就不愿意再去沉下心来思考书写。

四、针对小学高年级英语写作现状的对策与建议

(一)重视课本与课外阅读的拓展

有"输入"才有"输出",有丰富的语言内容的积累才能让学生有物可写、有话可说。英语课本作为权威的教材,课本中的好词好句是学生最易获得的知识资源,且其语言规范,具有典型性和可读性。同时,通过课文的背诵可以提高学生的知识储备,增加语言输入,提升学生的语感,为学生打开新思路。如 The old tortoise and the little bird 课本故事描述了龟的生长环境和生活习性,学生可以背诵其中的佳句,结合已经学习过的关于声音、器官等的不同描述方法,就能对 Cute animals 为主题的作文从多个角度进行描述,可以不再局限于基础的外形、颜色、能力方面了。

阅读是写作的基础,读写结合能相互促进,良好的阅读习惯可以帮助学生积累更多更优秀的语言材料。在课外,也可以鼓励学生多多浏览一些英文学习报、英语绘本,收听英语类广播等,积累并背诵一些名词佳句,形成内容储备,扩大知识面,培养学生的核心素养,更能在日后为英语写作增光添彩。学生的写作内容丰富了,写作自然不再是千篇一律,而是各有千秋。

（二）增加词汇积累与拓展

写作如果是一座"楼房"，那么词汇就好比"砖瓦"。正确的单词拼写是减少写作错误率的第一步。增加词汇量的储备能让学生有"话"可写，让写作事半功倍。在新授词汇的教学过程中，教师可以将词汇放在语境中进行教学，这样不仅能帮助学生理解词汇的意义，更有助于学生了解单词的不同使用途径、方法及相关的语言结构，借助情境也能帮助学生发散思维，举一反三，练习并学习相关的词汇及知识点，那么在写作时也能激发新思路。如smart一词常指聪明的，但在Tommy's birthday present一课中，爸爸给了孩子a smart new hat，这时smart则解释为漂亮的、光鲜的。经过学习，学生也学会了用smart来代替nice去表达事物的美好，让写作的语句也更上了一个台阶。

此外，还可以借助思维导图将不同主题的单词关联起来，这样的方法能让单词更具画面感，方便记忆的同时也能激发并提高学生的学习兴趣，吸引学生主动思考联想，提高单词的使用率，开拓不同的用法。如在《季节》一课中，借助思维导图，可以引导学生联系色彩、气候温度、合适的衣物、当季的果蔬、适宜的活动等，感受四季美好的同时对季节进行恰当描述。词汇词法掌握扎实巩固，那么语法错误也能有效避免，心中所想就能游刃有余地进行表达，文章也能越写越好。

（三）多样化的作业形式与评价方式

写作相对于其他板块的学习来说，更加注重学生的创造性思维。现今的英语作业形式大多是抄写、语法练习等机械性练习，可以采用一些更加多样化的作业形式让学生在日常就可以进行创作训练，如布置一些创作性的练习，制作英语手抄报、进行英语报告撰写、设计英语海报等方式都能在激发学生们的兴趣的同时训练写的能力。也可以布置一些纪实类的练习，如让学生进行英语日记的撰写，写实地描述日常的所见所闻，如此一来学生既有"料"可写，语法知识也能得以运用，在日常记录的点滴中就能潜移默化地训练写作的能力。

在对学生写作评价时，教师可以采用一些评价性的语言来辅助传统的等第制的评价方式进行批改。鼓励性的语言不仅能鼓舞学生对于写作的热情，也可以成为写作的良好示范。不同的人对于不同的文章会有不同的理解，所以也可以采取小组讨论或同伴互评的方式，促进学生相互借鉴学习，增加对于写作的参与感，减少对于写作的抵触。帮助同伴找到错误所带来的成就感也能让学生对于类似的错误有更加深刻的印象，那自己也会尽量避免去犯同样的错误。这样一来，在慢慢的训练过程中,学生的分析能力与写作水平能随之提高,偏题的现象也能慢慢避免。

(四) 仿写

英语学习是一个积累的过程,在现行的小学英语课本中语言知识的学习也是呈现螺旋上升式。所以英语学习是很注重积累的。仿写不仅能为学生提供更多的好词好句,帮助学生积累;对于一些基础知识较为薄弱,无法自行完成一篇英语写作的学生来说,仿写也能帮助降低写作的难度。学生可以依样画葫芦,参照样本进行改编。如在water一课中,学生学会了如何运用first、next、then、finally对泡茶过程进行描述,在学习之后也能仿照描写泡奶茶、咖啡等制作过程。这样既为学生提供了撰写思路,降低了写作的难度,也能提高学生的写作兴趣与信心。

小学高年级英语写作在英语教学中具有不可或缺的作用。随着学生年龄的增长、年级的增高,写作的重要性更加突出。英语写作的能力是一种综合能力的训练,贯穿教学活动的全过程。所以在小学阶段,就需要有机结合教学内容,采用多样化的教学方法、丰富科学的教学评价方式,有意识地培养学生的写作意识,激发写作兴趣,提升写作水平,促进学生语用表达,提高学生的语用能力与英语综合语言能力。

参考文献:

[1] 董健.浅谈小学高年级英语写作指导策略[J].作文成功之路(下旬),2018(7): 49.

[2] 蒋春兰.小学生英语写作能力提升的策略[J].小学生作文辅导(读写双赢),2018(11).

[3] 梁伊丽.高效课堂下的小学英语写作教学[J].现代教育科学(普教研究),2010(6): 80-81,88.

高效英语课堂教学内容设计

上海市浦东新区进才实验小学　张月云

【摘　要】"双减"政策下,高效课堂教学内容设计,是一线教师必须面对和迫切需要解决的问题。

课堂教学内容的设计是教学过程中一个至关重要的环节,是师生为实现高质量课堂学习而进行的全方位准备。教师在实际教学中应根据学生的认知规律和现有水平,在认真领会《课程标准》中对教材编写意图说明的同时,学会灵活、能动地分析教材,运用教材,设计适合自己学生的教学内容,真正做到《课标》中要求的"用教材教"而不是"教教材",不做教材的"传声筒"。

【关键词】小学英语　高效课堂教学设计

一、基于教材制定整体单元教学内容设计

(一)深度研究教材,调整教学内容

老师在处理教材时既可以基于单元,也可以根据实际情况打破单元。如果不分析单元教材,有时会是整个模块的教学教材,单单运用教材来教,可能会使教学内容单一枯燥。

上海版牛津教材一年级第一学期第一单元,如果仅仅按照教材,那整节课大部分的时间就是让学生反复操练Hello, Hi, morning和afternoon。一年级小朋友在这个单调环境下,会失去学习兴趣,上课学习效率很低,长期下去就会变成学习有困难的学生。"双减"政策下,一年级英语一周只有2课时,怎样解决这个问题? 横向看教材,同一单元话题下的分课时话题都围绕着单元话题展开,重新设计教学内容。我们可以把整个模块结合起来,在总课时不变的情况下,教学内容重写整合,这样会使我们的课堂教学更加丰富,提高课堂学习兴趣和效率。

1AM Module1 原教材安排,如下表:

M1U1 2课时	Hello! Hi! Good morning/afternoon. Goodbye! I'm ... Danny/Alice/Kitty/Eddie/Ben/Miss Fang
M1U2 2课时	Give me a ruler/rubber/book/pencil, please. Here you are. Thank you.
M1U3 2课时	This is my/your eye/mouth/face/nose/ear. Touch your ...

1AM Module1 整合后的教材安排,如下表:

Period 1	1. Hello! Hi! Good morning/afternoon. Goodbye! I'm ... 2. ruler/rubber/book/pencil

Period 2	1. Hello! Hi! Good morning/afternoon. Goodbye! I'm ...
	   Danny/Alice/Kitty/Eddie/Ben/Miss Fang
	2. ruler/rubber/book/pencil
	3. A: Give me a ... B: Here you are.
	   A: Thank you.

Period 3	1. Hello! Hi! Good morning/afternoon. Goodbye!
	   I'm ... Danny/Alice/Kitty/Eddie/Ben/Miss Fang
	2. ruler/rubber/book/pencil
	3. A: Give me a ... B: Here you are.
	   A: Thank you.
	4. (my/your) eye/mouth/face/nose/ear

Period 4	1. Hello! Hi! Good morning/afternoon. Goodbye!
	   I'm ... Danny/Alice/Kitty/Eddie/Ben/Miss Fang
	2. A: Give me a ... B: Here you are.
	   A: Thank you.
	3. A: Touch your eye/mouth/face/nose/ear.
	   B: This is my ...

Period 5&6	根据所学内容的掌握情况进行练习时间的合理分配

基于《英语》(牛津上海版)教材编排具有螺旋上升的特点,各单元围绕模块主题展开,内容独立却具有关联性。老师除了可以横向整合教学内容,还可以纵向看不同年级段的教材,虽然话题不同,但是教学内容贯穿,都对本单元教学内容整合和拓展服务。

（二）学情分析

有效的教学设计应是基于学生情况的，准确把握学生情况需要开展学生情况分析，即学情分析。精准的学情分析，不仅有利于老师在课堂教学过程中用旧知引入新的教学内容，巩固学生对旧知识的综合运用能力，缩小学生之间的学习差异；还可以帮助教师在教学过程中设计引导式提问时，运用基础好的学生的问答示范，帮助学习有困难的学生理解新授内容，减少学习障碍，缩小学习差距，激发学习兴趣。

以上海版牛津教材 1A Module4 Uint1 On the farm 为例，老师做的这单元的学情分析是学生对于核心单词chick, duck, cow, pig 和核心句型 What's this/that? It's a ...是新知，但是老师在第一课时把这单元的核心内容全部新授完成，这不符合学情。再好的班级也有学习薄弱的学生，薄弱的学生一节课没办法掌握这些核心内容，也不符合减负增效。减负增效就是要课堂扎实，核心内容就要在课堂上落实，不能只照顾学习能力强的学生，也要考虑需要关注的学生。怎样平衡，就需要老师充分了解每一个学生，教学设计的过程中，划分课时，划分教学重点，设计不同的环节，给每一个学生发挥的舞台，体现教育的公平性。

（三）单元分课时话题制定

单元课时的划分和话题制定，是对单元整体学习的认知过程进行解构。老师根据《课标》以单元教学目标和分课时教学目标为基础，分解单元教学内容。对单元目标中学习内容、文化意识、思维品质和学习策略等，通过语音、词汇、语法和句法、语篇等形式，培养学生的学习能力。根据单元目标，制定课时和话题。单课话题可以是一个句子，也可以是一个短语，只要话题能够凸显本节课的教学内容，吸引学生的注意力。

以上海版牛津教材 1A Module4 Uint1 On the farm 为例，根据教材内容，老师设计的第一课时话题是 Animals on the farm，但是整个教学文本都是以 "I can't find my cat." 为线索，引出下一个单词的教学。我们可以把第一课时的话题改成 Finding my cat。根据 Finding my cat 这个线索，引出四个 farm animals 的教学，话题既符合本节课教学内容，也勾起学生的好奇心，带着疑问去学习，激发学习兴趣。

（四）语用任务设计

单元语用设计，根据本单元教学内容和目标，可以从角色、行为、价值、成果和过程等方面设定任务要素。单元语用设计随着课时深入，由简到难，从一个单词、一个句子到一段话，最后整合成语篇。目的都是通过学生的感知、体验、参与和交流，形成语感，开发学生的思维，达到学以致用，让不同层次的学生感受成功的喜悦，激发学习兴趣。

二、基于语用，优化教学

《课程标准》指出"教师的教学设计要符合学生的年龄和心理特点，要遵循语言学习的规律"。老师在教学过程中，根据不同层次的学生已有的知识和语言基础，通过内容情境、语用任务和教学文本等对教学内容进行整合。课时之间可以通过情境、核心语言和文本衔接。

从第一课时的初步感知和理解到第二课时的进一步理解、初步运用再到最后一课时的灵活运用，情境变化从客观到主观；核心语言从第一课时复习旧知，引出核心单词，再到第二课时在巩固核心单词的基础上引出核心句型，到最后一课时核心内容的灵活运用，体现核心语言呈螺旋上升；通过第一课时核心单词的文本到最后一课时核心单词句型的综合运用文本，从听学到灵活运用表达，从被动发展到主动，给学习能力不同的学生搭好了支架。

三、活动推进，资源支持

老师在课堂教学内容的设计过程中，复习环节可以通过歌曲让学生的注意力集中起来，步入学习氛围。在导入环节，利用图片和音频等，通过介绍人物导入学习情景，初步感知主题语境。在新授过程中，核心单词教学，不同年级采取不同教学方式。低年级提倡在情境中认读和运用；三年级学生需要拼读，小组拼读单词，学习有困难的学生拼读单词；四、五年级提倡音标认读和拼写。核心句型教学环节，可以通过师生示范，让学习有困难的学生理解意图后鼓励学习操练。巩固环节利用板书、图片资源，辅助学生进行语言的输出，小组讨论，利用资源同伴互相启发。

在整个教学过程中的act环节，尽量分层进行。先请学优生，再次给学习需要帮助的学生一个模仿学习的机会，最后请他们来表达，看看他们的掌握情况，根据掌握情况，及时调整教学环节。

笔者班一位学习有困难的学生，习惯听到问题想都不想就把手举起来。根据内容，有时我不请她。课间她问我为什么看到她举手了还不请她。我说："我希望你每次给的答案都让同学们耳目一新，让同学们对你刮目相看，让他们佩服你。"她开心地走了，上课举手更积极。虽然随着教材的深入，她学习起来越来越吃力，但是没有同学嘲笑她,她自己对英语学习也信心满满。

四、评价伴随,促进教学内容实施

小学英语教学评价是教学活动中不可或缺的一部分,它对不同学生的学习能力有重要的导向作用。根据教学内容,我们分课堂评价和作业评价。在设计教学评价时,首先确定单元评价目标,再根据单元评价目标设计分课时评价目标及评价活动。课时评价目标要有递进性;课时评价活动要体现延伸性。

课堂评价活动,需要老师在教学过程中,根据教学内容,采取不同的教学活动,根据教学活动,选择不同的评价方式和评价主体。课堂评价可以从评价维度、能力表征描述和评价主体三方面进行。评价维度包含学业成果、学习习惯和学习兴趣;能力表征描述可以分好(达标)、较好(发展中)、须努力(待发展);评价主体可以是学生自评、教师评价和生生互评等形式。

以笔者设计的上海版牛津教材2B M3U3评价规则为例,如下图:

评价维度	能力表征描述			评价主体
	好(达标)	较好(发展中)	须努力(待发展)	
学业成果	借助图片、照片或板书,用不少于6句话流利地介绍自己或自己与同伴共同喜欢的季节和活动	能在教师的帮助下,借助图片、照片或板书,用不少于6句话流利地介绍自己或自己与同伴共同喜欢的季节和活动。偶有1~2处核心词汇或句式不正确	能在教师的帮助下,借助图片、照片或板书,用不少于6句话流利地介绍自己或自己与同伴共同喜欢的季节和活动。有多处核心词汇或句式不正确	学生自评
学习习惯	在介绍和交流喜欢的季节时,能面带微笑、声音响亮	在介绍和交流喜欢的季节时,大多时间能面带微笑、声音较响亮	在介绍和交流喜欢季节时,缺乏面部表情、声音较轻	教师评价
学习兴趣	对季节的话题感兴趣,乐于介绍和分享自己喜欢的季节	对季节的话题比较感兴趣,愿意介绍和分享自己喜欢的季节,过程比较投入	对季节的话题缺乏兴趣,但能够介绍自己喜欢的季节,过程基本投入	学生互评

作业评价包括课堂练习和课后作业。我们根据单元学习目标和单元作业目标来制定单元作业设计。单元作业设计的难度:语音部分由浅入深,层层递进;词汇、句型语法从机械性仿说写到理解和运用;语篇部分根据分课时目标由易到难,循序

渐进地服务单元目标。分层作业和分层评价,都关注到了不同层次的学生,培养学生的学习兴趣和学习积极性。

五、结束语

国家减负增效政策,要求一线教师提升自己的专业水平,提高职业素养和核心能力,要深入钻研《课标》,吃透教材,根据教材整合教学内容;根据学情,设计有效的教学活动和评价机制,提高教育教学质量。

教学相长,众鸟齐飞,构建学习共同体

上海市浦东新区进才实验小学　倪丽梅

从线下转至云端,因为疫情,我们的教学场所发生了改变,不变的是彼此沟通相连的师生关系。隔着屏幕,我们依然可以感受到孩子们活泼可爱的天性,孩子们也依旧可以感受到老师就在身边。师生教学相长,相互促进,共同成长。

一、背景

2022年3月10日,对于我和我们一(13)班的孩子来说,是一个难以忘怀的日子。当天下午,我们原计划录制第六周一年级英语区公开课,内容是1B M2U2的第一课时《下午茶点心(Snacks for tea time)》。可是,学校突来的疫情筛查,使得全校紧急做核酸,并留宿至午夜。正当老师们安抚孩子情绪,集体打地铺就寝时,接到全校核酸结果全阴并且学生可即刻回家的喜讯。一天的心情跌宕起伏。12日,全校居家观察,同时,市教委通知全市开展线上教学。

此次,学校启动新的线上授课平台,孩子对之陌生,最初老师也颇感挑战。时间紧,原定的区公开课录制转变成了教师独自录屏,解读教学设计内容,并提出线上教学建议。没有了和孩子互动,我即使完成了区公开课的任务,也心中留有遗憾。

5月初,学校开展了"风格层教师"云端教学展示周,每位参与教师须提供一节与学生互动的线上教学课。忧喜参半。喜的是,可以了一桩心愿;忧的是,一年级的孩子可以吗?

二、教学相长,共筑云端学习空间

(一)学生出谋划策,教师力求精益求精

此节课,从设计伊始,我考虑到一年级学生的年龄特点,将本课的故事主线设定

为大头儿子一家共同制作下午茶点心。试教时，正值3月上旬，当时不断有班级去隔离楼上课，亦有老师居家无法上班，我就有不同年级的代课任务。于是，我分别在一、二、四、五年级都进行了试教。每次上课结束，我总会询问孩子们的想法。

高年级的孩子见多识广：老师，可以增加饼干制作教程吗？老师，视频可以多点。老师，可以让同学之间多点互动吗？老师，可以增加点奖励机制。

低年级的孩子，懵懂天真：老师，我想要冰墩墩的饼干。当时，冰墩墩礼物官网脱销。

我搜罗整理了学生们的想法，结合观课团队的建议，将故事情境做了改进：大头儿子一家为奥运冠军制作冰墩墩系列下午茶。其中，增加了制作冰墩墩饼干和糖画的过程。

（二）潜心耕"云"实践，师生摸索课堂互动

线下35分钟的课堂，变成云端课，并没有想的这么简单。

首先遇到的问题是，采取哪种模式：全程35分钟校本模式（自己安排教学内容）还是双师模式（空中课堂＋互动）？在尝试的过程中，我发现，原封不动地照搬线下课是行不通的。学生已经适应双师模式，那么何不精简自己的教学内容，将之侧重巩固新知、梳理重难点呢？

录课阶段，我和学生共同摸索"钉钉"在线课堂的各种按钮和操作。在日常上课中，我经常遇到的问题是：我住在老旧小区，网速慢，学生端的画面容易卡。而录课的课件容量更大，更容易卡，怎么办？再精简。删除了配音，我就是配音员；删除了动画，我就靠表情和手势去演绎；精选视频片段，突出重点；把时间交给了学生，学生更踊跃。

我回看线上录课的时候，发现在最后一个转盘和答题卡结合的环节，有个孩子都答对了，他童言无忌地说："没有什么可以难倒我！"是的，面对困境，我们都需要这样迎难而上的心境。相信我们齐心协力，一定可以走出困境。

同事们观看了我和孩子们的线上录课后，说："倪老师的课堂情境创设非常好地融入了当前最热门的时尚元素：雪容融和冰墩墩。一'墩'难求的冬奥吉祥物出现在线上课堂，孩子们在苦闷的居家隔离期间获得了不小的惊喜。""倪老师时高时低的语音语调、丰富的脸部表情，再加上一些手势等都营造了良好的、平等的课堂氛围，让学生感受到了师生互动的课堂是多么快乐。""通过学生的表情眼神，都能感受到如同往日的教室氛围。"

一次线上的录课实战,让我和我的学生在最短时间内"玩"转云端课堂技术,为我们后续顺利开展线上教学带来了便捷。

(三)答疑课堂同期待,破茧而出彼此鼓励

我们每周最期待的是周三下午4:00—4:40一、二年级的答疑时间,全程校本模式。这段时间,我们可以适当放慢脚步查漏补缺,也可以共度"阅读拓展"的美妙时光,更可以边阅读边交流我们日常的"小确幸"。

5月10日至15日,是我所住街道的静默期,而我的学生或多或少也经历过。正当买不到任何物资的焦虑袭来时,我看到了自己提前为学生准备的绘本拓展《饥饿的毛毛虫(The very hungry caterpillar)》。5月11日的答疑课,我给学生朗读讲解了这本绘本。不少学生虽然之前都有读过,但是仍旧饶有兴趣地和我一起朗读。通过网络,他们稚嫩的音调此起彼伏,却如同天籁传到我的耳边。我被打动了,顺手拿出了儿子养的蚕宝宝,它也正巧进入了"静默"。网络的那一头,孩子们和陪在他们身边的爸妈们也观看得很兴奋。一个星期之后,街道静默结束,大家可以购买的物资充裕起来,上海也官宣"复工复产"的阶段安排。当我完成了当天答疑课的教学安排,再次取出蚕宝宝,孩子们看到的是破茧而出的蚕蛾,以及它们的嫩黄而娇弱的后代。我瞬间流泪了,生命生生不息,困难何惧!

5月25日我们答疑课,根据课文内容《母亲节(Mother's Day)》,我们分享了绘本《猜猜我有多爱你(Guess how much I love you)》。老师问道,你有多爱自己的家人呢?孩子的回答比书中的小兔子还要有想象力:"从我家到宇宙外太空,再折回,这么多!"我提议,课结束后,大家和爸妈说一句"I love you!",那么老师先取消静音,我们先一起练习一下。于是,那个瞬间,"I love you!"所传递出的满满的爱,通过网络传递给彼此。看到摄像头中,转身去找父母表达爱意的孩子们,我再一次被感动到。

在云端学习空间里,学生在成长,我也在收获,我们彼此鼓励,情感的纽带因为疫情而更加紧密。

三、众鸟齐飞,构建学习共同体

在云端学习空间里,我只是我们英语团队一个小小的缩影。自疫情以来,团队成了我们每一个英语教师的坚强后盾。我们共同努力为学生营造协同学习的空间。我们鼓励学生通过自主思考、协同探讨,形成一种相互学习的关系。我们鼓励学生

向老师学、向家长学，也向同伴学。我们鼓励每位学生都要面对挑战性的学习任务，并通过自主思考、相互交流、彼此互学，自然而然地共同探索。

我们像打怪兽一样，解决了云端技术关，克服了畏难情绪关；遇到新的问题，拿出"三个臭皮匠，顶个诸葛亮"的勇气，逐一去攻克、梳理应对解决路径。

场景片段一：

大家尝试过了云端新鲜感，两个月之后的今天，学生的心理上会产生一定的倦怠感。老师应该如何在云端对学生的心理进行调适呢？

应对解决路径：

秘诀一：创造机会，让学生得寸进尺。孩子高兴了，会变得更努力。由于努力，事情便会做得更出色。因为表现出色，又会受到肯定，孩子就愈发努力，师生配合默契，孩子就不断进步。

不同层次的学生，有不同的心理需求，我们的关键词是"创造机会"。学霸层学生，喜欢思考和挑战，秉持"爱拼就会赢"的心性。在云端分层授课中，我们就创造机会，设计具有挑战性的教学活动，比如"电影节小小介绍员"，并颁发讲解员证书。进步层的学生，渴望被关注，我们就多点赞，为他们创造表现的机会，及时反馈并肯定进步。孩子们通过自己的努力获得了"英语学习之星""英语进步之星"，还有带有编号的定制奖状。小小的鼓励，极大地调动了学生的积极性。薄弱层的孩子，需要理解和关爱，我们就创造谈心机会。通过家校合力，以鼓励为主，利用答疑时间，云端沟通谈心，进行一对一的辅导，创造机会拉近师生关系，"爱我，就爱我的英语课吧！（Love me, and love my English class!）"。我们有"天降馅饼"：不同层次的学生都享有减免作业的机会和名额，不过都要通过自己的努力去获得的。我们还有"线上集图标，线下换蛋糕"的长期活动：学生凭借作业任务，去赢得线上蛋糕图标，线下回校后，可以换到老师亲手制作的纸杯蛋糕。通过各种奖励手段的加持，云端学习的这些日子里，孩子们的内在学习热情又被重新点燃了。

秘诀二：肢体语言。TED有一个很火的视频，主讲人艾米·卡迪（Amy Cuddy）主讲"你的肢体语言会塑造你（Your body language may shape who you are.）"。她认为想自信，先从改善肢体语言开始。那么，英语课为何不能"刘畊宏"一下呢？陆晓红老师，是我们的教导主任，她热情洋溢的课堂总是能够感染学生。陆老师善于采用TPR和body language的方法，孩子们的学习积极性一下被激发了。

秘诀三：技术赋能，体验成功。我们老师们提炼了以下的课堂互动小技巧：有奖答题、答题卡、火眼金睛找茬、益智游戏类互动课件等。

场景片段二：

我们的孩子经过实践，已经能运用平台，师生一对一地交流已经是小菜一碟。电脑一端的老师希望倾听更多孩子的回答，另一端学生也渴望和同龄人之间互通有无。我们应该如何在云端课堂开展生生之间的互动交流呢？

应对解决路径：

在团队分享中，我们美貌与智慧的担当陈婷老师，在三年级的课堂是这么做的：同时点开三四个学生的话筒，进行云小组合作，让口语表达能力强的孩子带一下偏弱的，也减少学生的紧张情绪。

陶跃汝老师，是区骨干教师、我校英语组教研副组长。在她五年级的课堂中，她也是邀请四位学生共同完成任务。学生是主角，教师化身成了临时记录员，将学生的口语反馈，呈现在电脑屏幕上。

沈捷老师，是我们年轻有为的区学科带头人，也是我们青年教师的学习标杆。四年级课堂里，她在云端还原了线下的课堂互动。先进行师生示范，然后邀请学生对话演练。

唐佩玉老师，是我们新晋的区骨干，她年轻有为，教法娴熟。她四年级的课堂，给学生提供了循序渐进的语言支架，由扶到放。学生能够很好地挑战半开放式的对话内容，进行四人组角色扮演。唐老师很有心，不忘给学生点赞鼓励。

刘佳艺老师，也是我们的区骨干，她目前任教由由校区一年级。她的课堂巩固环节，也是能够考虑一年级小朋友的年龄特点，小朋友们在情境中有序交流。

小组合作在我们五个年级全面开花，这种教学方法并不新颖，但是在云端课堂，给我们提出了新的挑战。英语组全体成员，兵来将挡水来土掩，各显奇招。师生示范，生生对话，四人角色扮演或者小组合作，我们的教师用智慧克服了困难。团队的力量，使我们相信，办法总比困难多。

在学习共同体的课堂，我们教师成了倾听者，以柔软、坦诚的状态来面对学生，不折不扣地接纳他们。我们理解和接纳了学生，学生呈现出真实、自然的状态，进入真正的学习。

场景片段三：

封闭太久了，很多孩子孤立无助、缺少交流，得不到技术的帮助，课后我们应该如何开展生生之间的活动呢？

应对解决路径：请大家先看我们学校的资深教师们，她们是这样做的。

林燕老师是区学科带头人、区中心组成员，我校专家型的资深教师。她三年级的孩子课后表演课本剧《白叔叔和帽子（Uncle Bai and hats）》，三个孩子非常活泼地再现故事场景。当然，并不是所有家庭都能像他们一样，早早地响应国家三孩的政策。家里只有一个孩子，我们老师应该怎么指导学生进行课后交流对话呢？

徐蔚华老师是我校资深教师、五年级备课组长。她擅长指导学生进行合作学习。在云端教学伊始，徐老师的班级就已经建立了学习合作小组。她是这样做的：每10～12人为一组，组成团队。安排流动值日组长。建立汇报机制。给予及时评价。孩子们现学现用，他们发现家长团购抗疫生活物资时的小程序"群接龙"很好用，于是，马上自己在手机上和同学组建了一个学习小组，把班主任和英语老师拉进群，自觉地接龙，汇报当天完成学习任务的情况。

给学生一点指导，他们可以给我们很多惊喜。看到这些积极互动起来的孩子，我想到了他们美好的未来。我们希望学生不但能够有机会参与学习，而且能够快乐地、持续地、深入地学习和探究。在作业中，习得的综合能力，可以迁移到其他学科，有利于综合素养的形成。

吴倩珺老师是区骨干教师、我校英语教研组长。她梳理了练习册内容，把所有可以合作的对话任务做成PPT给学生。让他们4选1完成。任教四年级的谈晓兰老师利用教材中的项目板块，指导学生课后互动，结果学生们都玩得很溜。小朋友为了完成任务，自己发起在线课堂，编写对话脚本，口头和笔头都得到了锻炼。学生还会使用钉钉加密视频电话呢！

课后合作类的作业设计，将学生的学习任务转变成他们的交流需求，从而产生实践运用的动力。学生在相互沟通交流中，舒缓长期居家学习可能带来的焦虑情绪，在真实的实践环境中进行语言训练，学以致用，充分发挥主观能动性。

同龄人生生互动的方式，无论是云端还是课后，同样的时间段，会有更多的学生受益。我们的云端学习空间中，学习在发生、学习共同体在形成，我们情感的纽带因为疫情也更加紧密。

这种基于合作精神和心理相容的状态，以学习任务为核心、以共同的学习目标为驱动力，发生在我校师生、生生之间，是涉及认知、情感、态度和价值观的深度的合作学习。可以说，合作只是形式，学习才是本质，合作学习的价值在于学会倾听，彼此启迪，共同提高。如此，才能众鸟齐飞。

四、追求卓越,共谋发展

我们英语团队是学校云端构架的一个有机组成部分。我们全体的教师都在自己的云端课堂践行学校自建立以来的理念:"为学生的卓越发展而服务。"所谓的"卓越"并不是指谁比谁更优越,而是指无论在何等困难的条件下,学生都能尽所能追求最高境界。疫情下,云端学习空间,为我们教师、学生和家长提供了共同参与和支持教育的场所,我们齐心构建学习共同体,协同学习,共克时艰。

我们教师们感怀一颗仁爱之心,研读新课程标准,立足课堂教学,融合多平台资源,充实团队的教学资源库,构建学习共同体,在云端为孩子们的成长保驾护航。孩子快乐成长了,家长心安了,我们教师在专业上也得到了提升,学校也得到了可持续的发展。

单元整体教学下小学英语阅读教学策略

上海市浦东新区东方小学　王　喆

【摘　要】小学英语教学中,拓展性阅读教学作为新授教学的一种补充形式,在帮助学生开阔视野、增加学生词汇量,以及提升学生语言运用能力上起到了至关重要的作用。基于核心素养下的英语教学中,阅读教学是丰富课堂阅读的主要形式,本文基于以上背景围绕三个问题进行思考:(1)如何将阅读教学的拓展运用功能落到实处?(2)如何能在阅读型教学中培养学生良好的阅读习惯?(3)如何根据学生现有的认知水平制定切实高效的阅读训练模式?此三个问题也是时下一线英语教师在阅读教学中共同探讨的问题,因此,笔者以此三个问题作为本文的切入点,以牛津英语教材单元整体教学背景下的英语拓展教学实际教学案例(3B M4U1 My body第三课时)为抓手,对英语拓展阅读型课程教学策略方面做进一步的剖析研究。

【关键词】单元整体教学　小学英语　阅读拓展　策略

一、明——明确单课时阅读教学在单元整体教学中的地位和目标

以3B M4U1 My body为例,M4U1的学习主题是My body(我的身体)。通过本单元的学习,学生能学习、感知与运用常见的人体部位类词汇,如head, body, shoulder, arm, hand, finger, leg, knee, foot等,注意发音、拼读、书写以及单复数;能运用I have ... My ... is/are ... I can ...等来描述自己的身体部位;能借助语篇,开展问答与交流,获取信息,在说一说、演一演中加深对人体部位的理解,能流利朗读并尝试表演;在此过程中,感受人体部位的不同,感受个体的差异与才能。

就课时划分来说,第一、第二课时作为新授课时,对本单元重点单词句型做重点教授,第三课时在新授基础上对本单元核心单词句型和文本做进一步的拓展学习。第四课时是对前三个课时通过练习巩固的形式重新整合复习。

　　因此,第三课时的定位在于阅读拓展,结合本单元主题My body中核心词汇和人体部位词汇及核心句型等来描述自己的身体部位,就次核心内容执教者自行整合核心内容,创编绘本故事 *Tom and Jerry* 作为阅读拓展材料。(如图1)

Materials：

Scene 1

(Tom is confident with his body.)

Tom: Look at me. My eyes are big. I can see here and there. My mouth is big too. I can eat mice. My legs are strong. I can jump high. My feet are big. And I can run fast. Ha-Ha…I AM SUPER!

Scene 2

(Jerry has a small body.)

Jerry: Look at me! My eyes are small. And my ears are small too. My arms are short. And My legs are short too. I have a very small body.

Scene 3

(Tom meets Jerry. He looks down on him.)

Jerry: Hello, my friend!

Tom: Your friend? Look! Your eyes are small. Your nose is small too. Your arms are short. And your legs are short too. Go away!

Jerry: I'm sorry!

Scene 4

(Jerry meets Tom again. He helps Tom.)

Tom: OH, no! My body is fat. I can't run fast. I can't catch mice. I have no food.

Jerry: My body is small. But I'm very strong. I can bring food for you.

Tom: Thank you! I'm sorry!

Jerry: That's ok!

图1　第三课时阅读文本语篇

二、导——创设导入情境,激发阅读兴趣

(一)以学生为主导的情境引入

　　导入环节(Pre-task procedures)是吸引学生注意力的重要环节之一,在第三课时的教学中,教师尝试从引入环节入手,尝试从儿歌互动开始就以学生为主体推进课堂教学。从学生自主地动一动跟着旋律唱一唱《Head Shoulder Knees and Toes》激活课堂学习气氛,到读读猜猜关于人体部位的谜语再到说说自己身体部位的特色与能力,每一步骤都围绕本单元核心内容进行训练和展开,也为之后的语篇发生在

Tom 和 Jerry 身上以及他们特别的 body parts 的故事做了充分的铺垫和扎实的阅读前的必备知识储备。整个过程以学生为主体，不仅很好调动学生的学习积极性，也为学生创造更好的语用平台。

（二）培养情境下的自主提问，设计阅读悬念

本课时是一节绘本阅读的拓展课，在引入主角前，教师往往会通过一些问题的引导将孩子们带入故事，但是在本课时中，教师有意识地将问题的提出交给孩子们，让他们通过绘本故事的封面想一想自己想要知道的问题。再通过讨论和预测勾起学生对于继续阅读的渴望和兴趣。在提问讨论的互动过程中，教师可以适当给予孩子一些提示和引导，以帮助学生建立独立思维能力。笔者通过封面的观察引导学生对选择自己感兴趣的方面用 What, Who, Where 等疑问词进行针对故事内容的提问和预测，为故事的展开设计悬念，引发学生阅读兴趣。（见图2）

图2　故事引入环节的课件设计画面

三、读——多层次阅读技能训练，逐步深入理解语篇

（一）粗读（Skimming）

阅读教学的阅读环节第一步就是引导学生粗略朗读，对故事有一个整体的理解和感知。阅读中不必过多关注文本细节部分，只要求对故事发生的地点、人物等做一个基本的了解，同时对故事大体做一个基本的把握。粗读要求尽量以较短的时间，通过标题、段落首句甚至是背景图片获取基本信息，为后续对于文章的精确把握

打好扎实基础。

（二）精读（Intensive Reading）

相比于粗读而言，精读是在粗读的基础上对语篇的局部做精细化的咀嚼和消化。传统的阅读教学中，教师往往会用过多的精力帮着孩子一起咬文嚼字，圈画学习文章里的单词和句型。然而，阅读教学的最终教学目标不是单词句型的新授，而是提高学生高效阅读的能力。所以在本课时中，执教者着重在精读推进过程中增添必要的阅读技巧指导。例如，在要求学生精读第一场景Tom的自述时，我提出了默读（Read silently），通过不发出声音的心里默读来获取文章关键信息，同时给予他们一定的时间限制要求他们在默读的同时尽可能加快阅读速度（Read fast），培养学生阅读的高效性。由于需要在规定时间内完成阅读并思考得出相关的问题，这一定程度上培养了学生的阅读专注力。在精读Jerry的自述时，执教者又提出了根据阅读前设定的问题，圈画出与问题答案有关的信息，帮助阅读后思考组织语言回答问题，这也是阅读训练者高效消化文字关键信息的重要途径之一。

（三）熟读（Proficient Reading）

对于处于中低年级的小学生而言，语篇的粗读和精读这两个前置的环节已经让孩子对于语篇的内容或者故事的情节有了比较充分的了解。由此，熟读对于部分孩子来说，会因为对语篇内容失去初见时的新鲜而缺乏行动的动力。所以在语篇阅读教学推进到了熟读的环节，执教者应当通过更加丰富的活动形式调动学生朗读的积极性。本课时中的熟读环节，执教者分为两步进行：首先是听音跟读，这一个步骤是帮助学生对部分生词的发音做一定的示范，同时鼓励学生模仿角色录音中的语音语调，有效避免一些朗读中不规范的读音。同时，生动的朗读录音示范也能很好地再次吸引孩子们的关注和注意力。跟读结束后，执教者又设计了角色扮演朗读，有效帮助学生进入角色状态，体验角色的情感，孩子们更加兴致勃勃，课堂参与度高，熟读的教学目的在此水到渠成。在本课时中，Tom和Jerry在街上遇见后发生的对话，对话的熟读环节从听读到跟读，帮助学生进一步理解文本内容。

（四）研读（Study Reading）

在经历了前面三轮阅读技能的训练后，最后执教者应该指导学生自主研读语篇，研读的目的在于让学生不仅仅理解语篇中的单词句型，更应体会语篇文字表面所传达的信息。学生通过一遍又一遍的沉浸式或是有感情地朗读,感受文字背后的角色情感或者内涵等。这节课中,角色通过对话不断传递着不同时期两个动物的情感和内心活动。例如在本节课中,Tom 和 Jerry 一共分为四个场景,起初 Tom 是一只十分强壮的猫,有着强壮的四肢和出众的五官,在说到 Look at me. My eyes are big. I can see here and there. My mouth is big too. I can eat mice. My legs are strong. I can jump high. My feet are big. And I can run fast. Ha-Ha ... I AM SUPER! 时,学生在反复的朗读下,应该能体会到 Tom 的自信和骄傲。相反,和它形成鲜明对比的小 Jerry 在说到自己弱小的四肢和不起眼的五官时有一种角色应该有的羞涩和不自信。第二场景,当两者相遇时,小 Jerry 的友善和大 Tom 的自大自负形成鲜明的对比。朗读时应当充分体现人物的这层情感。最后,由于 Tom 和 Jerry 不同的生活习惯,造成了翻转式的结果,Tom 不再健康强壮体形庞大甚至无法觅食。反观 Jerry 健康的生活习惯让它变得强壮有力。此时它们的心情有了巨大的反转式变化。最后,Jerry 不计前嫌主动向 Tom 伸出援手,为它带来了食物,从简单的 Thank you. I'm sorry. 这句句子中,又包含了 Tom 对自己之前的骄傲自负和轻视弱小的做法感到十分惭愧。这其中角色心情的变化不一定可以从文字中体现,但通过学生的仔细研读,蕴含的情感逐渐显现和被学生体会到。下图是研读后执教者设计的小练习,其中一题就谈到了 Tom 的心情,但原文并没有直接出现描写 Tom 心情的词汇,学生可以通过反复品读感受到。

图3　研读阶段的角色心情体会

四、练——丰富练习形式,促进阅读后思考

(一)课堂传统练习检验阅读后的段落理解

1. 选择与判断

传统的通过阅读后的选择与判断对错练习旨在培养学生在文章阅读中迅速定位获取关键信息,执教者在此次教学中,在传统练习的判断选择中加入了许多不能从文章中直接找到答案的题目,需要学生在文章中找到相关的内容,通过阅读体会文字背后的内涵。例如,执教者设计了五道判断题,其中的第二、第三和第五题都不是可以从文章当中直接得出的。比如,Jerry likes making friends.(Jerry喜欢交朋友)其实在文章当中没有直接表达Jerry有没有喜欢交朋友的喜好。但是,从一开始Tom和Jerry偶遇时,Jerry友善地招呼,以及在受到Tom歧视却在Tom困难时出手相助的故事情节来说,此题是对的。又如,At last, they become good friends.学生自己也可从文本最后的Tom的道歉中推测结果。

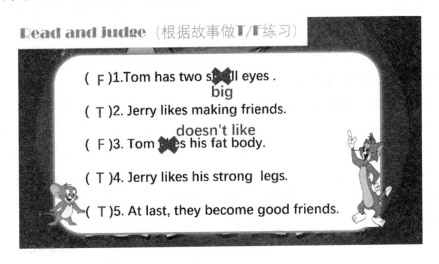

图4　阅读教学中判断与选择范例

2. 复述与概括

阅读教学中,检验学生阅读效率的另一种重要形式即是对于文章的复述与概括。本节课中在每一场景文本教学结束,执教者都设计了复述(Retell)环节。形式上从选择到猜测再到填空,多种形式变换练习帮助学生回顾和记忆。难度上从给定内容选择正确答案到在描述性段落中填写合适的单词,再到最后填词组,层层深入的形式给予学生逐步适应和提高的空间。

复述和概括环节的第二部分是对文章内容的整体复述,这是在分段复述的基础上进一步提升对学生记忆能力和复述表达能力的要求。执教者采用思维导图的形式将故事情节和脉络呈现在提纲式的板书设计上,帮助学生复述全文。

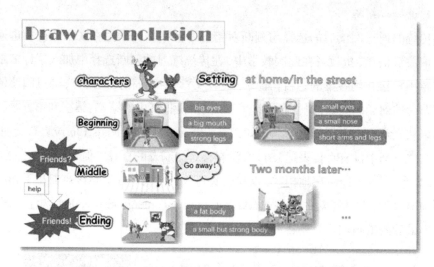

图5　提纲式的板书设计帮助学生复述全文

（二）课后阅读任务衍生帮助复习巩固

由于课堂时间的限制,阅读教学的阅读任务不应该仅仅限制于课堂35分钟内。配套单课时的课后练习设计也是基于单元整体教学的阅读拓展型教学的重要环节。下图为执教者为本节课设计的课后学习任务单。从听说读写四个方面帮助学生全方位提高语用能力。其中,除了课堂中的复述练习外,执教者让学生思考Tom和Jerry之后的故事,同时提供绘本后半部分的续集供学生自主阅读,提供给学生很好的机会和课件,将课堂上学习到的大阅读技能在课后得到举一反三的训练和巩固。

图6、图7　课后学习任务里的自主阅读材料

五、结语

阅读教学的最终目的是培养学生自主阅读、获取知识的能力，也是给予他们终生学习的能力。所有阅读能力的提高由几大因素组成。首先是阅读技巧和阅读习惯的养成，教师运用多种合理的多层次的教学策略帮助学生完成阅读体验。其次，适当的语言输入和语言积累是高效阅读的基础。做好了这些知识储备，选择适合孩子现有能力的阅读文本。由执教者综合使用多种阅读教学方式，将单一的文本转化成丰富多彩的阅读体验，将传统的阅读教学真正打造成"悦"读教学——以读促思、以读促写、以读促表达，将达到事半功倍的效果。

课本剧表演提升英语故事阅读兴趣案例

上海市浦东新区东方小学　陆婵丽

一、项目简介

(一) 项目概述

表演是学生熟悉又陌生的艺术展现方式,其包含着丰富的人文知识,蕴含着深刻的人文精神。通过表演的形式来阅读故事,结合多元的艺术表现形式和充满想象力的活动,可以激发学生的想象力和创造力,为语言的吸纳和运用提供了契机,帮助学生更加"合理且真实"地使用目标语言。故事中的主题能引导学生热爱真善美,学习与他人和谐相处,养成良好的性格和健全的人格。基于表演对学生学习和运用语言有着多种优点,能提升学生英语故事阅读的兴趣,选用合适的故事,开展本项目的学习。

(二) 研究价值

本项目以经典原版童话故事5B M4U3 Story Time中的故事 *The Giant's Garden* 作为切入点,围绕"如何通过表演来提升对故事的阅读兴趣"的任务开展项目化学习活动,让学生在自主编排故事表演的同时,经历资料收集、知识点整理、文案设计、构思形式、成果展示等过程,让学生感受经典原版故事的魅力,提升学生对英语故事阅读的兴趣,提高学生的英语语言表达能力、信息检索能力、合作能力,并综合运用所学的英语知识完成活动任务。

(三) 涉及课程标准

本项目的学习目标是通过表演帮助学生学习故事内容,深入理解人物特质,提升他们的英语故事阅读兴趣。有如下基本要求：

1. 能读懂语言简单、主题相关的简短语篇，获取具体信息，理解主要内容；

2. 能根据图片，口头描述其中的人或事物；

3. 能围绕相关主题，运用所学语言，与他人进行简单的交流，表演小故事或短剧，语音、语调基本正确；

4. 能理解与中外优秀文化有关的图片、短文，发现和感悟其中蕴含的人生哲理；有将语言学习与做人、做事相结合的意识和行动。

——摘自《上海市小学英语学科教学基本要求》

通过上述内容的学习和运用，帮助学生了解不同文化，比较文化异同，汲取文化精华，逐步形成跨文化沟通与交流的意识和能力，形成正确的世界观、人生观和价值观。

二、项目设计

（一）项目核心知识与能力

1. 阅读能力

围绕任务，寻找相关主题的文本或故事，梳理并理解核心单词giant等、短语at last等的音、形、义的统一。综合感知一般现在时、一般过去时的区别，并在此基础上提取有用的信息。

2. 表达能力

（1）能结合核心单词和短语选择合适的时态、句型和词汇将对象进行生动翔实、有侧重的说明，并搭建内容与主题间的逻辑关系。

（2）养成英语阅读的习惯，有意识地通过表演等各种方式学习英语，丰富自己的英语素养，珍视个人的独特感受，积累表达的素材并运用到日常生活交流中。

（3）交流合作能力。

能在小组讨论中倾听他人的建议，能清楚地表达自己的想法与观点，并说服他人。

（4）演讲与汇报能力、交流合作能力。

能根据对象和场合进行发言，表演表达有条理，语气语调适当。

（二）驱动性问题

1. 本质问题

（1）表演对英语阅读的兴趣起到什么作用？

（2）英语故事该怎样表演？

2. 驱动性问题

"Together for a Shared Future"，冬奥让我们感受到分享的美好。一年一度的东方嘉年华延续冬奥"一起享未来"的主题，在"英语之星"板块围绕"share"主题，举办课本剧大赛，但要选择什么内容进行比赛？如何组织和筹备比赛节目？这让同学们犯了愁。你有什么好办法和建议吗？

要想表演好一个故事，就要在了解故事的基础上多角度地进行展现。同时需要在过程中思考以下问题：

（1）如何选取故事材料，进行有目的的整理与筛选，并且凸显英语特色？

（2）搜集的资料语篇长、生词多、时态容易混杂，怎么办？

（3）如何详略得当地从多方面使用英语进行人物分析、道具准备、海报设计说明？

（4）如何将平淡的文字转化为生动的对话和表演，展现对故事的理解？

（三）驱动型任务

1. 启动阶段

（1）活动立项。

（2）确定驱动问题。

2. 准备阶段

（1）模块教学结构的改变。

（2）资料收集、筛选。

3. 实施阶段

模块教学结构的改变。

三、项目实施过程

本次项目化学习设计的实践活动包括：

（一）入项活动及项目实施活动一（第1课时）

活动内容和模式：

在故事语境中学习并理解核心单词Giant, castle等，学习并理解核心句型Get out!等；文本再构，学生学习改写成一般现在时的故事；在朗读故事的过程中，了解故事人物性格,知晓故事大意。

学习目标:

1. 英语知识技能:组织学生启动项目,引导学生学习核心单词和句型,初步了解故事情节,通过仔细观察课本插图,准确、有感情地朗读课文。

2. 信息提取和思维培养:体会Giant和故事中其他角色的外貌、性格与心情变化,培养学生提取信息的能力。

引导问题: Which story do we choose?

"Together for a Shared Future",冬奥让我们感受到分享的美好。一年一度的东方嘉年华延续冬奥"一起享未来"的主题,在"英语之星"板块围绕"share"主题,举办课本剧大赛,但要选择什么内容进行比赛? 如何组织和筹备比赛节目?

1. 根据课本内容,探讨、筛选并确定课本剧。

2. 学习核心单词和句型,了解角色性格,初步了解故事内容。

(1)明确项目目标、任务和成果。

(2)学习核心单词、句型,讨论故事大概内容。

(3)讨论思考角色的外形和个性,并整合成描述的语段。

完成学习单1——初探角色(学习单1: Worksheet 1—Look at the Characters)

(图1 学习单1-1)　　　　　　　(图2 学习单1-2)

（二）项目实施活动二（第2课时）

活动内容和模式：

深入学习了解故事内容，学习brought，felt等动词一般过去式，复习核心句型。结合Timeline图表，运用过去式简单复述故事。

学习目标：

1. 英语知识技能：引导学生学习文本新授语法知识——动词过去式，在阅读故事中扩充词汇量、激发阅读兴趣、训练阅读技巧。

2. 信息提取和能力培养：通过timeline理清故事脉络，结合一般过去式，简要复述故事的主要内容。在思考中发展思维的能动性；能在故事情节的推进过程中，体验巨人的情感变化过程，懂得乐于与他人分享将会得到更多快乐。

引导问题： What's the story about?

1. 人物在故事推进的过程中，为什么有这样的变化？

2. 你从故事中学到了什么？

（1）深入了解人物性格、情感变化。

（2）利用timeline图表，结合5B重点语法一般过去式梳理完整故事情节。

完成学习单2——走进故事（学习单2：Worksheet 2—Look at the Story）

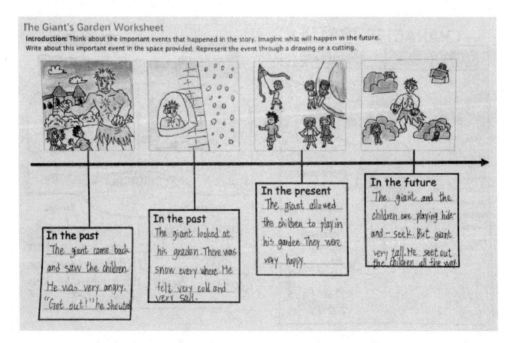

（图3　学习单2）

（三）项目实施活动三（第3课时）

活动内容和模式：How to play the story?

复习故事内容，核心单词，动词过去式brought，felt等动词一般过去式，核心句型。利用Timeline图表，在复述故事的基础上续编故事。讨论制定表演人员分工安排。

学习目标：

1. 英语知识技能：引导学生综合运用英语知识技能，在阅读的基础上，发展思维，训练口头表达能力。

2. 信息整合、合作培养：根据故事内容，学生自行讨论并根据不同能力，分工负责表演台前幕后相关事宜。在这个过程中，能更多地认识自我，懂得合作带来的快乐。

引导问题：What will happen in the future?

1. 巨人的花园还会发生什么事？

2. 表演课本剧的时候，需要涉及哪些台前幕后的安排？

（1）展开想象，结合英语知识技能和人物特点续编故事。

（2）利用剧组筹备单，分工安排表演事项。

完成学习单3——筹备剧组（Worksheet 3— Look at the Play）

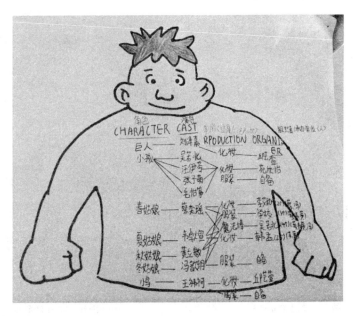

（图4　学习单3）

（四）项目实施活动四（第4课时）

活动内容和模式：

根据舞台剧的表演统筹，讨论、制定舞台的背景道具、人物动作等。根据人物性格、故事Timeline重新编写剧本。

学习目标：

1. 英语知识技能：引导学生综合运用英语知识技能，利用5A M4U1 *How to make some tea* 中的步骤表述，撰写道具制作过程，并尝试制作。

2. 信息整合，运用能力培养：根据故事内容，学生自行讨论并根据故事框架、人物性格等，编写合适的剧本，设计动作。

引导问题： What do we need to do?

1. 舞台上可能涉及的主要背景、道具或海报有哪些？

2. 剧本该如何根据文本编写？

（1）结合文本内容，展开想象，运用英语技能编写剧本。

（2）利用背景道具设计单，设计并撰写道具的制作。

完成学习单4——道具制作／海报（Worksheet 4—Look at the Props/Poster）

（图5　学习单4-1）　　　　　　（图6　学习单4-2）

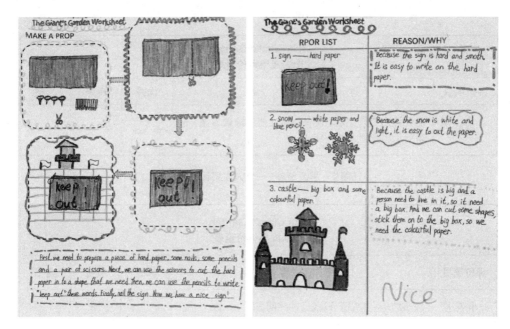

（图7　学习单4-2）　　　　　　　（图8　学习单4-2）

（五）项目实施活动五（第五课时）

活动内容和模式：

从不同角度和活动内容讨论制定项目化的评价量表。

引导问题： How's the play?

1. 可以从哪些角度制定表演的评价量表？

2. 完成学习单5——评价量表（Worksheet 5—Enjoy the play）

<table>
<tr><th colspan="6">The Giant's Garden
个人成果评价量表</th></tr>
<tr><th>评价项目</th><th>具　体　内　容</th><th>优秀</th><th>良好</th><th>合格</th></tr>
<tr><td>态度</td><td>能认真参加每一次的项目活动
善于提出问题，乐于探究，善于合作，勤于求知</td><td>☆☆☆</td><td>☆☆</td><td>☆</td></tr>
<tr><td>情感</td><td>积极沟通互动，乐于分享信息、创意和成果</td><td>☆☆☆</td><td>☆☆</td><td>☆</td></tr>
<tr><td>知识</td><td>通过本学期获得更多学科知识，拓展了知识面，获得（体验）了较多的研究方法和技能</td><td>☆☆☆</td><td>☆☆</td><td>☆</td></tr>
<tr><td>能力</td><td>能运用多种手段获取信息，并能整合信息内容，且能有效利用</td><td>☆☆☆</td><td>☆☆</td><td>☆</td></tr>
</table>

（续表）

The Giant's Garden 个人成果评价量表				
评价项目	具　体　内　容	优秀	良好	合格
成果	能设计出符合主题,且有创意又能实施的方案,成果展示得到他人的肯定	☆ ☆ ☆	☆ ☆	☆

（图9　学习单5——个人成果评价量表）

The Giant's Garden 团队成果评价量表				
评价项目	具体内容	优秀	良好	合格
故事表达	故事结构完整,情节流畅,冲突明显	☆ ☆ ☆	☆ ☆	☆
故事创意	剧目编排有新意,能深刻地表现故事主题,让人有精神上的感悟	☆ ☆ ☆	☆ ☆	☆
故事道具	表演者服装、道具、舞台设计有特色,有利于表现主题	☆ ☆ ☆	☆ ☆	☆
演员仪态	演员仪态落落大方;表情、动作生动、自然,与主题内容相符,能表现人物性格	☆ ☆ ☆	☆ ☆	☆
演员台词	口齿清晰,符合故事发展以及人物的性格,感情基调与故事内容相符,感情流露自然得体	☆ ☆ ☆	☆ ☆	☆
小组配合	组员配合默契,应变自如	☆ ☆ ☆	☆ ☆	☆

（图10　学习单5——团队成果评价量表）

四、项目成果

（一）个人成果

1. 完成 Timeline 阅读单并在组内分享。

2. 完成 Character Traits 并在组内分享。

3. 完成 Props/Poster 学习单并在组内分享。

（二）团队成果

1. 小组成员在前期资料收集、调研基础上，讨论本组推荐对象。

2. 在分工合作的基础上，撰写台词，制作道具、海报、PPT并表演。

3. 以年级为单位举行 *The Giant's Garden* 展演，学生担当人物分析员、道具筹备员、作品演员等，负责向全校师生展现如何提高英语阅读兴趣。

（图11　团队成果-1）　　　　　　　　（图12　团队成果-2）

五、项目反思

在英语项目化学习展开之前，学生已经接触了语文、数学的项目化学习，因此，对他们来说，项目化学习，与其说是学习，更多的是在运用已学知识，在同伴提出问题、解决问题的过程中去拓展自己的知识面，锻炼自己的综合能力。

学生在得知英语项目化活动后，根据核心问题，在第一课时，很快就锁定了 *The Giant's Garden* 作为表演的剧目。这个故事他们在四年级的语文课上已经学习过，故事的主要内容对他们来说并不陌生。对于主要人物的解读、信息的提取，在"How is Giant？"这个问题后，学生各抒己见，从不同的角度进行反馈，大部分学生都能独立完成Character traits的学习单，有些同学不仅完成了Giant的人物分析，根据文本中喜欢的角色，部分对"Miss Spring/Winter"等人物角色也做了人物分析。最后，学生们根据提取的信息，整合成文本进行对人物的描述。

第二课时，在第一课时内容的基础上，引导学生利用一般过去时复述故事，在复述的基础上，学生发现一些动词的过去式，并且能力较强的孩子有意识地尝试将这些动词过去式的变形进行归类，这是我没有预设到的。在提出问题、解决问题的过程中，学生自主探索学习技能。我想这或许是项目化学习带给学生的收获。

第三、四课时，进入台前幕后的人员分工，当询问"How to play the story? What

do we need?" 时,虽然很多学生不会用英语表达一些相关的名词,很快有同学就说可以回去翻阅有关资料和字典等。在这个分工环节,五年级的学生对彼此已经相当熟悉,他们有目的性地安排分工,互相合作:能力强的孩子改编剧本,编排角色动作,统筹表演的安排。能力较弱但是表演欲望比较强的同学,在协商后,在剧目中也拿到适合自己的角色,在排练的过程中,要不断听角色间的台词对话,能力弱的孩子听说能力得到很大的提升。对于有些角色,即便接到角色的同学能力较弱,因为团队合作的关系,同学间为了表演没有遗憾,互相帮助,以强带弱,能力弱的同学咬着牙拿着台词,在能力较强的同学带领下一点一点过台词。在这个过程中,不仅能力强的同学得到了展示,能力弱的同学也在不断鞭策,提升自己的英语水平。

整个项目化学习的过程,学生们兴趣十足,互相帮助,互相督促。学生们从"要我学"走向"我要学";从"我学会"走向"我会学""我会用"。"我会学"是学生实践能力、探索精神、创新意识的运用和发展;而"我会用"则要求学生将所学的知识和能力迁移到实际生活中,运用这些知识和能力处理和解决新的问题。项目化教学改变了学生传统的语言学习方式,拓宽了语言学习的方式和渠道,与当下从综合语言运用能力走向英语学科核心素养的课程与教学变革的趋势相吻合。项目化学习的新模式下,教师应当明确自己及学生的定位,让项目式学习深深扎根于课堂,要求教师走向以学生学习为中心的课堂模式,关注学生在学习过程中能力和素养的形成,注重将课程标准和核心素养所涉及的关键概念、核心经验与真实情境的问题相融合,使学生的学习更具有生活价值。

融合新媒体的小学音乐教学实践探索

上海市浦东新区航城实验小学　吴丽丽

【摘　要】伴随科技的发展和进步，新媒体已经慢慢融入人们的日常生活中，变成了一种学习和生活的要素。在教育行业中，新媒体也扮演着重要的角色。小学音乐教学中融入新媒体，可以更好地创造生动有趣的音频和视频，给学生打造愉快的学习环境，突破时空的局限，延展学生的思维，激起学生浓厚的兴趣。教师积极运用新媒体，也可以更好地为小学音乐教学工作注入新的血液，提升教学的品质。

【关键词】新媒体　小学音乐　教学　融合

一、新媒体应用于小学音乐教学发展的可行性分析

新媒体对于小学音乐教学的发展具有重要的意义和价值，可以让教师从更为多元化和明晰的角度来帮助学生学习音乐知识。

首先，新媒体对小学音乐教学发展具有积极的推动作用，新媒体科技可以推动时代的发展和进步，迎合学生的发展需要和明晰未来的规划。在小学时期，音乐教学可以提升学生的音乐素养，帮助学生热爱音乐这门学科，让音乐成为学生的特长，陶冶学生情操，调节身心发展，缓解一定的学习压力。

其次，新媒体对小学音乐教学发展的契机相对成熟，这是因为互联网的高速发展，使手机中的微信、微博和抖音等社交和娱乐平台都发展较为迅猛，使学生学习和生活的对接更为密切，在小学音乐教学中引入新媒体也不会显得突兀，为音乐教学中的新媒体发展提供了较大的发展空间。

最后，伴随新科技的发展，将新媒体引入小学音乐教学发展，可以更好地帮助学生营造良好的环境，发挥新媒体的优点，提升音乐教学的价值，帮助学生感受艺术的魅力，提高学生的音乐素养。

二、新媒体应用于小学音乐教学发展存在的问题

（一）缺少新媒体设备

虽然新媒体加入小学音乐发展这个课题已被提出许久，但是尚未做到全面普及，不少学校的新媒体设备依旧不足甚至没有配备。在大部分学校中，只有少部分的教室安装和使用新媒体设备，这些教室不只被运用到音乐教学中，还被运用在其他学科的教学中，教室的数量明显不足，所以学生享用音乐新媒体课堂的时间并不多，使得教师教学缺少生动性。

（二）新媒体经验不足

排除少部分学校中缺少新媒体设备的情况，一部分年龄稍长的教师对于新媒体设备的使用率明显不高，不少教师甚至没有去新媒体课堂进行过教学，无法发挥出新媒体教学的优势。所以，学校应该加强对教师的培训，积极开展各类培训活动，帮助和督促教师积极运用新媒体进行教学，让教学工作得以更好地发展。同时，学校对新媒体教师的考核情况监督不严，使得教师容易产生上课的惰性，无法对音乐教学推陈出新。

（三）新媒体模式待创新

虽然核心素养教育在积极推广，但是应试教育的理念依然深入人心，学生成绩依旧是衡量教学水平的标准，学生和教师乃至家长都坚持认为学习成绩是关键，忽视了音乐学科的发展。所以，在大部分学校，音乐教学依然被边缘化，音乐教师的教学能力也有待提升，教学的品质难以得到保证，更无从谈及学生综合能力的提升。在目前的教学模式中，新媒体的教学模式依然是从教师的主导出发，学生跟着视频演唱，从根本上来看，依然无法改变传统模式的束缚，忽略了学生自主能力的培育。

三、新媒体应用于小学音乐教学发展的方式

（一）教学形式准备

在教学中使用到的新媒体工具包含投影仪、计算机等，结合了文字、音乐、图画等多种形式。在小学音乐教学中，教师运用新媒体的内容来授课，多表现为播放音频和视频、投影幻灯片等，在这个流程中，学生能够运用教师播放的新媒体模式的内容来学习，新媒体为学生呈现了一个更为宽广的空间，激起学生学习兴趣，提高创造

能力,让学生可以提起兴趣乐于音乐学习,教师也可以对学生更好地进行指引,提升上课的成效。音乐课堂的教学涵盖了体验环境、感知音乐、尝试歌唱、感受合作、学习欣赏到模仿创作六个学习活动。重点着眼于学习兴趣、基本学习习惯和态度的养成。常规的教学形式一般都是教师作为主导力量,学生被动接受和学习。但是鉴于小学生充满了求知欲和好奇欲,单纯灌输式教学已经无法满足孩子的需要,无法符合音乐的教学成效。因此需要积极融入新媒体教学形式,加入图画、动漫和各式各样的多元化的教学内容,才能为学生营造一个良好的环境,使学生更好地感受到音乐的快乐,调动学生的音乐细胞,激发学生对音乐的兴趣。

新媒体引入小学音乐教学发展之前,教师要选择适合的新媒体发展样式,并且从学生的角度出发因材施教,灵活选择适合的教学器材和方式。在对教学形式进行选择时,教师应该积极注意每个平台对学生产生的影响大小,之后再结合平台的特色,确立适合的形式。同时,教师还应该本着提升教学的趣味性原则,为学生寻找更为合适的教学方式,推动新媒体对小学音乐教学发展的影响。如教师可以采用微信群和公众号等平台,为学生和家长推送与音乐相关的视频等,要结合学生的身心特征,有针对性地延伸教学工作。从教学方面着手,教师可以通过线上的形式来对学生的课后作业进行点评,保证学生在课余时间也能积极提升自己的音乐素养。在小学音乐课本中有大量的经典钢琴曲目,如《我们的田野》《上学歌》《小星星》《让我们荡起双桨》等,这些都可以帮助学生欣赏歌曲,同时提升他们的音乐品位。从实践的角度出发,教师应该积极做好课前的准备工作,保证教学内容更好地迎合发展的目标,学生也可以在课后拓展自己的音乐学习,始终处在丰富多彩的音乐课堂情境之中。

(二) 课外音乐引入

在小学音乐教学中运用新媒体来进行教学,可以帮助教学目标的达成,也可以达到教学创新的目的,推动新课标的改革,帮助缓解教师的工作压力,从教师主导教学变为教师加新媒体的教学模式,保证教师解放双手,更好地进行创意性教学。同时,增加课外音乐的教学模式也可以吸引学生的目光,帮助学生积极投入到教学中来,在娱乐中学习,改变刻板的学习印象,突破传统教学的局限。小学音乐教学可以更好地提升学生的艺术鉴赏能力,教师应该重视音乐这个科目的特征,将这个特点更加淋漓尽致地表达。在小学音乐教学中融入新媒体科技,可以从融入课外音乐着手,如流行音乐等,更好地激发学生的审美能力,和音乐产生更为紧密的衔接,这也是教师提高自身教学成效的一个重要方式。首先,积极引入新媒体音乐,内容可以多种多样,但是要保证积极健康向上,如《我的未来不是梦》和《挥着翅膀的女孩》等歌曲。现在流行的抖音歌曲也可以作为课外延伸曲目融入课堂,如《出山》《起风了》《离人愁》等歌曲,歌词都较为唯美,且为人熟知,可以更好地为小学音乐教学服务。

小学的音乐教学可以培育小学生的审美,教师运用课外音乐引入的形式,让学生在关注音乐本身的同时,感知音乐背后的故事,培育学生的审美能力。同时,在小学音乐教学中加入新媒体,可以让音乐教学更为丰富和饱满,让音乐教学更为多维度,有助于培育学生的审美能力。在低年级以唱游为突破口,强调音乐学习兴趣的激发,养成喜爱音乐的态度,逐步形成良好的学习习惯;感知音乐的基本要素,能自然、有感情地表现音乐,尝试探索性的音响创作,形成对音乐美感的初步感受能力。到中年级,学生主动、积极地参与音乐实践,具有音乐学习的兴趣;逐渐扩大音乐知识学习范围,掌握简易的唱奏基本技能;结合音乐实践获得基本的音乐感受、创造与表演能力,初步建立协同与合作意识。在小学音乐教学中,不但要让学生积极去学习音乐的乐理知识,还应该让学生感受音乐背后的人文和自然知识,感知到音乐中的悲伤和快乐的情绪,引起学生在音乐感情上的共鸣,以此来加强音乐教学中德育教学的意义。将课外音乐引入音乐教学中,可以让小学音乐教学更具多样性。如教师对学生介绍乐器的时候,部分乐器难以在课堂上得以呈现,就可以运用新媒体,用视频和音频的形式来呈现该乐器的特色,让学生清晰准确地掌握乐器的特点和音色,拓展教学的内容,提高学生的知识水平。

(三)教学环境优化

新媒体科技融入小学音乐教学,还可以积极优化场景的质量,迎合新媒体发展的特色,防止常规的教学形式和新媒体教学产生冲突。教师能够积极运用新媒体来构建适合自己教学的一套完整的教学评价体系,将学生的考勤、课堂表现情况和课后完成作业情况都加入这个评价系统中来,让教学的体系更为多样化,而不再是教师对学生期末考试的主观评价,以此来达到迎合教师教学评价系统的目标,教师也能够根据学生的表现为学生设立专门的奖惩制度,以此激起学生学习的热情。在新媒体科技的覆盖下,小学音乐教学应该积极打造更多的教学情境,借用新媒体的教学内容体验,在网络中找到灵感,让学生可以徜徉在音乐的海洋中。如《感恩的心》这首歌曲,讲述了一个动人的故事,教师可以运用新媒体的方式呈现,让学生感恩社会。感恩教育从孩子抓起,也是新媒体融入小学音乐教学的一大重要成效。

四、结语

综上所述,目前处在新媒体科技发展的时代,小学音乐教学应该积极迎合时代的发展特点,发挥新媒体的优势为学生搭建一个更好的学习平台。持续以"纵向、横向和内向"三个视角,在发现、提炼和传播优秀经验的基础上,拓宽多媒体在音乐课程教学中的视野,在实践探索中突破瓶颈。重视新媒体融入小学音乐教学发展的重要性,从教学场景、教学环境等方面做好优化,才能扎实发挥出新媒体科技对教学的影响,改变教学成效低、教学质量不高等情况,激起学生学习的兴趣,提升小学音乐教学的质量。

参考文献:

[1] 胡亚莉.小学音乐教学引入新媒体策略初探[J].中国报业,2019(10):103-104.

[2] 陈小川.基于新媒体的新课标小学音乐教学方法探析[J].科幻画报,2020(2):280.

[3] 孙悦.浅谈新媒体时代下小学音乐的教学新思考[J].中国文艺家,2020(6):190+193.

[4] 李涓.新媒体下小学音乐教学策略谈[J].新课程,2020(43):134.

[5] 阿永嘎.漫谈小学音乐教学引入新媒体技术的策略[J].天天爱科学(教学研究),2019(4):109.

以梵高作品为载体
培养学生的色彩素养及感知力

上海市浦东新区航城实验小学　倪　青

【摘　要】梵高的绘画作品不仅有着高超的绘画技艺，包括对色彩、线条等各方面巧妙的应用，塑造立体化、多层次的绘画艺术作品；同时其往往展现了画家当时的心情及心理状态，甚至包含了画家对于生活等各方面的态度。在引导学生欣赏大师艺术作品的过程当中，不仅要引导其把握该幅作品所运用到的色彩运用等各方面的绘画技巧，同时更应该把握其中所蕴含的精神内涵，从而使其对学生的人生阅历产生一定的启示和引导作用。

学生对色彩有较高的敏感性，教师适时给予色彩辨识指导，为学生创设直观教学情境，引导学生进行多种色彩鉴赏活动，能够顺利提升其色彩感。教师要精心设计教学，通过多媒体展示、美术鉴赏、对接生活等策略，调动学生学习美术的积极性，有效培养学生的色彩感，提升学科教学品质。

【关键词】美术教学　色彩感　培养　策略

一、研究背景

《义务教育艺术课程标准（2022年版）》中要求学校注重学生的德、智、体、美、劳全面发展，美育作为促进学生全面发展的重要部分之一，越来越受到学校的重视。美术作为美育的重要组成部分，对塑造学生健康心理起着重要的作用，是实施美育的重要策略，因此，美术课程的有效教学、智慧教学、创新教学，直接决定美育的教学成果。

色彩教学是小学美术教学教育过程中非常重要的组成部分。在小学美术色彩课堂的教学过程中要采取多元化的教学策略，充分激发学生学习色彩的兴趣，注重培养学生的思维创造力。

在小学美术教育教学过程中，通过将色彩教学内容与学生的色彩感知力培养进行有效整合创作，让学生的创新精神和创造潜能得到充分挖掘，有效增强小学生的美术素养。

梵高的绘画艺术《星月夜》在上教版美术第六册中《旋转的短线》一课中出现，作为课程内容的展示，在我校校本教材中也有一个单元的主题学习。其画中不仅有着高超的绘画技艺，包括对色彩、线条等各方面巧妙地应用，塑造了立体化、多层次的绘画艺术作品。同时其展现了画家当时的心情及心理状态，甚至包含了画家对于生活等各方面的态度。一幅流传千古的绘画艺术作品，往往是画家一生经历的真实写照，是其人生经验的生动表达。因此，在引导学生欣赏大师艺术作品的过程当中，不仅要引导其把握该幅作品所展现的色彩运用等各方面的绘画技巧，同时更应该把握其中所蕴含的精神内涵，从而使其对学生的人生阅历产生一定的启示和引导作用。当然更重要的是学生在今后绘画的过程当中也要与自身的精神品质相契合，能够借助绘画艺术作品传达自身的生活态度以及三观情怀，等等。

二、走近梵高，了解大师的创作手法

（一）色彩明亮、纯而不单调

对于梵高的作品我们有一个误区，就是认为"梵高仅仅使用了非常明亮和纯度高的色彩来表现画面的生命力"，事实上，梵高的作品有一个非常重要的特点，就是色彩纯度很高，但对于风景的写生以及静物的刻画，并不是不会运用灰色调，而是在画面中尝试使用灰色调为其中一个组色彩来突出画面的主次。

所以，对于梵高的色彩表达，不能仅仅限于静物上的色彩认知，那样只是得到一部分纯色运用的规律。要想明白梵高色彩表现中的生命力究竟从何而来，我们还要明白他对于画面强弱、主次对比的色彩运用的法则。

（二）色彩互补，制造视觉冲击

梵高认为：颜色实际上是光的一种表现，不是单单把颜色还原得像，而是要尽量丰富地呈现物体的色彩趋向，脱离"颜料"的物质属性，抽象的"颜色"才能自如地穿行于艺术探讨的字里行间。

梵高的经典作品，向人们传递了梵高对生命的定义，明亮的颜色打破了色彩一贯的表现传统。我们可以从梵高的作品中看出，他的作品用色秘诀是：冷暖互补，制造视觉冲击，包含橙色—蓝色、红色—绿色、黄色—紫色。颜色在视觉上也可以分为冷色调和暖色调,梵高的作品中就把冷暖色调运用到了极致,两种色调交相辉映,打造了立体鲜明的作品特色。

色彩,给我们的生活带来了丰富的美感。但随着各种颜色的叠加,我们对颜色的选择越来越多,把颜色按冷暖分类,不但帮助我们更好地选择颜色,而且在运用颜色的同时也为我们提供了更明确的思路和方向。

(三)色彩笔触,变化中带规律

梵高的作品除对色彩本身的掌握及运用外,他对于色彩笔触的表现也非常有特点。他的笔触表现特点有利于他使用较纯的色彩,而画面却很和谐,因为他的笔触排列中有变化,变化中带有规律。

在《向日葵》这幅经典作品中,出现了大面积的淡黄色,如果按照普通的平涂画法,画面会显得十分单调,而梵高用了他特有的笔触画法,不添加任何色彩,既能保证色彩的纯正,也能避免单调问题,使画面既丰富又和谐,这就是他特有笔触的高明之处。

三、捕捉"画"题,体会梵高的艺术精神

以梵高的经典作品为主题,以单元化的形式进行教学。美术教师需要紧密结合教学目标,尽量捕捉学生感兴趣的"画"题,帮助学生打开新视野,了解梵高作品的独特之处,更重要的是让学生真正懂得和理解其作品中展现的精神世界,充分激发学生学习色彩的兴趣,充分调动学生的探究心理和创新欲望,促使学生快乐地学习,从而为培养学生的创造力打下坚实基础。

四、培养学生色彩感的重要意义

(一)帮助学生掌握美术创作技巧

培养色彩感可以帮助学生掌握美术创作技巧。小学生学习美术的主要任务是掌握基础知识,色彩教学是其中的主要部分。色彩教学能让小学生熟悉色彩的理论知识,并在练习中了解色彩的基础应用,这样可以使他们理解美术创作,拓展学习途径,为之后的美术学习打下良好的基础。同时,掌握对色彩的运用方法,可以使学生在日积月累的练习中加深对色彩的理解,在后续的创作中灵活运用色彩表达内心感受。

(二)提升学生对色彩的敏感度

色彩教学是小学美术教学的重要部分,学生对色彩的敏感度对于其色彩学习效

果具有重要影响。因此，在教学中，教师对学生色彩感的培养应当更着力于学生对色彩敏感性的增强。这不仅能提升学生对色彩的应用能力，帮助学生创作出好的绘画作品，而且能帮助学生理解美术作品独特的内涵，使学生在鉴赏中学习，学会应用色彩表达情绪、思想，使观赏者能够通过作品感受到创作的意义。因此，培养学生的色彩感，提升学生对色彩的敏感度，可谓一举多得。

（三）提升学生的感知能力

培养学生的色彩感，可以帮助学生提升感知能力。视觉系统是人体主要的感知系统，许多优秀的美术作品都能通过色彩给观赏者带来视觉的冲击。在小学阶段培养学生的色彩感，可以让学生的想象力更为丰富，增强学生的创造性。同时，可以让学生在熟悉色彩的同时为其以后的发展奠定良好的审美基础。

五、培养学生色彩感的可行措施

（一）创设多媒体情境

多媒体可以展示丰富的图片、视频、动画等内容，且色彩饱满，教师针对性地引导学生进行色彩观察活动，能够使学生获得丰富的色彩体验。同时，学生对网络应用有较强的兴趣，教师组织学生进行网络美术作品和信息的搜集，也可以创造更多色彩体验的机会。例如，教学上教版三年级上册教材中《旋转的短线》时，教师先利用多媒体展示一组图片，要求学生仔细观察，再给予启示："梵高爷爷用各种深浅不同的蓝色画出了夜晚的天空，用明亮的黄色画出了星星和月亮。用蓝色和黄色，色彩鲜明，对比强烈，给人一种激动不安的感觉。仔细观察这些图片，你们能将图片信息做具体的介绍吗？"提出任务后，学生开始观察图片，被精美的画面吸引。在具体介绍环节，教师鼓励学生从色彩的角度进行介绍。这样学生介绍图片时，其色彩感认知得到进一步体现。如夜晚的星空中，学生介绍月亮和星海，主要关注色彩和形状这两个方面，其色彩辨识意图更为明显，不断强化相关认知。然后，教师再借助多媒体介绍图片的详细信息，给学生提供色彩辨识的机会。因为画面奇特，带有梦幻色彩，自然能够对学生感官形成冲击，起到较好的调动作用。再加上月亮、星空对学生有较强的吸引力，其色彩感应也会更为强烈，教师从这个角度出发，巧用多媒体创设情境，获得了显著的教学效果。

（二）从美术创作入手，形成色彩感

在实施教学活动的过程中，教师要针对学生的色彩应用能力、色彩感知能力开

展多元化教学。教师要组织多种美术创作活动,在创作美术作品、积累美术知识的同时培养学生的色彩感,提升学生的美术学习技能。为此,教师必须尝试建立"学以致用"的全新教学模式,将色彩感应用到课堂当中,鼓励学生以不同色彩创作美术作品,启发学生的创造力。除此之外,选择合适的美术资源进行创作,可以有效提升学生的美术技能,加快学生色彩感的形成。以我校校本教材中梵高的《向日葵》一课为例,教师可利用相关颜色的对比教学培养学生的色彩感。在课堂教学中,以"不同状态的向日葵"为主题,教师可以要求学生进行美术创作,利用深浅不同的黄色来表现向日葵不同状态下的特点。学生画出向日葵的主要情境,通过深浅不同的黄色创作作品:当使用明亮的黄色时,作品中的情境是"盛开的向日葵",花朵开放十分自然,画面也会让人感到舒适;但深黄色则不同,能更好地表达出"枯萎的向日葵",同时棕黄色能表达出"花瓣掉光的向日葵",但过度使用棕黄色反而会使画面变得更为压抑,影响作品的表现效果。在创作的过程中,学生对不同色彩的表现特点形成了一个初步的认识,同时积累了美术学习经验。也正是通过这种开放式的美术创作过程,学生可以快速掌握色彩的表现特点,从而形成自身的色彩感。

(三)增加课堂游戏,融入色彩教学

儿童教育中常常提到"游戏是儿童的天性",小学生正处在好玩好动、精力旺盛的阶段,对于有趣的游戏活动兴趣十足。为了在课堂教学中培养学生的色彩感,教师不妨尝试增设游戏环节,牢记培养学生色彩感的教学目标,把教学内容和游戏相融合,让学生在做游戏的过程中轻松愉快地汲取美术知识,增强对色彩的感知和应用能力,提升课堂教学效果。同时,运用在美术课堂中设置游戏环节的教学方式,教师应当协调好课堂教学和游戏娱乐之间的关系。游戏活动的重心并不是让学生放松玩耍,而是借助游戏的方式让学生以一种更为轻松的方式学习。这样,学生在学习过程中也能拥有愉悦的心境,有助于学生学习和成长。游戏多种多样,既有需要多人协作的,又有单人对抗的,共同特点是要求学生调动思维、积极思考。可以说,在课堂教学中融入游戏是学生喜闻乐见的学习方式,能在激发学生对色彩的学习兴趣的同时,缓解学生的学习压力。

总之,色彩感的培养对小学美术教学目标的全面落实有着至关重要的影响。要加快学生色彩感的生成,培养学生的色彩感知与色彩应用能力,教师要建立集"色彩鉴赏、色彩认知、色彩应用"于一体的美术教学模式,挖掘色彩的艺术价值,启发学生的审美情趣,培养学生色彩感。

同时,美术教师开展美术教育教学活动的主要目的在于培养学生的审美能力和艺术创造力。具体来讲,需要引导学生掌握基础的美术知识以及绘画表现能力,同时在这一过程当中获得艺术素养的培养。身为美术教育教学活动的主导者,教师也会通过对课程的设计和教授,根据教育时代发展需要及教育背景现状不断学习,提升自身的教育教学能力,尤其要掌握先进的美术专业教学方式。从而利用先进的教学技术和教学手段,提高美术教育教学效率和水平,使学生获得更好的知识能力以及素养的培养。需要注意的是有些学生显示出较高的美术艺术天赋,教师就需要对其给予相当的重视,并能够采取合理的方式挖掘学生身上的潜力,为我国培养更多的高素质美术艺术人才。同时也可以发挥他们的带动作用,提高整个班级的美术艺术素养。这需要教师以认真的态度持续努力,会有重要的价值和巨大的成就感,因此一切都是值得的。

参考文献:

[1] 冯艳.小学美术教学对学生色彩感的培养策略研究[J].美术教育研究,2021(6).

[2] 魏海燕.浅谈小学美术教学中培养学生色彩感的方法[J].教学管理与教育研究,2020(24).

音乐图谱在小学音乐教学中的运用研究

上海市浦东新区进才实验小学　孙　立

【摘　要】Musicograma（音乐图谱）是比利时音乐教育家乔斯·威塔克创建的一个概念，旨在通过绘制简单的图案让儿童和音乐初学者理解古典音乐。这种方法让传统的乐谱被更简单的符号所取代，所有年龄段的非专业人员都可以使用这些符号。使用音乐图谱的目的，是帮助感知旋律、节奏和理解作品的整体结构。它把抽象的音乐旋律转化为形象生动的图案，从而让音乐教学事半功倍。如何更有效地在课堂中使用音乐图谱，成为每个音乐教育工作者亟须探讨的重要话题。

【关键词】音乐图谱　音乐欣赏　音乐教学策略

音乐欣赏在儿童音乐学习中占有重要地位。音乐欣赏曲目在中小学课本中占了一半的比重。低年级的音乐欣赏作品篇幅较短，时长一般不超过三分钟；高年级的音乐欣赏作品篇幅增加，时长达到八至十分钟。低年级学生由于年龄较小，注意力高度集中的时间较短，欣赏曲目又较为抽象，不利于学生理解。因而，教师要重视培养学生对音乐的听觉与联觉反应能力，帮助学生积累音乐的情感体验和感性经验。音乐图谱无疑是一个很好的教学辅助工具，它能培养学生在小学阶段聆听大量经典音乐作品的习惯，并帮助学生建立起音乐与人生正面的、积极的关系，从而为走好以后的音乐学习之路奠定良好基础。

一、初步认识音乐图谱

如何让学生更加高效地去聆听和理解经典音乐作品呢？笔者认为音乐图谱是一个理想的助手。Musicograma（音乐图谱）是比利时音乐教育家乔斯·威塔克创建的概念，旨在通过绘制简单的图案让儿童和音乐初学者理解古典音乐。

（一）创始人介绍：乔斯·威塔克于1935年3月23日出生于比利时根特。他在卢万大学莱门斯研究所获得作曲、钢琴、管风琴和教育学学位，成为音乐教育学教授。他曾在比利时那慕尔音乐学院、荷兰蒂尔堡音乐学院和法国里昂音乐学院任教，并担任南加州大学的客座教授。在国际音乐教育的职业生涯中，他根据奥尔夫的原则开发了一种积极和创造性的音乐教育方法Musicograma（音乐图谱），在培训音乐教师方面为国际音乐教育的发展做出了重大贡献，1995年获得德国慕尼黑卡尔·奥夫基金会颁发的Pro Merito奖。

（二）音乐图谱分为四类：体态律动图谱、符号图谱、图画图谱及字母图形谱。

二、音乐图谱介绍及其运用

（一）体态律动图谱及其运用

1. 体态律动图谱介绍。体态律动教学源自达尔克罗兹体态律动教学。它把听到的音乐用动作表现出来，从而加强对音乐的体验和记忆。体态律动的动作一般分为原地动作和移动动作。原地动作包括：拍手、指挥、摇摆、弯腰、说话、歌唱等；移动动作包括：走、跑、爬、蹦、跳、滑等。在体态律动教学中，学生随着音乐自由地运动，通过各种动作即兴、创造性地表现他们聆听的音乐。这些动作可以和身体的高、中、低位置结合，也可以用人的头、身、臂、手、脚等各个部位，与歌声的动作、体感、表演等相互配合，表示不同的节奏、旋律、和声、复调、曲式等。体态律动图谱是搭配体态律动一起使用的一种多媒体课件，一般由十几张图片组成。它的背景贴合音乐主题，图案简洁鲜明、一目了然，常以节奏符号或者身体部位插图为主，旁边标以旋律反复的次数。

2. 体态律动图谱在空中课堂的运用。体态律动图谱清楚地在画面中显现出原地动作的各个拍击部位，帮助学生感知节奏，通过可视化的方法，"看"到节奏的规律。这在空中课堂中已被广泛运用。上海疫情期间在线上教学中，本校音乐备课组广泛将其运用到课前热身活动环节。它的音乐素材一般以课外内容为主，包括各种有节奏感的歌曲以及古典小型作品，音乐句具有多次重复、简单有趣等特点。

3. 体态律动图谱在课堂上的运用。体态律动图谱简单易懂，在线下课堂上多用于教师导入环节之后或律动进教室环节。通过一定次数的训练，可提高学生的集体合作意识和注意力，让学生们快速进入上课状态。他们意识到：在大家一起合作的过程中，若注意力稍不集中，便会出现错误并暴露在大家面前。于是学生们在此环节都会集中精力、表现出色，以便在全班同学面前展现自己的最佳状态，也为之后的

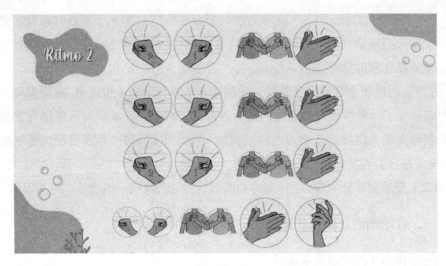

图1 体态律动图谱《水手之歌》

教学环节打下了良好基础。

教学建议：

1. 律动进教室：播放《水手之歌》，让学生跟随其中的打击乐节奏，踏步拍手进教室。

2. 出示体态律动图谱，先不听音乐，教师带领学生熟悉握拳敲腿、拍手、拍击胸口和响指的动作，随后以小组为单位，分别练习，如果某组学生能整齐做对三遍以上，则过关。

3. 播放音乐，过关的小组根据音乐节奏做出相对应的体态律动动作。

4. 全班一起跟着音乐做动作，如果有学生仍然跟不上，课后老师或学生代表单独辅导。

（二）符号图谱及其运用

1. 符号图谱介绍。符号图谱一般由点（小圆点，大圆点）、线段（直线，曲线）、简单图形（圆形，三角形，正方形，箭头）以及音乐记号（反复记号，拍号）等音乐元素组成，用来标示音乐的高低、强弱、长短、反复以及使用的乐器、演唱演奏的分工等。教师先要对乐曲结构非常熟悉，才能编绘符号图谱，并跟着音乐描绘它。学生也可自行设计符号图谱，用来记录自己创作的音乐。符号图谱除了可以用黑笔描绘，也可以用彩笔，用不同颜色代表音乐的不同段落，或者像弹钢琴一样跟着乐曲节奏点出图谱中的圆点。

2. 符号图谱在空中课堂中的运用。上海疫情期间,我校使用钉钉作为线上教学工具。钉钉中有一个非常便捷的"家校本"功能,帮助教师迅速布置活动作业,学生自愿参与,可提交视频、语音或者图片。"家校本"成为家校互动的理想助手。这次空中课堂中,笔者选用了两首乐曲和学生进行互动。一年级选用了莫扎特的作品《小星星》,二年级选用了巴赫的作品《G大调小步舞曲》。两首乐曲都有节奏简单、耳熟能详的特点,适合符号图谱的初学者。笔者先用彩笔画出图案,再配以音乐,用视频的方式向学生展示绘制过程,并在课后鼓励学生发挥自己的想象力,画出天空中的各种元素。实践证明:加入符号图谱的空中课堂互动率更高,学生的动手能力和想象力也被充分激发出来。从绘制图谱到拍摄视频,大家充分享受参与互动的过程,并能留下一幅充满艺术性的作品。在学生充分掌握乐曲结构以后,可适当增加难度,边听音乐边现场绘图。

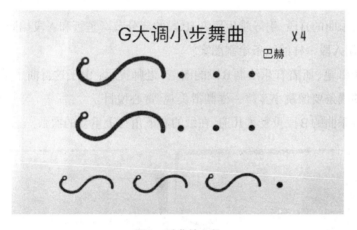

图2　乐曲的A段

线下教学建议:

课前准备工具:纸,记号笔。

1. 播放小步舞曲完整音频,请学生先用身体乐器打拍,说说是几拍子的、情绪是怎么样的。

2. 出示图1,播放A段音乐,让学生跟随音乐在空中将旋律线条描绘出来。

3. 拿出准备好的纸和笔,边听音乐边在纸上描绘图案。由于三四拍的强弱规律是强弱弱,老师在图谱中画了一个空心的圆圈代表第一拍的强拍。

4. 音乐播放完毕,请学生数数A段重复了几遍,在白纸右上角写上重复的次数。

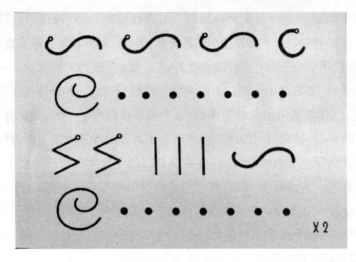

图3　乐曲的B段

5.播放乐曲的B段,引导学生思考,B段的部分节奏是否和A段相同? 若节奏相同,能否使用A段一样的线条绘制图案?

6.拿出纸笔,听着音乐绘制B段的图谱,老师提示:由于这首曲子是小步舞曲,所以绘制的线条要像跳小步舞一样圆滑美观、赏心悦目。

7.听听乐曲的B段重复了几遍,在纸的右下角写上重复的次数。

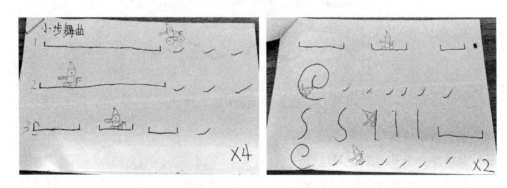

图4　学生的作品(学生参考老师的思路,结合自己的想象绘制的符号图谱)

(三)图画图谱及其运用

1.图画图谱的介绍。相对于符号图谱,图画图谱则更为美观生动。一般图画图谱的内容和音乐主题相同。如《火车波尔卡》,图画图谱的内容就是围绕着火车和乘客来绘制的。严谨的图画图谱和五线谱一样,绘有音乐表情术语、小节线和反复记号,乐曲的结构一目了然。图画图谱的作者要对音乐结构理解透彻,并有良好的绘画功底和丰富的想象力。迪士尼有一部音乐电影《幻想曲》，其中的音乐和动画水乳相融，观者无不拍手叫好。图画图谱就像把音乐动画简化成了一幅幅小分镜，教师们无须大制作也能收获良好的教学效果。

2. 图画图谱在空中课堂中的运用。空中课堂的互动方式有：答题卡、家校本，以及师生钉群文字互动和直播课堂互动。由于音乐学科的特殊性，不少课后互动方式都需要拍摄视频上传。而图画图谱为空中课堂教学提供了一种新的互动方式：让音乐从听觉的抽象变成视觉的具象。笔者在使用前，先帮助学生充分理解乐曲的文化背景及曲式结构，最后亮出图谱画龙点睛。图谱像一部"微电影"，帮助学生理解曲式结构，跟着音乐欣赏一遍以后，仿佛站在了作曲家创作的角度，充分审视、体验了乐曲的场景。在空中课堂中，笔者使用到的图画图谱有一年级的《玩具兵进行曲》《火车波尔卡》、二年级的《在钟表店里》《洋娃娃和小熊跳舞》。《在钟表店里》音效很多，有小闹钟、大摆钟，以及咕咕钟等多种音效，图谱绘制出了钟表店热闹的情景，此类图谱不需教师的太多指导，孩子们自己听着音乐也能找出门道。在空中课堂中，笔者使用在线课堂，先跟学生们讲解图谱的上半部分，下半部分由他们听音乐自己完成，不少学生把图谱打印出来，或者放在电子设备中，让家长协助拍摄视频上传

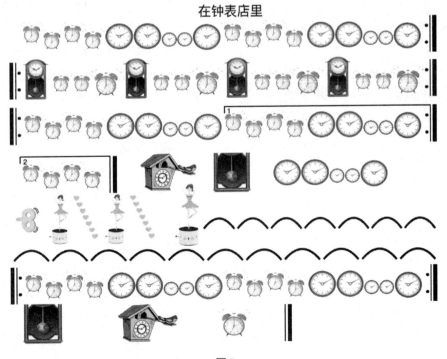

图5

家校本,这样就完成了一个极具观赏性的互动视频。

线下教学建议:

1. 图画图谱建议用在第二课时,在学生对乐曲结构大致熟悉之后,出示图画图谱。(条件允许的情况下,建议人手一张)

2. 再次播放全曲,引导学生边听音乐边在图谱上指出图案的走向。(教师应再复习巩固一下谱面上的各种记号:反复记号,终止线等)

3. 请出学生代表上台表演,核对与正确答案是否一致。

(四)字母图形谱及其运用

小学低年级学习歌曲时,学生一般尚未熟读五线谱的唱名,所以在初学歌曲时,将曲调的图形谱加上带上唱名的字母,成为识谱教学的一种过渡。字母谱中上下波动的旋律线也让音高和旋律走向一目了然。结合科尔文手势就能让学生轻松找准音高。字母谱一般以首调为基准。对于已经能熟读五线谱或拥有固定音高的学生来说,首调唱名可能会对其听觉和读谱产生一定干扰,所以使用字母谱要考虑学生的具体情况。

在高年级的教材中,也可以看到字母谱的出现(见图6),字母谱广泛应用在欣赏曲中,其目的是让学生掌握欣赏曲目主旋律的演唱,用简约美观的形式代替相对复杂密集的五线谱,给学生带来一种视觉上的享受。

教学建议:

1. 在PPT上出示字母图谱,老师带着学生边做科尔文手势,边把图谱上的音唱一遍(对音准较弱的班级可以辅助钢琴)。

2. 播放全曲,让学生听辨,图谱上的音在哪里出现?听到旋律出现后,用科尔文手势边做边演唱。

3. 部分学生能熟练演奏吹奏乐器(如葫芦丝、口琴、竖笛、口风琴等)最

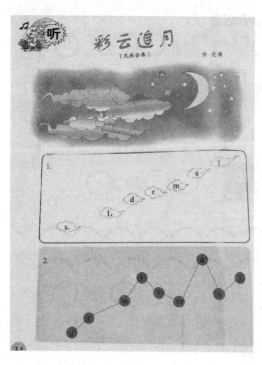

图6

后齐奏旋律线,通过演奏乐器进一步加深印象。

三、音乐图谱在教学过程中的使用分析

在课堂教学过程中,只有正确运用好音乐图谱,才能提升教学效率。建议使用前思考好使用图谱是否能更好地完成单元教学目标,比如是否能帮助学生更好地感知音乐情感与形象,是否能感知速度和力度的变化。再者应考虑使用位置。建议以音乐为本,让音乐图谱与作品中音乐要素紧密相连。在教学设计过程中,纵观全曲,先对作品的音乐段落、音乐主题和主旋律有充分的了解,再着手设计音乐图谱,就能帮助学生更好地抓住音乐作品的特点。

音乐是听觉的艺术。音乐图谱在使用时若能恰到好处,就能很好地激发学生的兴趣。例如学习欣赏曲目《在钟表店里》时,通过用四种形态各异的钟表来表示音符,通过变换钟表的大小来表示旋律的起伏和音符时值的变化,目的就是让学生更直观地理解各种音乐要素,感知节拍、速度和力度的变化。图画图谱更适合低年级音乐欣赏教学,让学生先对音乐产生兴趣,再深化学生对音乐作品的记忆理解,以及对音乐相关文化的深入认知。

当学生能熟练运用图谱后,教师还应注意课后反思,及时发现并改进教学方法。具体要看学生的实际上课情况:假如多数学生都不能及时认读图谱,说明图谱设计得过于晦涩难懂,这时教师就要适当修改图谱;若是学生在课中频繁走神开小差,说明音乐图谱很难激发学习兴趣,这时教师要思考图谱是否过于抽象,可以增添一些更为丰富的图形,或者增加更丰富的色彩。最关键的是,教师要时刻注意图谱内容是否能和音乐要素形成联系。教师还要指导生生互评,使学生了解哪种学习方法比较有效,以及哪种互动方式是最受青睐的,以便于完善自己的不足,从而提高学生音乐素养。

四、总结

综上所述,音乐图谱作为一种行之有效的教学辅助手段,在小学音乐教学中意义重大。它通过符号、图像等各种趣味图案,帮助学生形象地认识抽象的乐曲。利用好音乐图谱,可以提高学生对音乐要素的认识,让教师的教学效果显著提升。如何让"音乐"和"图谱"合二为一,使音乐课堂教学更具艺术性、生动性和趣味性,是一项需要持续研究的课题。教师要围绕小学音乐教学基本要求,紧扣单元教学目标,加强音乐图谱与音乐要素的关联性研究,提高学生的审美能力,强化学生的音乐记忆,促进学生音乐素养的全面提升并实现音乐能力的全面发展。

小学美术学科育人之初探

上海市浦东新区进才实验小学西校　朱　丹

【摘　要】为了让学生更加有效地参与到美术教学活动中，全面贯彻落实当前"德智体美劳"五育并举的方针，本文根据学科教学的特点，分析了如何通过美术教学在课堂中渗透德育美育。美术教学中的美，不仅仅是美术作品的美，也可以是教学中渗透的德育美、活动中展现的创意美、分享成果时的自信美……各美其美，美美与共。

【关键词】立德育人　创新育人　审美育人

《义务教育艺术课程标准（2022年版）》中提出：义务教育艺术课程以立德树人为根本任务，培育和践行社会主义核心价值观，着力加强社会主义先进文化、革命文化、中华优秀传统文化的教育；坚持以美育人、以美化人、以美润心、以美培元，引领学生在健康向上的审美实践中感知、体验与理解艺术，逐步提高感受美、欣赏美、表现美、创造美的能力，抵制低俗、庸俗、媚俗倾向；引导学生树立正确的历史观、民族观、国家观、文化观，增强爱党、爱国、爱社会主义的情感，坚定文化自信，提升人文素养，树立人类命运共同体意识，为实现中华民族伟大复兴而不懈奋斗。

如果说所有的艺术都在做一件事儿，那就是表达情感。如果说所有的教育都是在培养某种能力，那艺术教育的首要任务就是培养一个人的感知能力和表达能力。爱画画是孩子的天性，孩子生而喜爱画画，他们常常能从画画中获得快乐和成就感。可是在与一些学生家长的交流中，我也听到过一些家长的抱怨，他们觉得自己的孩子"不爱画画""只会乱涂乱画"。这到底是孩子出了问题，还是家长出了问题？

一、小学美术与"立德育人"的融合

于漪老师曾经说过:"教师在传授知识、培养能力的同时,向学生撒播理想的种子、美好情操的种子。这样,这个孩子才能明确人生奋斗的方向,明确人生的意义和价值;既懂得做人的底线,有追求的目标,又有生存的本领。我想,这就是一名好教师应该全力以赴做的事情。"美术教学又何尝不是如此呢?

(一) 基于学科、超越学科: 面向学生、面向实际

从事美术教育工作近十年,我充分地认识到德育教育在美术教学中的重要地位,学生通过美术课的学习,认识到人与人之间的情感态度价值观的差异性,学会尊重他人,并且要具有高尚的品德和情感。美术教学中孕育着德育的功能,在具体的教学中,我在导入、欣赏、总结、拓展这些环节中,把德育教育渗透其中,关注"有效融通"。

教学中应遵循学校美术资源的实际情况和发展需要,根据学生特点来制订教学方案。美术是一门融入生活、融入思维的艺术。我们所生活的环境,是具有丰富色彩的缤纷世界。美术课较其他学科更为凸显的是,它有灵动性,能够激发学生的兴趣;它有创造性,能够赋予学生想象;它有趣味性,能够带给学生更多的欢愉。美术作为一门艺术课程,应该让所有的学生真正参与其中,享受艺术的乐趣,不囿于教材,不囿于标准。

例如在二年级《用色彩画心情》这堂课上,我通过让学生听音乐来感受和表达心情,并教他们用色彩表现心情,把画好的心情画做成自己喜欢的许愿瓶,好心情就把它装进许愿瓶许愿,坏心情就装进瓶子将它漂走,孩子们个个都很投入。课上有一个学生将许愿瓶中的画画得乱七八糟,颜色也很灰暗,和他小声交流过后得知,是因为爸爸妈妈让他做很多课外作业而烦恼。从画中我能真切地感受到他在抒发自己的情感,甚至是宣泄心中的怒火,经过我的疏导,他将烦恼画进瓶子漂走,那个快乐的他又回来了。有时候透过孩子的角度去想问题其实很简单:再复杂的事,他们只需要尽情地在纸上去表达自己。而老师积极呼应他们,与他们一起勇敢地表现自己就好。

(二) 始于课堂、走出课堂: 面向生活、面向体验

其实艺术来源于生活,与我们的生活实际密不可分,但它又是高于生活的。《我们的心愿》是一年级《动物乐园》单元中的一课,通过学习学生了解不同的动物有不

同的生活习性和特征，生存在不同的自然环境中。学生通过讨论，想象各种动物和人在一起的有趣场景：大象的鼻子很神奇，可以给小朋友洗澡，可以摇铃；长颈鹿的脖子很长，可以当滑梯，可以成为登高望远的工具；孔雀的尾巴很漂亮，可以和小朋友一起跳舞……概括出构思的与众不同，人和动物和睦相处的主题突出。本课的教学，进一步激发了学生以实际行动保护环境和动物的情感，了解保护环境的重要性，取得了良好的效果。本堂课的内容让他们更懂得人与动物和谐相处是多么和谐美好的画面，通过艺术创作激发心底的爱与灵感，让画纸变成他们表达内心的桥梁，蜡笔的色彩成为表达他们心情的芳草地。随着网络时代的到来，人与人之间的联系看似越来越方便，但是情感却越来越淡，所以德育在教学中的地位越来越重了，美术教育要从各个年龄层次的学生特点出发，分析现状，进行德育渗透。

二、小学美术与"创新育人"的融合

美术教育是培养创新精神最有效的教育门类之一。因为创造和超越是美术的灵魂，可以说，没有创造，就不会有美术。美术作品的价值在很大程度上是由独创性体现出来的。

（一）体验学习、探究学习：尊重天性、激发灵性

在美术课堂的教学过程中，要根据教学内容增添一些能让学生感兴趣的东西，激发学习兴趣，不仅可以更好地提升孩子们的积极性，也能拓展孩子们的创新思维。在开展一些手工制作类的课程时，让学生带一些平时课堂中不大用到的东西，例如二年级的《报纸变花衣》这节课，孩子们在报纸上画上自己喜欢的图案和颜色，并定制成他们喜欢的服装，然后在班级里开展一次真人走秀活动，各自穿上自己设计的报纸新衣，过一把模特的瘾。孩子有的作为设计师，有的作为评委，进行了一场时装秀，每一位学生都很积极地参与到美术课堂中。课后有的孩子还抓着我的手和我分享他的设计理念与成果，从他们的脸上，我看到的是发自内心的喜爱和快乐，这不就是一位美术教育者想看到的成就吗？

（二）拓展学习、自主学习：调动悟性、培养特性

在这里分享一个一年级的教学案例《未来汽车》：课前我让学生一人准备一辆自己最喜欢的玩具小汽车来到学校，与同学们一起交流分享；课上学生展示交流自己玩具车的功能和外形，并想象如何让自己的车"变形"成一辆未来汽车。让我印

象非常深刻的是小浩的作品。小浩在平时的美术课上并不是很积极,甚至有些偷懒,但是那节课他听得格外认真,最后作品的效果也是出乎大家的意料。他画的《太阳能房车》非常有想法,介绍中他说:这是一辆具有充电和太阳能二合一功能的车,车身空间很大,是双层的,可以带着父母和家人出去旅游……那次交流他说得特别投入和自信,仿佛自己就变成了那个汽车设计师。那以后的美术课,他都听得特别认真,画画也比原先积极。美术似乎有一种"魔力",让孩子们沉浸于自己的想象,产生无限的创造意识,而这种创造力正是孩子内心最真挚的想法和动力源泉。

培养学生的创新精神是美术教学的重要目的之一,作为一名美术教师,我们可以运用多种灵活多变的手段去表现它,学生学会将自己的想象展现在作品中,并根据自己的兴趣、爱好和特点,选择自己喜欢的表现方式进行创作。让学生能够自主去认识新事物,培养他们的审美观念,并提高创新能力,这才是实现创新与实践的根本所在。

三、小学美术与"审美育人"的融合

审美是人类掌握世界的一种特殊形式,指人与世界(社会和自然)形成一种无功利的、形象的和情感的关系状态。对于刚刚步入小学阶段的学生而言,在其认知水平还不高、所接触的美术作品也相对有限的基础上,首先应该激发学生的好奇心和想象力。教师可以从学生感兴趣的美术作品的欣赏开始,调动学生对美术作品的好奇心。在此基础上,让学生接触大量高水平的美术作品,用这些优秀的美术作品丰富学生积累、提高审美眼界。创设条件让美术能够欣赏自然和生活,并在其中寻找和发现美,使学生的审美活动社会化。

(一)活而有方、活而有道:打开思想、打开心灵

都说艺术可以给人以美的享受,能震撼人的心灵,通过美术教学活动让孩子们走近大师,能让他们感受到不一样的艺术文化。同时也能增进他们敏锐地观察、领悟世界的意识与审美感,发展审美判断能力。在居家防疫线上学习中,四年级美术的网上教学活动也是不拘泥于传统课堂的教学模式。《与大师对话》单元便带着学生足不出户观展,欣赏大师的艺术作品,与大师来了一次近距离接触,感受艺术的魅力。第一课大家认识了法国艺术家VAL的雕塑作品。在VAL眼中,雕塑是充满力量而具有宇宙内涵的咏唱,经过VAL之手的人物雕塑,并没有刻意刻画面部线条,却展现出人们所能够体会的切实姿态,并与其他人物形象及周围形体产生共鸣。在这

样的环境背景下，让学生切身体会与感受艺术家创作时的内心想法，学着大师的模样去创作。其中有一位同学的作品让全班的学生和我印象深刻——《橱窗里的模特》，两个瘦高型的锡纸雕塑人物被摆放在盒中，一个坐着、一个站着，他的雕塑人物学得像模像样，橱窗里的模特这样的构思不由得引人深思，他们正在展示什么，还是他们在思考什么呢？我想这就是艺术带给学生们的魅力所在吧！

（二）活而有趣、活而有力：打开智慧、打开行动

美术课堂的教学应该是生动的、活泼的、充满想象力的，也能够激发学生的主观能动性和良好的美术素养的一种教学活动。如上教版四年级的《写生身边的风景》一课，老师带着学生走出课堂，到秋天的校园里去写生，画一画平时不曾注意的校园一角，去发现和体验校园的美。让学生学会低头，看看落在地上的缤纷落叶；让学生学会仰望，瞧瞧金秋树上的累累果实，让学生学会聚焦，感悟大自然金秋独特之美。锻炼他们观察事物细节的习惯和独立写生创作的能力。其中就有两位学生的作品让全班同学刮目相看。小林同学空间感很好，他画的远中近景层次鲜明，虽然线条略显稚嫩，但整幅作品效果不错！小芸同学的作品画的是校园极小的一个角落，虽缺少了点画面层次感，但是画面中的植物栩栩如生，一片叶、一朵花都刻画出了神韵，可见她的观察能力和表现力很强！在这样一个校园写生的过程中，不仅挖掘了学生们"隐藏"的实力，也给了他们信心和创作的积极性。

美术作品好不好看，每个人的标准都不一样。我们重视从小就对孩子进行美育教育，不是期望他们成为一名画家，而是希望他们通过美的熏陶，能拥有一双"发现美的眼睛"。画画或者艺术创作，本就需要调动我们心里大量的内在感受的感性力量，也可以说是情感体验。特别是学生在自主创作时，更需要面对自己的内心继而用画笔表达感受，这是一种真实的自我表达，没有绝对的"好"与"差"的评判。因此无论创造多好的学习环境，去激发学生学习兴趣，都不如放开手让他们自己去实践来得更实在。培养自主学习的能力，引导学生独立思考，并与他们建立良好的关系，抓住学生心理特点，使学习融入教学，创设宽松和谐的学习氛围。

"美术是人类文化最早和最重要的载体之一，运用美术形式传递情感和思想是整个人类历史中的一种重要的文化行为。美术教师在教学中对待学生的美术学习绝不仅仅是一种单纯的技能技巧训练，而是将美术学习视为一种文化学习，使学生通过美术学习，认识人的情感、态度、价值观的差异性，人类社会的丰富性，美术表现的多样性，了解文化的多样性以及对社会的独特贡献。"这是《新版课程标准解析与

教学指导》中对于美术与人类文化关系的描述。小小的一堂美术课,渗透了老师对学生的关爱和情意,在课上老师不仅是教书更是育人,只会机械授课的课堂是不圆满的,我认为美术课堂就应该是多姿多彩、充满爱的课堂!

参考文献:

[1] 教育部.义务教育艺术课程标准(2022年版)[M].北京:北京师范大学出版社,2022.

[2] 程笑冉.美育,从培养孩子画画开始[J].北京:机械工业出版社,2020.

[3] 尹少淳.美术课程标准解读[M].北京:北京师范大学出版社,2002.

[4] 罗炜.新版课程标准解析与教学指导·艺术[M].北京:北京师范大学出版社,2012.

"双减"背景下社团发展学生音乐核心素养的探究

上海市浦东新区进才实验小学西校　程　璐

【摘　要】近年来，"核心素养"成为教育改革新风向，也是我们需要重点关注的培养目标。就音乐学科而言，依托"社团"这一有效的载体，充分提高学生的音乐兴趣、音乐认知、音乐实践能力，对于培养学生音乐核心素养有着重要意义。"双减"政策的落地，为我们社团活动提质增效提供了更多时间和空间。在本文中，首先就"双减"背景下音乐社团在发展学生音乐核心素养中的价值意义进行探讨，其次，就"双减"背景下如何依托音乐社团发展学生音乐核心素养的具体实施方案进行研究分析，希望通过本文，为"双减"背景下如何培养学生音乐核心素养提供一些有益参考和借鉴。

【关键词】"双减"　音乐社团　音乐核心素养

教育部于2021年7月份印发了《关于进一步减轻义务教育阶段学生作业负担和校外培训负担的意见》，"双减"通知的出台，使中小学生作业重负的问题得到了一定程度的缓解。《意见》同时要求要切实转变教育观念、树立全面实施素质教育思想。在此背景下，我们要更加关注学生自主学习能力的提升、重视学生综合素质发展，并用"双减"带来的契机，推动校园综合育人实践活动的深入开展。学生的成长不止一尺课桌的课本习题，不止黑板白字的重点难点，不止千篇一律的学习生活。学生的成长应充满个性，应丰富多彩。社团活动就为学生的蓬勃生长以及个性发展提供了无限可能性。"双减"背景下，我们要重视通过"音乐社团"这一有效的载体，进一步凝聚学生活力，渗透育人理念，让"音乐社团"能够在学生音乐核心素养发展过程中发挥更加积极的作用。

一、音乐社团对于学生音乐核心素养发展的促进作用

音乐社团是指在教师指导和组织下，由具有相关爱好的学生自发成立，开展音

乐实践、音乐欣赏、交流等活动的组织。音乐社团活动一般利用学生课余时间,在发展学生积极健康爱好、促进学生全面发展、融洽学生关系,以及贯彻素质教育方面有着重要意义。近年来,学校高度重视社团活动对于学生音乐素养的培养和熏陶,激发学生内在的潜能,积极鼓励并引导学生参加音乐社团活动。从音乐核心素养的角度来看,小学阶段学生应当具备的音乐核心素养包括音乐兴趣、音乐认知、音乐审美、音乐实践等。从音乐核心素养的角度来看,音乐社团的作用主要如下:

(一) 提升学生音乐兴趣

很多学生对于音乐课堂之所以兴趣不高,其中一个重要的原因就是虽然教学的内容相较于语文、数学等科目更加灵活多样,但是受到老师的管束的状态却没有得到改变。而在社团活动中,学生能够得到一定属于自己的时间和空间,拥有一定的自由度。音乐社团的活动相对传统课堂内容也更多样化,学生可以找到更加适合自己学习发展的音乐方向,比如器乐演奏、演唱、表演等,使得学生对于音乐活动的积极性和主动性能够有所提升。

例如我校目前已开展了小组唱、合唱、小小音乐剧、二胡、柳琴等不同的音乐社团活动,让学生可以自由地根据自己的喜好和兴趣在老师的帮助下选择最适合自己的音乐社团。只有自己对于音乐有了一定的兴趣,才能更加认真地去主动学习;只有找到了适合自己的音乐社团,才能尽可能地避免在学习过程中受到阻碍。因此在学期始末,我们都可以对学生进行问卷调查,从而了解学生在学习过程中的困惑和收获。了解他们真正想要的,再结合教师的实际教学,使得学生得到进一步的提高。

(二) 增强学生音乐认知能力、鉴赏能力

学生的音乐认知能力包括对于基本乐理知识的掌握,对于音乐风格、表现形式的基本认识。要实现学生音乐认知能力的发展,除了需要教师加强引导和灌输,还需要学生进行自主学习、自主探究。在音乐社团,一方面,大家都是因为音乐的热爱而凝聚到一起,是一群热爱音乐的孩子,有良好的氛围作为支撑,大家相互学习音乐的积极性会有所提升;另一方面,因为没有了以前老师的绝对管束,学生能够较为自由地安排自己学习和训练的时间,并且可以和其他学生进行相互探讨学习,在其中,学生的音乐认知能力能够得到有效的提升。此外,通过围绕音乐作品开展自主欣赏、自主交流探讨,同学们对于音乐作品的赏析能力也会有所提升。

（三）发展学生音乐实践能力

核心素养的发展，要求进一步突出以学生为中心的理念，要求教师在教学过程中，更加强调以学生为主体。而以学生为主体的理念，所体现出来的一个重要特点就是让学生成为教育活动的主导者，教育活动设计、组织开展都是围绕学生的实际需求出发。社团的"自主性"，能够给学生更多自我展示、自我管理、自我提升的空间，不仅能够充分提高学生的音乐实践能力，也能够有效突出以学生为主体的理念。

比如以合唱社团为例，在组建社团的开始，学校应该征询学生的意见，听取他们的想法，可以让他们自己设计合唱团的名称并且自己来选团长，每节课的点名记录教师也放手交由学生自己。在合唱排练的过程中，在选曲方面也可以采取投票或者问卷的方式，让学生在一定的范围内选择自己心仪的歌曲；在学习歌曲的过程中，可以让学生分成几个小组，先自行解决歌曲的节奏、音高等基本问题。这样的活动方式，让学生有了更多的自主性、自发性，也让教师有更多的时间来更加仔细地关注学生的表现。

另外，对于学生心理的调适也有正面意义。小学生虽然课业压力不是很重，但是由于本身一直处在课堂的固定教育模式下，因此对音乐课程就会产生一定的乏味感、沉闷感。所以在许多时间都会处在一个被动的状况。但是在社团这一载体中，教师将学习、实践的时间和空间都真正留给学生，让学生在这里能够释放天性，解放自我，从而调节学习状态，对学生的心理状态能够带来一定的积极作用。

二、"双减"背景下依托音乐社团发展学生音乐核心素养的方法

（一）激发音乐兴趣，培养音乐意识

俗话说，兴趣是最好的老师。尤其是音乐核心素养，需要持之以恒，不断学习和训练，学生如果对音乐缺乏兴趣，不热爱音乐，那么就难以坚持下去，效果可想而知；相反，如果学生能够具备较好的音乐兴趣和热情，那么就会自觉主动地进行学习、训练、思考，从而不断提升自己的音乐能力。为了能够让学生热爱音乐，在指导学生音乐社团活动的过程中，应当充分强化学生主体意识。首先是要构建起"学校、教师、学生"三位一体的音乐社团服务组织架构，将学生作为音乐社团活动设计的主体之一，并且对于学生要做好指导、激励、评估机制的建设，使得学生能够积极参与到音乐社团活动的设计、策划过程中。其次，教师在指导学生进行社团活动的设计和编排过程中，要鼓励学生积极收集资料，这种方式的主要作用是让学生参与社团活动

设计,自己实现对音乐认知的积累和拓展,提升对音乐学习的积极性,此外,也有助于提升音乐社团活动的质量。

(二)利用音乐游戏,让社团活动"动起来"

要让学生在音乐社团中能够充分参与,融入音乐,首先要让学生觉得音乐是有趣的,因此,我们在指导学生音乐社团活动开展的过程中,可以充分利用音乐游戏,调动学生认识音乐、学习音乐、表演音乐的积极性。音乐游戏是以音乐表演为基本内容、以游戏为形式、以增强学生音乐能力为主要目的的特殊的音乐学习训练活动形式。音乐游戏的精髓是"寓学于乐",在表现形式上以游戏为媒介,其最终目的是增强学生的音乐表现能力、音乐兴趣、音乐创意,这也是音乐核心素养的基本要求。

在社团活动中引入音乐游戏,目的是让学生能够在参与游戏的过程中感到快乐,进而提高对于音乐的兴趣,改善音乐核心素养的培养效果。教师在参与音乐社团指导活动的过程中,要帮助学生策划设计好相关的音乐游戏,并且要围绕学生自己的发展特点展开。在音乐游戏的目标制定、策划和具体执行中,都必须充分考虑到学生在学习过程中的基础能力和实际需要,使得学生们既可以在"玩"中学,又可以在"玩"中领悟,从而真正实现音乐核心素养的提升。

不管是在合唱还是在器乐的音乐社团中,在音乐要素中,音乐节奏对于学习音乐来说都是非常重要的。所以在音乐社团中可以加入合适的节奏音乐游戏,让学生在感受节奏感的同时先让社团活动情绪活跃起来。比如教师可以利用简单的打击乐器或者学生自制一些简易的可发声的器具,比如杯子、笔等物品。这些乐器的特点都是音调的变化较小,在强弱的关系上却比较明显,演奏出的音色都较为统一。老师可以选择结构整齐、节奏感强、强弱变化较为明显的音乐,使学生在和着音乐伴奏的同时可以清晰地感受到乐曲的节拍和节奏,通过打击乐的教学培养学生对于音乐节奏的敏感度。

总而言之,教师要将平时比较枯燥的、一成不变的音乐教学内容,借助社团这一载体,用更加有趣的形式来进行替代,在发展学生音乐核心素养的同时,满足其娱乐的需求。

(三)依托社团载体,实施音乐育人

目前,随着核心素养理念的不断发展,对于小学生的音乐教育目标也不断明

确，相较过去，更加重视小学生在音乐学习过程中的全面发展，既包括一些音乐表现技巧和能力，也包括音乐认知、人文情怀、思想品质，等等。过去在很多小学，小学音乐教师囿于传统教育理念，往往比较注重小学生在技巧和能力方面的发展，而忽略在其他方面能力的成长，使得小学生其他方面能力难以获得有效的发展，视野拓展受到不同程度的限制，这些都不利于小学音乐课堂价值的提升。在"双减"视域下，要依托音乐社团这一有形载体，进一步整合优势资源，实施音乐育人，加强对"立德树人"的贯彻和落实。一方面，有效顺应了当下要求促进小学生综合发展的教育理念，通过音乐培养学生的意志、精神，使学生能够在思想精神层面获得更加良好的熏陶；另一方面，积极落实小学生"音乐+德育"教育课程，将有助于小学打造特色课程、特色品牌，促进小学音乐社团的特色化发展。

例如：可以借助社团这一载体，让社团的同学们组织开展以"传统文化中的音乐"为主题的社团活动，并邀请非社团的其他同学一起参与进来，让社团学生发挥活动动员、组织的作用，在活动过程中充分锻炼学生们之间的团结协作能力和综合实践能力。同时，教师要为"传统文化中的音乐"为主题的社团活动提供必要的帮助和指导，甚至可以参与进来。比如在活动过程中，在和学生讲解有关"下雪"主题时，就可以将音乐与古代诗歌联系起来，让学生联想与冬日有关的诗歌，如《江雪》。教师在引导学生进行吟唱时，让学生认识到古代诗歌中的韵律之美，即"平长仄短、平低仄高"的规律，让学生进一步体会诗词所表达的情感，也体会中华文化的博大精深，树立起对传统文化的向往和爱好，在音乐中实现"文化育人"。

三、小结与展望

综上所述，教师应在学生课余时间增加的同时，让课余时间能够在促进学生全面发展方面发挥更大的作用和价值。"双减"背景下，教师的校内教学时间虽然受到了一定程度的减少，却也为教师提供了更多的课后辅导时间和空间，我们要重视通过音乐社团这一有效的载体，进一步引发学生长久的学习动力，并在其基础上形成正确的价值观和审美观，形成重要品格和关键能力，最终茁壮成长，让音乐社团能够在学生音乐核心素养发展过程中发挥更加积极的作用。当然要想取得预期效果，还需要教师充分尊重学生的发展规律，坚持以学生为主的理念，加强活动创新，开发更多多元、生动的形式。

参考文献：

［1］宋艳琼.浅议音乐教育在素质教育中的作用［J］.当代教育论坛,2010(8).

［2］郭越怡.小学课外音乐社团活动的调查研究——以北京地区为例［D］.北京：中央音乐学院,
2011.

［3］赵文静.小学音乐社团活动的现状调查及对策研究.北方音乐,2014(7).

［4］刘欢.义务教育音乐课程标准实施及教学现状探析［D］.贵州师范大学,2014.

［5］丁丽红.小学音乐教学中有效提高唱歌教学的思考［J］.戏剧之家,2016(21):200.

［6］袁丽钦.小学音乐唱歌教学中存在的问题及对策［J］.黄河之声,2014(10):112-113.

律动教学在小学音乐课堂的应用

上海市浦东新区江镇中心小学　张玉凤

　　时代在发展,音乐教学的理念和方法也在不断更新改进。相较传统,现代音乐教学法更注重艺术性的体验、互动、生成和创作。对于小学生来说,好动、好玩、好奇是他们这个年龄段的特点,但是单纯的音乐知识讲授和音乐技巧练习又比较枯燥乏味,学生不易于学习和理解,更容易丧失对音乐学习的兴趣。律动教学正是基于学生的这些特点而研究产生的教学手段。最早有"达尔克罗兹"体态律动教学法——它是一种通过不断调动学生听觉、视觉,唤醒身体本能来感受音乐、学习音乐、表现音乐的教学方法,尔后又衍生出"奥尔夫"音乐教学法、"柯达伊"音乐教学法。这些方法在全世界得到了推广学习和发展。

　　笔者认为,律动教学要抓住"律"和"动"来调动学生的学习。"律"是指音乐的节拍、韵律,"动"是指学生肢体的音乐活动,"律动"就是要教师依托音乐本体引导学生肢体进行"有韵律的音乐活动"。"律动教学"既包括"闻乐而动"的即兴发挥,也可以跟随模仿老师动一动,还可通过游戏律动、歌唱律动、舞蹈律动等感知节奏、速度、力度等各音乐要素。它是把抽象复杂的音乐知识转化为一种生动、有趣的韵律活动的教学方法,对于小学阶段的学生尤具普适性。

一、律动教学的作用

　　音乐教学以审美为核心。"律动教学"就是以律动为突破口,将学生引入音乐审美的世界。纵观小学音乐课堂,无论是欣赏、演唱、游戏还是创编,律动教学总是能用特有的方式训练学生的耳朵、节奏及各种形体动作,使学生获得音乐审美的体验和享受音乐的欢愉。律动教学既能够激发学生音乐本能、增强音乐节奏感,又能促使学生主动学习、培养兴趣,还能提高审美素养、协调身心全面发展。

（一）用"身体"唤醒音乐本能

达尔克罗兹认为："音乐的本质在于对情感的反映。"我们人类区别于其他动物的一个重要特点就是"情感"。"情感"是人的本能，我们身体的各个部分都具有感知情绪的能力，光靠耳朵听或者用手演奏乐器是不够的。"律动教学"通过调动身体各部分机能，启发学生进入音乐，把乐曲情感化为具体动作、节奏和声音，以达到唤醒本能的目的。这种本能一旦被唤醒，学生音乐素养的培养以及他们的想象力、创造力的激发都是不可估量的。

（二）用"趣味"促进主动学习

经常说"兴趣是最好的老师"。但如何找到学生的"兴趣点"以达到事半功倍的教学效果，需要实践和研究。"律动教学"正是抓住小学生年龄心理特点而开展的课堂活动。它并没有严格的动作规定，也没有很高的技能要求。拍拍手、踏踏脚，模仿老师动一动，传个小球玩一玩，就是这么简单。当动听的音乐响起，生动、有趣的律动展现在面前，学生自然而然地就想要去参加活动。当学生参与这种"律动"时，会沉浸在一种快乐和良好的自我感觉气氛中，这是一种艺术上的感受、体验和追求。这时，学生完全摆脱被动的学习状态，充分发挥主观能动性，在不知不觉中促进听觉、动觉、情感思维的发展。

（三）用"律动"协调身心发展

"律动"的语言其实就是音乐的语言。"律动教学"是通过清晰可见的动态形象来传情达意，学习音乐知识的。学生在律动中感受音乐情绪，用身体动作表达音乐情绪，表现出对音乐的认知，在课堂互动中和谐发展。

比如，在《谁来了》的模仿律动中，学生要根据不同的动物音乐做出反应，时而展翅表演"小鸟飞"，时而轻手轻脚模仿小猫走，时而瞪圆眼睛伸出"爪子"告诉大家狮子来了。在这时，学生不但要根据音乐判断出是什么动物来了，还要根据自己对动物的了解想出动作，同时还要尝试什么步子、什么速度比较适合音乐节奏，真是要一心多用。而且，在这特定的情境中，学生由"本角色"进入了"他角色"，由于角色转换，他们的身体活动、思维活动、想象活动都伴随其间，学生之间的互动学习、情感交流、彼此合作、个性特色也都在"律动"中悄悄生发着。"律动教学"对于学生良好性格的培养、身心的健康、非智力因素的培养，都有不可低估的作用。

二、律动教学的方法

如何让"律"与"动"有效结合,上出有质量的音乐课,是律动教学方法的研究点。老师要根据教材内容、每一课时的教学目标、学生特点及个人能力去思考和实践,充分调动发展身体各部分机能去解读音乐,实现音乐的审美教育价值。

(一)跟随模仿法

跟随模仿法是指学生以老师作为模仿对象来进行律动。简而言之,就是老师怎么做,学生怎么做。学生既可以重复老师拍击的节奏,也可以直接模仿老师的律动动作。它是一种非常直观有效的教学方法,常用于组织教学、基础节奏练习等,既能迅速调动学生的注意力,也能训练其快速反应能力,还能将复杂音乐的要素简化成动作,带领学生用身体语言表达音乐语言。

1. 模仿节奏

当最基础的2/4音乐响起,老师可以用"请你 跟我 这样 拍"的句式开启节奏练习,从二分音符、四分音符简单的节奏入手,逐渐提高难度,变化节奏组合。学生以"我就 跟你 这样 拍"的句式呼应老师,并重复老师的上一个节奏。由于每次节奏都有变化,学生的注意力高度集中并始终在期待新节奏的出现。

学生掌握拍手的节奏后,从最初的拍手动作演化成拍手拍腿,拍手跺脚,交叉拍肩,左手拍右拳,左右手交替拍腿,等等,随着节奏变化,拍击的部位也在变化。再深入就可以进行师生的节奏卡农练习了,也就是老师的节奏跟随音乐不间断地出现,学生按照规定好的时间间隔连续模仿拍击,这种练习需要学生记忆节奏,还要不受干扰,是非常有趣的挑战。

这样的节奏模仿在3/4拍、4/4拍的音乐中也可以开展,对于学生节奏感的培养有很大的帮助,是歌曲学习、乐器演奏、舞蹈表演等音乐活动的基础。

2. 跟随律动

模仿节奏一般都在座位上进行,空间位置相对不变。"跟随律动"既可以坐,也可以站,还可以空间流动。如教唱《只怕不抵抗》,进教室音乐就可以播放歌曲,老师在前面踏步带领学生进入教室,并根据歌词"一刀斩汉奸""一枪打东洋"来做即兴动作。学生在神气的律动中马上进入歌曲情境,感受英勇的儿童团员的精神面貌。

又如,在初听《快乐的早晨》音乐时,学生跟随老师交替左右手,表现乐句变化;用短促有力的动作表达音乐中的跳跃感,持续性的动作表达音乐中的线条感;控制手臂紧张度,表现音乐情绪的变化,当音乐舒缓时,动作轻柔,当音乐热烈时,动作快速有力。学生在跟随律动的时候不仅感受音乐的情绪,还能捕捉到音乐速度、力度、节奏的变化,体验音乐拨动心弦的奥秘。

需要指出的是,跟随律动对学生没有明确的要求,始终以激发兴趣为基本目标,但对于老师动作的质量有精细的要求。就像演奏钢琴那样,我们需要非常小心地去控制左右手的力量,才能达到我们想要的艺术效果。只有提高老师动作的质量,才能提高学生音乐感受学习的质量。

(二)融合转化法

1. 融合

"律动教学"可以贯穿音乐教学整个过程,融入乐理知识的学习、歌曲学唱、乐(歌)曲的欣赏,因此律动在什么时候运用最合适、怎样律动最恰当是关键。学生的律动必须指向每一课时或每一阶段的具体目标,这样的音乐课堂才是"寓教于乐"的,才是让学生有所收获的。

(1)融入乐理知识

小学音乐教材中基础的乐理知识要求学生认识音符、五线谱、力度记号、反复记号,知道2/4拍、3/4拍、4/4拍的节拍特点,等等。运用恰当的律动能让音乐知识变得生动起来。比如认识音符时,将学生分成两组,一组用走路表现四分音符,一组用拍手表现八分音符,音乐响起两组同时开始,就可通过音响区分两个音符的不同时值;认识力度记号f和p时,听到老师左手立柱式和弦,学生踏出笨重的步子表现f,听到右手分解和弦,学生踮起脚表现p;用身势律动、基本步伐、传小球的小游戏等都可以让不同节拍的音乐听辨更加形象和富有趣味。

(2)融入歌唱学习

歌曲的学唱过程一般都经过感知情绪、熟悉旋律、熟悉歌词、难点突破、复习巩固这样一个过程。律动教学的融入,使歌曲的学习突破"听"和"唱"单调模式,走向听中有动、唱中有动的动态模式,以达到以动辅听、以动助唱的目的。

以二年级歌曲《在欢乐的节日里》为例:初听时,歌曲音乐一响起来,学生就自由选择合适的动作进教室,先找到座位坐下继续拍击节奏直到音乐结束;接着还是聆听,但是老师提出了不同的要求:第一次学生用不同的拍击方式为歌曲伴奏,第二次跟随老师的节奏拍击,第三次看节奏卡片拍击,不一样的律动让每次的聆听都富有新意,还融入了节奏创编、音符复习、身体协调力等的练习。随之,学生对音乐的感知也更为深入。歌曲中较难的就是重复变化的第三第四句,学生总是唱错。老师先在范唱时加上手部律动,暗示歌曲中第三第四句的结尾不同,然后引导学生找出不同之处,接下去学生通过身体律动强化旋律变化。当唱到 d m s 时全体起立,手从身体两侧向上托起,唱 d m d 时回到座位上手自然落下。这时身体律动与演唱相结合,旋律的精准度一下子就提高了。

在以上教学的每一个环节,老师都采用律动的方式辅助歌曲学习,实践证明,当学生用身体动作诠释音乐时,他们对音乐记忆理解会更加深刻。

(3)融入乐(歌)曲欣赏

律动教学融入欣赏同样有较多的做法,既可以感受《小步舞曲》的典雅,也可以呈现《鸿雁》的苍茫忧伤;既可以展现乐段各部分的关系,也可以再现乐(歌)曲全貌。

四年级欣赏曲《阿细跳月》自始至终都只有一个主题四个乐句,却出现了14次,怎么让学生去理解主题的变化呢? 如果老师只用专业术语如节奏、力度、速度、调式、和声等,学生必然是一头雾水。运用舞蹈律动就可以较好地解决这一难点。整节课以彝族"三步弦"动作作为教学的主线,经过模仿学习,学生舞蹈时会感受到音乐速度的变化,跟着音乐模仿乐器弹奏会察觉音色的变化;男女生分组,根据乐段变化合作表演感知力度和声等的变化,更能真切感知到随之而来的情感情绪变化,就这样,音乐欣赏能力、审美能力逐步形成。

2. 转化

面对不同能力的学生,身处不同的教学环境,老师原先设计的律动教学可能遇到阻碍实施不下去,这时就需要根据学生实际做出调整和转化。

课堂教学经常出现这样一幕:有的学生一听音乐就活跃,跟着老师一学就会;而有的学生动作迟缓,协调能力比较差。老师们的注意力经常会放在那些出挑的学生身上,而忽略对另一部分学生的指导。其实在课堂中,这样的学生是占班级人数的大部分的。老师要搭个梯子,转化律动,给这部分学生向上的信心。

踢踏步是藏族舞蹈里面的一个基本步伐。在学唱二年级歌曲《我的家在日喀则》时,我希望通过踢踏步的融入,让学生感受民族舞蹈的特色。踢踏步动作由三步组成:第一步右脚在后面点地,第二步左脚原地踏一步,第三步是右脚往前脚跟点地。练习下来,发现好多小朋友不是掌握不了重心,就是控制不了脚步,经常把三步变成四步。于是,我将踢踏步转化成跑步的形式,因为跑步是小朋友平时都在进行的一项体育活动。我告诉小朋友:"这次是特殊的跑步比赛,谁能在第三步停下来,就是胜利者。"于是学生一边嘴里说着"跑跑停"一边练起来。这样过渡以后,我发现全班90%以上的学生,都能够掌握这个步伐了。这样的律动转化没有丢失音乐的快乐氛围和动感节奏,还能让每个学生都能够参与到课堂中来,享受音乐的快乐。

同样,根据男女生的特点、教学环境的不同,律动要求和方式也可以分层转化,其目的就是要激发每一位学生的能动性,还要让学生获得成就感,对音乐学习始终充满兴趣。

(三)其他方法

除上述两种方法外,道具辅助法和即兴创作法让身体律动更加丰富多彩。拍拍桌子、敲敲筷子、拍拍纸杯会让律动产生更丰富的音响效果;舞动丝带会给律动营造出更加优美的氛围;头戴花环学生就仿佛置身于歌曲的情景之中。律动教学不能停留于表面,而是逐步深入的,学生最后形成对节奏的把握和表现、对音乐的理解和感悟。因此老师不仅要通过律动教学激发学习兴趣,更要特别注重学生即兴生成性的东西,那是灵感的火苗,是创作的激情。比如,在跟随老师模仿的基础上,老师可以挖掘出节奏创编能力强的学生做"小老师"带领大家互动;在聆听欣赏音乐时,让表现力强的学生将自己的即兴律动演绎给大家看;在歌唱表演时请舞蹈社团的学生做组长,带领大家创编动作,等等。即兴律动还会带动即兴歌词创编、即兴旋律创编等的学生创作。需要强调的是,老师一定要练就一双慧眼时刻关注学生的表现,及时评价鼓励,并给予进一步的指导,这将会激发学生更大的音乐潜力。

"教无止境,学亦有益。"这些律动教学的方法带给学生"美"的体验、"乐"的神奇,也让学生在音乐中迸发出创造的激情。同时,律动教学也需要老师不断研究方法,形成专业的教学体系,在教师自身成长的基础上提升小学生的音乐素养。

参考文献:

[1]杨立梅,蔡觉民.达尔克罗兹音乐教育理论与实践[M].上海:上海教育出版社,1999.

[2]雍敦全.律动音乐教学[M].重庆:西南师范大学出版社,2017.

[3]金亚文.小学音乐新课程教学法[M].北京:高等教育出版社,2003.

小学自然核心活动设计优化例谈

上海市浦东新区进才实验小学　崔　萍

《全民科学素质行动规划纲要（2021—2035）》指出，科学素养是国民素质的重要组成部分，是社会文明的基础；提出要建设世界科技强国和社会主义现代化强国的目标。站在国家战略目标的背景下，培养青少年的科学素养，尤其是少年儿童的科学素养就显得尤为重要。

近几年，小学自然教师以培养少年儿童的科学素养为己任、以素养为导向，在课堂教学探索中经历了"科学前概念"和"单元整体设计"为主题的课堂教学实践研究。基于学生前概念设计课堂教学活动，有效帮助学生构建正确的科学概念；从单元整体规划的角度，把握课标和内容，结合作业、评价和资源等设计课堂教学，使学生获得有结构的系统科学知识与科学方法。

纵观小学自然课堂教学，发现学生学习过程中的"难点"，往往也是教学目标中的"重点"，如果囫囵吞枣地滑过，容易导致科学知识掌握不扎实，方法学习流于表面，知识运用与问题解决更为困难。细究教学目标中的重点、难点是如何在课堂教学中加以落实和化解的，往往集中在课堂教学的核心活动，因此教学设计中的核心活动设计就显得非常重要。

通过对课堂教与学的观察，教师的核心活动设计往往过于理想化，也就是高估了学生的认知和能力，使学生在学习过程中存在一定的障碍，课堂教学达不到预期的目标。特别是在类似"地球物质"领域等一些学生既熟悉又陌生的学习中，如《我们周围的大气》《岩石与土壤》等，熟悉是因为空气与土壤是生活中常见的不可或缺的物质，陌生是因为缺乏对它们的科学认知。针对这类教学内容，如何设计课堂教学的核心活动，帮助学生轻松理解并掌握教学中的重点、难点知识和学习方法呢？通过研读《小学科学课程标准》、分析教学内容、反复课堂实践发现，"对比呈现""视化过程"这两个教学策略可以优化课堂教学核心活动的设计,有效帮助学生理解教学目标中的重点、难点。以下就科教版《自然》教材中的两组对比课案具体阐述。

一、优化设计之对比呈现

1. 课程内容及学情

《我们周围的大气》单元的第1课时"空气的成分",教学重点是了解空气的主要成分是氮气、氧气和二氧化碳;教学难点是空气中含有一定比例的氧气,本课教学重点包含教学难点(见下表)。

核心活动	实验探究:知道空气中含有一定比例的氧气		
知识领域	地球物质	年　级	五年级上册
单　元	第五单元:我们周围的大气	课　时	第1课时:空气的成分
教学重点	了解空气的主要成分是氮气、氧气和二氧化碳	教学难点	空气中含有一定比例的氧气

通过学习前测得知:学生根据生活经验知道空气中含有氧气,但对于检测空气中含有一定比例的氧气的科学方法不是很清楚;在前期的学习中,学生已了解氧气能够助燃,但对空气占据空间这个概念大多数学生不太理解。

2. 优化前课例呈现

根据本课教学目标的重点和难点是让学生了解空气中含有一定比例的氧气,本课解决重点和难点的核心活动设计为:实验探究"空气中含有一定比例的氧气"(见下图)。

实验步骤:取一个平底盘,将一支蜡烛放在盘子中间位置,倒入2/3的染色水(易于观察),点燃蜡烛,将透明玻璃杯垂直倒扣在蜡烛上方,仔细观察水位的变化。分析与思考:经过一段时间后,水位

实验探究:空气中含有一定比例的氧气

实验:点燃蜡烛,将玻璃杯垂直倒扣,一段时间后······
观察:玻璃杯中水的位置

现象:水位上升(氧气让出空间)
结论:空气中有一定比例的氧气

学生很难理解

有何变化？说明了什么？

实验效果非常明显，盘子中水位明显下降，玻璃杯中水位明显上升。通过课堂观察，学生对盘子中的水进入玻璃杯中就说明空气中含有一定比例的氧气不是很理解。这堂课实验很成功，但教学目标未能达成，对教学来说是失败的；对学生来说，学习活动停留在操作和浅表认识，新学知识没有和已有知识发生有效关联，因此没有达成真正意义上的学习。

3. 优化后课例呈现

经教学后测了解，大多数学生不能理解玻璃杯中的水所占的空间就是空气中所含氧气占的空间，经分析，学生不能把燃烧消耗氧气和氧气占据空间联系起来，也就是说先要让学生知道玻璃杯中装满了空气，亲眼看到空气占据空间的事实，那么学生在实验中看到盘中水位下降，玻璃杯中水位上升，就能理解空气中含有一定比例的氧气了。

经过分析活动改进设计如下，将探究实验拆分为两个实验，分两步走，形成对比。第一步不点燃蜡烛，将玻璃杯垂直倒扣在蜡烛的上方（见下左图）。盘中水位上升，玻璃杯里没进水，仍旧是空的。说明玻璃杯中装满了空气，空气是占据空间的，因为玻璃杯中没有空间了，所以水是无法进入的。第二步点燃蜡烛，玻璃杯垂直倒扣在蜡烛的上方（见下右图）。观察实验现象：盘中水位下降，玻璃杯中水位上升。改进过的活动增加了一个对比实验设计，通过不点燃蜡烛的水位变化和点燃蜡烛的水位变化进行对比，学生们就很容易把蜡烛燃烧消耗掉的氧气和玻璃杯中上升的水

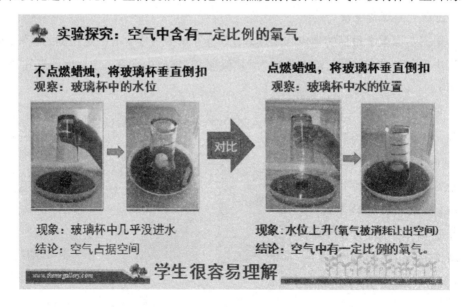

的空间联系起来,这样就轻松地理解了空气中含有一定比例的氧气。

4.对比呈现,引发思考

对比实验是科学探究的重要方法之一。小学科学教师承担着对学生科学思维的启蒙和科学方法的指导。针对教学中学生难以理解的内容,教师要结合学情进行分析,寻找突破口,精心设计核心活动,巧用实验的对比呈现策略,激发学生思考,使学习逐步深入,原本教学中的难点因此轻松化解,教学效果非常理想。

从学生获得科学知识的角度来看,学生在学习过程中通过对比实验中一个条件的变化,观察到两个截然不同的现象,从而引发思考与分析,由异而生疑,由疑而思因,使学习不断深入。在这个过程中,学生充分调动起自己已有的知识与经验,来解释产生不同实验现象的原因,将旧知与新知有效关联,在获得新知的同时完善了自己的知识体系,真正成为学习的主人。比获得科学知识更重要的是学生在获得知识的过程中学习了探究事物的科学方法之一——“对比实验”,学会了基于事实、数据、证据获得结论的科学探究方法,为学生终身学习奠定了基础。

二、优化设计之视化过程

1.课程内容及学情

《岩石与土壤》单元的第2课时“土壤的成分”,教学重点是对土壤成分的认识;教学难点是土壤中含有腐殖质,本课教学重点包含教学难点(见下表)。

核心活动	实验检测:土壤中含有腐殖质		
知识领域	地球物质	年　　级	五年级上册
单　　元	第六单元:岩石与土壤	课　　时	第2课时:土壤的成分
教学重点	了解土壤中含有沙、黏土、水、空气、无机盐和腐殖质等	教学难点	土壤中含有腐殖质

通过学习前测得知:学生根据生活经验和前期学习知道土壤中有水和空气;部分学生知道土壤中有沙和黏土;少部分学生知道土壤中有无机盐;几乎没有学生知道土壤中含有腐殖质,这正是教学中的难点。在前期学习中,学生根据生活经验猜测土壤中可能有沙、黏土、水、空气,并通过实验检测知道了土壤中含有沙、黏土、水、空气、无机盐。

2.优化前的课例呈现

本课教学重点是让学生了解土壤中含有沙、黏土、水、空气、无机盐和腐殖质等

实验检测：土壤里含有腐殖质

🌱 **实验：加热土壤，一段时间后······**

现象：闻到特殊气味

结论：土壤里含有腐殖质

学生很难理解

成分，土壤成分中的腐殖质是学生难以理解的，这也正是教学中的难点。教学核心活动设计为：实验检测"土壤里含有腐殖质"（见左图）。

实验步骤：将若干土壤放入烧杯，点燃酒精灯，加热土壤。一段时间后，能闻到一股特殊的气味。分析与思考：特殊气味说明土壤里含有什么？

经课堂观察，学生经过实验、观察、分析、讨论，很难从特殊气味中得出土壤里含有腐殖质的结论。从学生实验操作角度来说，实验是成功的，但实验的目的是通过实验现象的观察、分析得出相应的结论。事实上学生无法从加热土壤产生的特殊气味中得出土壤里含有腐殖质的结论，显然教学目标未能达成，因此教学是失败的。

3. 优化后的课例呈现

经教学后测了解，学生实验做得很开心，实验现象"特殊气味"都感知到了，但很难理解土壤加热产生特殊气味就说明土壤里有腐殖质。腐殖质是土壤中有机物存在的主要形式，是指动植物残体等经过微生物分解转化所形成的物质，这也是学生难以理解的关键点。

自然界动植物残体等转化成为腐殖质是有一个过程的，如果能把这个过程让学生看到，那么再做加热土壤的检测实验，学生理解实验现象得出实验结果也就容易多了（见右图）。经过分析学习活动改进设计，先查找一些土壤中动植物残体的图片让学生观察，

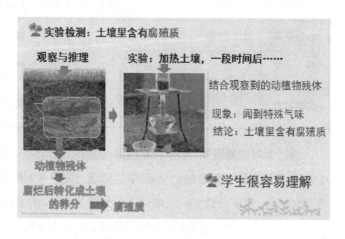

🌱 **实验检测：土壤里含有腐殖质**

观察与推理

实验：加热土壤，一段时间后······

结合观察到的动植物残体

现象：闻到特殊气味

结论：土壤里含有腐殖质

动植物残体

腐烂后转化成土壤的养分 ➡ 腐殖质

🌱 **学生很容易理解**

再通过一段动植物残体被细菌分解快进视频让学生直观地感受动植物残体被细菌分解转化为土壤的一部分的过程，最后进行加热土壤的验证实验。经过课

堂实践,学生很容易把特殊气味和腐殖质关联起来,土壤中含有腐殖质这一难点也就化解了。

4.视化过程,激发兴趣

小学生对周围世界具有强烈的好奇心和求知欲,这种好奇心和求知欲是推动学生科学学习的内在动力,对其终身发展具有重要的作用。他们对于自然界看不见、摸不着的物质特性存在着一定的理解困难,这也是小学自然科学教学的难点之一。

小学生对直观的事物更容易接受和理解,"眼见为实"是他们的年龄特征所决定的。针对这类教学内容教师要兼顾知识特征和认知特点,站在学生认知的基础上设计核心活动。"视化过程"策略是把看不见的物质或变化,通过图片和视频等方式直观呈现,为学生学习搭建一个认知的台阶,使教学难点迎刃而解。学生在这个学习过程中是轻松而有趣的,既保护了学生的好奇心和求知欲,又激发了学生学习科学的兴趣,激励学生更积极主动地进行科学探究,不断积累生活经验,增强自然科学课程的意义和趣味性。

核心活动设计在小学自然教学中有着极其重要的地位和作用,是一节课成功的重要因素,是学生学习真正发生的关键。小学科学课程中有很多学生感兴趣的领域,如地球宇宙、生命科学、物质能量,但对学生来说又都存在难以理解的内容,需要科学教师以学生为本,立足学生认知特性,结合学科内容特征,运用多元方法,设计学生喜欢、促进学生科学素养发展的教学活动,让学生在科学学习的过程中了解自然、获得科学知识、学会科学方法、领悟科学思想,全面提升科学素养。

参考文献:

[1] 中华人民共和国教育部.义务教育小学科学课程标准[M].北京:北京师范大学出版社,2017.

[2] 张红霞.小学科学课程与教学[M].2版.北京:高等教育出版社,2010.

[3] 温·哈伦.科学教育的原则和大概念[M].韦钰,译.北京:科学普及出版社,2011.

疫情下"菜单式"体育作业的设计与实施

上海市浦东新区塘桥第一小学　陶建敏

【摘　要】疫情来势汹汹使我们又重回了线上体育课堂，在积极做好防护的同时也不能忽略身体锻炼的重要性。"菜单式"体育作业的设计内容，在充分结合空中课堂和日常课堂的同时，也让家长通过亲子活动成为重要的运动参与者，而不同学生的个性化练习也是必不可少的。"菜单式"体育作业的实施以隔空展示和互动点评的方法得到家长和学生的支持，成为作业评价的新路径。

【关键词】疫情　"菜单式"体育作业　设计　实施

一、"菜单式"体育作业的设计

疫情之下体育课堂的居家锻炼不仅要积极响应足不出户的防疫政策，更要结合学生们的运动兴趣。体育作业的设计内容是在居家环境为前提的情况下，充分运用家中的各种生活常备品作为运动的器材，同时也要根据不同年龄阶段学生的身心特点和家庭环境来增强体育作业内容设计的趣味性和选择多样性。"菜单式"的体育作业设计在结合空中课堂和日常课堂内容的同时，也依托浦东新区体育教研的平台设计了亲子活动，个性化的趣味锻炼，为学生提供了更多的选择。

（一）设计内容结合空中课堂

早在2020年初那场疫情中，上海市教委就联合各个学科各个学段的1 000多名优秀骨干教师组成了100多个教学团队，以各个学科的课程标准和教学基本要求为基准，精心制作了几千节线上课，促成了"空中课堂"通过网络和电视的方式面向所有学生，尽可能地降低新冠疫情对学校教学所带来的冲击。这两年来，虽然我们重回了课堂，但空中课堂并没有因此下线，反而成为线下课堂的一种延伸。

表1 　"菜单式"体育作业在线教学计划表

教学进度		教学目标	师生互动内容	趣味亲子活动（2选1）
日期	教学内容			
3.28	板羽球：动作组合1	1. 初步学会板羽球"拐、拒、雀"的动作方法，做到动作舒展自然 2. 积极参与练习，发展肢体协调性及灵敏性 3. 培养爱健身、爱锻炼的好品质	同学们，今天我们学习了"板羽球"中的拐、拒、雀这3个动作，大家练习时要注意动作舒展，要判断好球的落点，控制好击球的力量 接下来我们开始练习吧，家中有板羽球的同学们可完成练习1，无球的可完成练习2 1. 积极练习"拐、拒、雀"动作，上传展示你的成果 2. 趣味体能"捕鱼"2组 提示：可用类似的器材如书本、袜子、纸团来代替板羽球，注意安全哦	1. 抛抛乐20个2组 2. 翻翻乐2组

此次疫情的冲击，使我们重回线上，重回空中课堂。如表1所示，每天体育课的安排为前20分钟上"空中课堂"，后20分钟利用"晓黑板"的讨论板块进行师生互动。在"师生互动内容"环节我们会结合前20分钟的课堂内容设计与课堂相关的锻炼内容，一般会设计两项内容以供学生进行选择，利用到的器材一般都是日常生活中常用的，如果没有也可以用其他相类似的器材来代替。

（二）设计内容结合日常课堂

除了结合空中课堂外，内容设计还结合了《国家学生体质健康标准》测试项目。《国家学生体质健康标准》测试是我们的学生每一学年都必须参加的一项测试。在这样的特殊时期，如何来保证学生的体能，提升学生的体育测试成绩呢？对此，体育组把一分钟跳绳、一分钟仰卧起坐作为每天必练项目设计在"晓黑板"的"打卡"一栏中，考虑到跳绳的动作幅度相对较大，如果在家中练习难免会影响到邻居，因此，要求学生根据自家环境情况，选择适合的场地或空手摇绳练习。此外我们也会穿插一些其他项目，例如开合跳、平板支撑、后踢腿、高抬腿等，以供学生进行选择性练习，提高学生锻炼的兴趣及积极性，在锻炼技能的同时，体能也得到了加强。

（三）设计内容结合亲子活动

"足不出户"的防疫政策,让我们的家长们有了更多的时间去关注体育的锻炼作业。我们发现,大部分家长还是很主动地为孩子拍摄视频并发布视频,同时也会在评论里关心孩子的动作方法是不是正确。我们发现,陪着孩子一起进行一些"亲子活动"也是家长乐意做的事情。

五年级的杜同学是个可爱的"小胖墩儿",从前的他体育成绩常游走在合格边缘,跳绳成绩也一度令老师头疼,但这几年通过家长的监督进行每日的跳短绳练习,跳绳有了很大的进步。此次线上学习过程中,我有意识地抽测了他的跳绳情况,并且不断地给他纠正动作,给他制定目标,鼓励他刷新自己的纪录。家长和小杜会一起研究动作要领,同时还会研究什么样的角度拍摄更能让老师看清楚他的动作,让以往一直是观众的家长成了参与者。通过几周的反复训练,小杜同学的跳绳成绩不仅达到了预定目标,还不断地刷新了他自己的纪录和年级的纪录。事实证明,家长们的参与可以有效提高学生的积极性。

表2 "菜单式"体育作业在线教学计划表

教学进度		教学目标	师生互动内容	趣味亲子活动（2选1）
日期	教学内容			
3.30	往返跑:体能对抗赛	1. 通过学习,掌握"I""V""扇形"等多种图形的往返跑,做到跑动快速 2. 乐于参加锻炼,提高快跑能力及下肢力量 3. 培养积极参与、爱好锻炼的好品质	同学们,今天我们学习了往返跑,虽然图形不同,但是我们要做到跑动快速,往返时贴着障碍跑哦 与家长一起创编一个往返跑的游戏,闯关形式可多样化,不局限于跑。把你的成果分享在讨论组 (根据居家环境选择合适的场地练习) (可选择课内的图形或自行创编)	1. 传送带2组 2. 不倒翁2组

又如表2所示,在往返跑教学中,我布置了孩子和父母一起设计一个适合居家的往返跑游戏,家长会陪着孩子一起设计游戏路线、规划闯关动作,跑、跳、滚翻等动作都可以,淡化技能要求,突出趣味性。一个课后作业成为亲子的活动,很多家长乐于参与其中,与孩子其乐融融。

（四）设计内容结合个性化活动

不同的家庭环境和不同的个人能力水平注定了不可能所有人都能轻松达成学习目标。在家庭锻炼环境方面，我发现大部分的家庭都有短绳和各种类型的小球，也有少部分家庭因突然停课措手不及，家里没有任何像样的器材。运动器材的丰富与否多少反映出了运动在这个家里的"地位"，也给体育作业的布置带来了影响。

为此，在"菜单式"作业的设计内容中，我们都会设计两项内容以供学生选择，一方面考虑到不同学生的不同能力水平，另一方面也考虑到部分学生没有相应的器材来进行运动。

表3 "菜单式"体育作业在线教学计划表

教学进度		教学目标	师生互动内容	趣味亲子活动（2选1）
日期	教学内容			
3.28	板羽球：动作组合1	1. 初步学会板羽球"拐、拒、雀"的动作方法，做到动作舒展自然 2. 积极参与练习，发展肢体协调性及灵敏性 3. 培养爱健身、爱锻炼的好品质	同学们，今天我们学习了"板羽球"中的拐、拒、雀这3个动作，大家练习时要注意动作舒展，要判断好球的落点，控制好击球的力量 接下来我们开始练习吧，家中有板羽球的同学们可完成练习1，无球的可完成练习2 1. 积极练习"拐、拒、雀"动作，上传展示你的成果 2. 趣味体能"捕鱼"2组 提示：可用类似的器材如书本、袜子、纸团来代替板羽球，注意安全哦	1. 抛抛乐20个2组 2. 翻翻乐2组

如表3板羽球项目，我们设计的练习内容1是积极练习"拐、拒、雀"动作，2是进行趣味体能"捕鱼"，可以发现学生不仅根据自己能力水平的高低来进行板羽球练习，也可以根据实际情况选择趣味体能游戏"捕鱼"。在讨论组中，教师也会提醒学生可以采用其他小球和垫板或书本来代替板羽球器材进行练习。

二、"菜单式"体育作业的实施

（一）隔空互动下的暖心评价

在后20分钟的互动环节，教师会发布当堂课的练习内容，其中包括空中课堂的课后锻炼和亲子活动内容。随后，学生根据发布内容进行运动锻炼并拍摄视频，除了个别课堂在5点开始外，大部分同学都拥有大半天的时间可以进行运动锻炼并录制视频。随后体育老师就根据每位学生的上传内容对其进行评论或点赞，这其实也给老师带来不小的心理压力，毕竟老师打出的每一句话、发出的每一个表情，班中所有人都能够看见。这就要求教师在点评动作的同时还需要考虑到学生的心情，过重的话容易伤害到学生的自尊心，所以我们的点评务必恰如其分。由于每位体育老师都需要带6～7个班级，所以在点评时一般会采用"文字点评+点赞"的形式，有问题的进行鼓励纠正，没问题的进行表扬，表现尤佳的作为优秀作业进行示范。基本上每天每个班的文字点评能保持在85%以上，这样数百次的互动换来的是学生们和家长们与老师的隔空不隔心，学生们能够感受到老师的关心和爱。

比如在讨论组中正在隔离却还是坚持上课锻炼的小马，在投掷游戏里设计了保龄球游戏，用酸奶空杯做瓶，用袜子卷团做球，在隔离条件下还能利用仅有的物品创作出游戏，真的很棒。老师在点评他时说："你的保龄球摆放设计非常有创意，如果在挥臂时能够再快速些，注意摆臂的方向，那就一定可以击倒所有小瓶子！"用简短的文字对他的态度给予肯定，同时也对他的投掷动作进行了点评及鼓励！同时，对于他正在被隔离的情况，主动关心并询问有何困难，也使学生在生病期间感受到了温暖并得到了运动的动力！

（二）展示分享后的重点表扬

"菜单式"的作业设计虽然已经兼顾了大部分学生在体育锻炼时可能出现的各种问题，但还是会出现只要老师不主动"提醒"就不完成作业的情况。这一现象在高年级比较严重，对于空中课堂的20分钟时间，许多同学看的时间大于跟着运动的时间，全靠后面20分钟的老师监督和抽查。更有甚者也不看空中课堂，而是等着其他同学上传好，根据他们的内容来拍摄，这就更加考验老师们的火眼金睛来辨别他们是否在认真上课。

为了激励学生的上课积极性，老师会根据讨论组的锻炼情况和日常打卡情况每周给学生颁发"优秀奖"和"全勤奖"的奖状，"优秀奖"是给予在日常讨论组中表现格外优秀的同学，"全勤奖"则是给予那些一周锻炼一天不落的同学。所有的奖励都会被统计在册，待到线下复课的那一天进行相应的奖励。这样的检查与反馈大大地激励了学生的运动热情，让学生更愿意去进行锻炼的展示和分享。

此次因为新冠疫情而再次回归线上的体育课堂，也让我们看到了"菜单式"体

育作业作为日常体育作业的可行性。在结合学生自身情况和外界因素的情况下，科学合理地设计分层式练习内容去吸引学生和家长的参与，并及时地给予反馈和表扬，是我们需要不断探索的方向。所有的好习惯都不是一天就可以养成的。运动习惯的养成不仅需要学生自己的坚持，还需要家长的陪伴和老师的鼓励，这样多管齐下才能够保障"菜单式"体育作业被不断地运用下去。

在线多元互动，助力低年级学生居家学习

上海市浦东新区江镇中心小学　范晓莉

【摘　要】低年级学生由于读写能力有限，常规的"空中课堂"观摩与线上互动方式与他们匹配度不高，给家长和孩子带来了更多负担。基于低年级学生线上互动效率低的问题，教师应积极利用在线学习平台功能，探索多元的线上课堂互动方式，提高课堂效率，同时给予学生有效关怀，保障低年级学生居家学习期间身心健康。

【关键词】技术赋能　低年级学生　在线互动

由于新冠肺炎疫情的影响，上海全面启动线上教学，这对低年级学生来说是陌生又无措的。一、二年级没有信息科技课基础，只有少部分学生掌握了基础的电脑操作，他们的识字与书写刚刚起步，无法完全通过打字进行交流，突如其来的居家学习削弱了老师的关注和同学间的互动，作为一名低年级英语教师兼班主任，笔者能感受到家长和学生的焦虑。好在线上学习平台及时更新，区学科教研组提供了丰富的学习资源保障，为云端课堂和在线互动开辟了新路径。

本文基于低年级学生学情，以"信息技术赋能在线教学"为指导，聚焦"钉钉"和"晓黑板"平台功能，在线英语课堂和师生云端沟通双领域实践，探索与低年级学生更匹配的在线互动方式，为学生营造健康积极的线上学习环境与和谐温馨的生活环境。

一、多措并举，激活在线课堂

低年级学生活泼好动，他们初入校园，良好的学习习惯正在养成。但是，其注意力不够持久，课堂上需要不断刺激他们的学习兴奋点。面对屏幕单方面接受知识很难长时间抓牢该阶段学生的注意力，且这样单一的学习方式难免让孩子感觉疲惫，长此以往容易产生厌烦情绪，"空中课堂"难免效率低下。因此，"空中课堂"观摩结

束后的20分钟自主互动环节,是教师帮助学生巩固知识、提高学习主动性的关键时间。居家学习期间,笔者优化教学设计,积极利用"钉钉"平台的"家校本"和"在线课堂"等功能提高在线互动效率,探索学习过程中激发学生学习主动性、加强在线互动参与、提高在线学习效率的可操作性。

(一)以学生为本备课,优化学习体验

在线课堂的一切活动都需要依靠设备终端实现,学生只能通过窄小的设备屏幕获取信息。而仅有教室中多媒体设备十分之一大小的电脑及更小的手机屏幕的限制,意味着教师无法将学校课堂的操作照搬实施线上教学。同时,考虑到互动时限只有20分钟,为了给学生更好的课堂体验,提高参与度,在线互动必须以学生为本,重新整合学习材料和教学环节,优化教学设计。就此,笔者从以下几方面展开实践:

1. 巧用线下任务助推在线互动

在线学习虽然有诸多限制,但能给予学生更多自主学习的时间和空间,教师可以积极利用这一特性,通过课前导学和课后作业等线下学习任务的布置,引导学生课前充分准备、课后有效复习,弥补在线互动的时限短板。以2B Module2 Unit1 Things I like doing 的复习课为例,单元核心句型是Do you like(doing)...? Yes./No. I like(doing)... 等,因此本堂课在线互动的主要内容是会话练习。笔者首先将操练句型制作成图片,录制了会话示范视频,之后通过钉钉平台发布课前导学,帮助学生提前知晓在线互动内容,明确方向有效准备。本次互动的课后任务则鼓励学生参考书本P16 Do a survey的形式,尝试绘制自己和家人的活动爱好表格,应用所学句型进行问答并完成表格。课前导学保证了学生的有效准备,不仅提高了在线学习参与度,也达到了20分钟互动的高效利用。有趣的课后任务在激发学生学习兴趣的同时更加强了知识的内化,二者相得益彰,使在线课堂如虎添翼。

2. 优化视听设计提高课堂体验

当笔者第一次打开摄像头通过视频互动形式授课时,发现由于内容较多、时间有限,导致教学速度太快,过程中孩子们眯着眼睛凑近屏幕的画面惹人心疼。笔者不禁深深自责,意识到自己的教学设计依旧太主观了,没有真正考虑实际。于是认真总结与反思,重新设计教学展示页面,突出核心词汇和目标句型,鉴于在线课堂不像教室中有板书和教具作辅助,继而丰富了配图补充,合理布局并放大字体,力求观感清晰舒适。

同时,教学过程中尽量减少学生注视屏幕的时间,用到课本内容时鼓励学生阅读身边的实体课本,自行在相应书页上记录知识点,并要求他们课后拍照上传给教师检查。每一次互动之前先采用录屏形式自己演练一遍,确保讲解和演示简单易懂、流畅清楚,对于较难的知识点,笔者会额外录制视频在互动后发布,供学生课后自学。之后的课堂上,学生紧凑着屏幕听课的情况大大减少,孩子们自主记录的笔记也有模有样,对于重、难点的记录也清晰工整。由此可知,在线互动过程中,教师要注意观察学生课中课后的反馈,及时总结反思,优化课程设计,帮助学生更好地融入在线课堂,提高课堂参与度。

(二)丰富可视化互动,提高学习主动性

低年级学生在英语课堂上乐于展示,喜欢各种唱跳和肢体表演等活动形式。居家学习期间,他们不如高年级学生能较熟练操控电脑和手机,单一的回帖或课后讨论不仅无趣,且对低年级学生来说较难单独操作。基于以上情况,开展在线互动之前,笔者对学生进行了问卷调查,得知他们所用的终端设备不论是电脑、平板还是手机,都配备了摄像头功能。因此笔者采用了钉钉平台的"在线课堂"开展线上互动,开启摄像头实现了能互视的实时对话,让彼此的联系更具象,每一次在线互动都能看到孩子们兴奋又期待的表情,有效提高在线课堂效率。

比如在课前预热环节,笔者先播放与单元教学内容匹配的英文儿歌视频,鼓励学生跟着活动起来,模拟在校英语课堂的课前预热。活动过程中持续滚动学生列表,让他们能看到彼此的画面。一致的动作、熟悉的笑脸有效淡化了学生间的距离感,逐渐激发了孩子们的热情。由于执教三个班级,在模拟会话环节为了增加趣味,笔者随机安排不同班的学生展开会话操练,这样的互动形式充满新鲜感,甚至比在校课堂更让他们兴奋,真正体验了英语环境中认识新伙伴并加深彼此了解的过程。交流中遇到难题犹豫时,还能看到同学以动作和口型提醒,有趣的情景令人忍俊不禁,为孩子们创造了真实的同学相伴感。丰富的可视化互动引导学生在立体的空间课堂进行知识整合、在有集体氛围的环境里分享与合作,有效习得知识,课堂气氛积极热烈,不仅提高了学生的学习主动性,也有助于教师实时检测学生的知识掌握情况,及时补差补缺。

(三)多元作业评价,重拾学习内驱力

在线教学虽然可以保证教师课后任务一对一指导,但是仅凭教师的单方面评价给予学生的激励作用很有限,难免让学生产生"为了交作业而做作业"的心态。在校时,能够直观感受到同伴间学习状态,竞争感、危机感和荣誉感创造了积极向上的

学习氛围,能大幅度提高学生学习主动性和效率。其实,教师也可以通过在线作业评价帮助学生重拾这股内驱力,为他们创造上进的氛围,找回上进的方向。笔者在线上互动中安排了作业反馈环节,选取优秀作业在本班级、其他班级面前展示和表扬,及时肯定学生的进步,尤其对于开放型作业,鼓励学生创造性地发挥。其次,作业展示环节邀请同学们生生互评,教师就重点知识和易错题型及时进行强调补充。这样的作业反馈形式充分发挥了评价的正向激励作用,互动画面上可以看到学生们专注聆听的神情、发表评价时严肃认真的神态、被表扬时快活扬起的嘴角。学生在师评、互评和自评的过程中实现了自我反思和自我改进,表达能力也得到有效锻炼。经过一段时间的实践,多元作业评价帮助学生收获成就感并树立学习榜样,有效激发了内源性学习动力,能整体鼓励学生积极进取。

二、大环套小环,托起云端对话

居家学习期间,不仅要保障"停课不停学",对学生心灵上的关怀也不可或缺。为了进一步拉近师生、同伴之间的距离,倾听学生的心声,找准学生的需求,笔者在每周以"视频会议"方式开展班队会活动的基础上,利用晓黑板平台的"晓讨论"和"每日打卡"功能,分别开展集体讨论"云聊天"和个别对话"我想告诉你"活动,为学生提供真实的同学相伴感。二者均由教师主导,学生可以打字也可以直接以语音形式交流,图片和视频上传简便,适合低年级学生操作。通过这些云端连接活动环环相扣,保持师生及伙伴间的沟通不间断。

(一)从"云聊天"到"我是小小主持人",集体相伴不孤单

疫情初始,为了给居家学生创造一个交流的平台,笔者在"晓黑板"开设了以班级为单位的"云聊天"活动,每天利用午休时间的半小时互动交流,目的是开拓发言的渠道,聊聊居家期间的喜怒哀乐,让孩子们畅所欲言,消除远离同伴的孤独感。起初"云聊天"由教师设立话题,学生通过留言方式互动,过程中鼓励孩子们互相留言和点赞,渐渐同学们就欢快地开启了对话。这种交流方式很受学生喜爱,在话题的引导下他们分享居家期间的趣事,讨论各自的运动爱好和喜爱的食物等,教师也能参与和孩子们分享自己生活中的趣事,同学们都很期待每天中午的到来。聊天过程中,笔者发现班级中有多位小朋友课外参加过小主持人培训班,于是邀请他们担任"云聊天"的小主持人,逐步放手让学生自己安排每日的云聊天,鼓励他们自行思考每日话题,主动分享并引导聊天顺利进行。以表格形式对每日"云聊天"的主持人

和聊天话题进行募集,同学们踊跃报名积极参与。每日的云端漫谈有序进行,不仅搭建了交流沟通的桥梁,也锻炼了学生的组织管理和人际交往能力。"云聊天"犹如一个大大的圆环,同学们虽不在一处,彼此的心也能紧紧相连。

(二)"我想告诉你",加强个别需求的倾听

"大环"铺路,"小环"加持,为了增加与学生间的针对性交流,笔者在"晓黑板"平台开展了"我想告诉你"打卡活动。学生自行决定主题进行分享,可以拍一张有趣的照片或一段视频,通过语音或文字告诉老师发生了什么,内容不限,可以是新学会的技能或是心爱的玩具,甚至是一张自拍,开心的或不开心的,鼓励孩子们分享任何想要告诉老师的事情。笔者将这个栏目设置了"相互可见",每个人都能看到同学的分享,进行点赞或留言,也可以互相帮助解决同学的生活小烦恼。教师仔细阅读同学们的大事小事并积极回应,对于他们的烦恼和坏情绪及时引导排解。

孩子们的分享让笔者非常惊喜,比如本学期新来的转学生佳怡同学,长得娇俏可爱,但是每次与她交流时总是声音很轻,不怎么自信,曾以为她是一个害羞内向的女孩。但是佳怡在打卡的第三天给笔者发了两组照片,第一张是她与花朵的自拍,照片上的她笑得眯起了双眼,这不是一张精心调整姿势的摆拍,而是一份心情愉悦的即时分享。佳怡还附了一段长长的语音,语气活泼兴奋,介绍了身边美丽花朵的由来,原来是妈妈种的茶花开了,她觉得特别漂亮忍不住想要合照。第二组照片是一片小苗苗,那是她种的向日葵,她想要等向日葵开花后送给妈妈,让妈妈每天上班能有个好心情。孩子天真烂漫的分享通过屏幕传达了快乐,能感受到这个善良女孩对生活和家人的爱。笔者告诉佳怡:"向日葵也是我很喜欢的花,我也很期待你的向日葵能早早长大开花,为你实现愿望!"

云端对话就像彩虹桥,不仅为学生搭建了分享的平台,也拉近了生生之间、师生之间的距离,帮助教师及时了解学生的心理状况,在线互动成效显著。

"工欲善其事,必先利其器",特殊时刻,教师更应紧跟信息技术更新的步伐,巧用平台功能,发挥技术优势。笔者将继续探索与低年级学生匹配的在线互动方式,守护他们的纯真,引导他们的成长,为低年级学生的居家学习保驾护航。

参考文献:

[1]曹荟.信息技术赋能线上教学[J].教育周报·教研版,2021(37).

巧用钉钉在线平台,技术赋能"有声有色"

上海市浦东新区浦东南路小学　朱　虹

《义务教育英语课程标准(2022年版)》(以下称为"新课标")如约而至,明确了"立德树人"作为教育的根本任务。"新课标"再次强调了教学的核心是人,育人为本。教学,不仅仅是简单的知识灌输,也不仅仅是机械的一问一答,而是旨在提升学生的学科素养,培养学生解决问题的能力。教师与学生无法面对面,是线上教学固有的限制。在有限的条件下,如何围绕新课标、"以人为本"开展教学工作,成为每个教师面临的问题。

与2020年线上教学不一样的是,这一次我们有备而来。经过两年的不断探索、实践、总结、反思,利用现代化的信息技术,通过科技的融入,我们重新定义了线上教学。教师这个传统职业,通过运用各类"流行"的APP,正在焕发新的风采。以"钉钉"为代表的信息平台,实现了从企业流程审批到教学管理的"跨界",使得线上课堂也变得有声有色。

一、技术赋能,打造新型课堂

(一)实时沟通,培养良好的学习习惯

具有学会学习的能力,是"新课标"培养目标之一,也是作为一个"完整的人"所需要具备的必要技能。其中,形成良好的学习习惯,又是具备学习能力的前提和基础。一直以来,教师们着力于培养学生良好的学习习惯,如今,有了微信、钉钉等即时通信技术,教师的工作更加如虎添翼。尤其是在此次疫情期间,通过群通知就线上学习的模式、在线课堂的学习要求、课后作业的上传等进行了详细的指导,并对在线学习习惯如物品摆放、坐姿端正、群内规则等明确了具体要求,并在班级群内进行强调。教师们每节互动课堂PPT第一页内容就是本课时的学习主题和学习用具

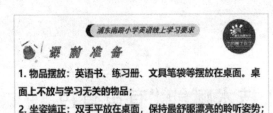

图1 教师对英语线上学习要求进行指导

（见图1）。教师提前一天发布第二天的学习内容，帮助学生养成预习的良好习惯，并在每节课开课前十分钟，提醒学生准备好相关的学习材料。学生良好的学习习惯保证了教学的有序开展，教师通过技术赋能教学，让传统课堂中诸多不可能变成了可能。

（二）趣味环节，丰富课堂互动的方式

由于疫情的原因，学生不得不在家开展学习，教学工作也从线下搬到了线上。远程教学由于隔着长长的网线，有着天然的劣势。作为教师，通过技术运用一些教学"小技巧"，将教学任务以充满趣味的方式实现，使课堂充满生机。比如钉钉平台的"留言板"能够让更多的学生参与课堂互动，教师刚开始上课时可以问问学生今天空中课堂是书本第几页内容；在进行语法复习时，学生可以将答案直接打在留言板上；即使没有被邀请回答，学生也能通过留言板对老师或同伴说的话进行补充，"留言板"让原本胆小害羞、不敢上课表达的也能主动参与到课堂互动讨论。"答题卡"功能更是教师的好帮手，能够让全体学生同时参与课堂互动，并瞬间反馈答题结果，教师对学生的答案一目了然，"答题卡"还能帮助教师准确找到学生的知识薄弱点进行突破。

充分利用钉钉平台"在线课堂"的小工具，例如"在线抢答，现场连麦"，教师提问，学生抢答，线上连线学生回答问题，这个环节充分调动了学生的积极性；还可以两两开麦，一问一答，完成对话练习。又例如"传递小粉笔，来做小老师"，则是把讲台暂时交给学生，让学生尝试在讲义上做批注，圈出关键信息，这样又提高了学生的参与感。技术赋能教学，让师生之间的互动变得更亲密、更紧密。

（三）随时学习，打破课堂的时间限制

疫情期间，学生们各自在家，与老师、伙伴在一起的时间远不如在校期间。每天的"互动课堂"只有短短的20分钟，容易降低学生的归属感，减弱学生与老师之间、同学与同学之间的亲密感，很多学生容易由此产生失落的情绪。而技术加持下的新型课堂不再囿于传统观念意义上的"上课时间"。教师提前一天发布班级通知，对

第二天上课的内容进行预告,包括预习要求、朗读要求等,并将上课课件、课文配套视频、练习册听力录音等整理好做成教学资源包上传至班级群组,方便学生进行预习。学生能够通过钉钉平台的回看功能,在因出门做核酸检测等原因错过"互动课堂"直播的情况下对课程进行回看,也能在对知识掌握有所欠缺的情况下重复观看教师的讲解,对课堂内容、知识难点进行巩固。通过信息平台的技术手段,将教学过程在"互动课堂"授课的基础上进行了向前的延伸和向后的延展,围绕"互动课堂"开展预习、复习、补漏工作。通过技术,打破了传统课堂时空上的限制,使教学工作更加人性化,实现了以学生为主的教学。

二、技术赋能,实现教学"三化"

(一)学生辅导"个别化"

利用技术,除了实现教学过程的前后延伸,教师对学生的个别辅导也更方便了。教师可以用录屏的形式对全体学生的作业进行讲评,并对优秀作业进行表扬肯定。用优秀作业以点带面,鼓励学生相互学习,起到积极引导、正面肯定的作用。学生也可以通过自评的形式对自己的学习成果进行评价。对于学生上传的口头练习和家校本的笔头练习,教师可以进行个别化辅导,在评价时以鼓励为主。教师在进行作业批改时,可以用红色标记将学生错误的内容圈出,用文字结合语音的形式进行评价,对学生的个别问题进行辅导,也方便学生反复回看。学校实行全员导师制,每个学生都有自己结对的导师,导师会关心学生的起居和线上学习状态,学生也会主动找导师聊天沟通。对于特殊学生的个别化教育,教师则通过制订个别化教育计划,更细致地进行一对一结对工作。通过信息技术平台,教师可以对学生进行个别化辅导,学生在自己遇到学习难题时也会主动通过私聊找老师寻求帮助,或是在班级群内咨询同伴。

(二)教学工作"精细化"

由于信息平台的数据化、可视化等特点,教师可以直观地掌握学生学习情况。例如教师可以在直播课堂的后台查看到观看直播的学生人数、未观看直播的人数,以及学生观看直播的时间,确保学生参与的全员性与全程性;对于教师发出的通知,家长、学生是否收悉阅读也能够一目了然地掌握;对于教师上传的知识点讲解视频、微课的点击播放量,则可以清楚地掌握学生对于哪几个知识点比较薄弱,以便教师在后续教学过程中有针对性地查漏补缺。这些都是信息化技术给教学带来的红利,帮助教师科学化、精细化开展教学。

（三）教学、作业"分层化"

利用信息技术赋能，教师可以在课堂活动中尝试分层教学。教师运用自己的教学经验，把握教学时机，对学生机动地进行分层教育。例如在新授三年级Shapes这课时，教师询问学生都知道哪些形状。有同学在直播时提到oval（椭圆）这个新词，老师就请知道的同学在互动留言板上拼一拼、写一写。让知识面丰富的学生将自己课外学到的内容在课内进行反馈，是对学有余力的同学的肯定。让学优生带动所有学生一起学到了新词、学到了知识，让所有学生都能得到相应的提高，因材施教，实现分层教学。契合了"新课标"中"面向全体学生，因材施教"的基本原则，也是课堂教学的应有之义。

除了教学分层之外，作业设计上也可以进行分层。教师通过布置常规类作业、跨学科作业、表达类作业、制作类作业将作业类型进行分类，并让不同能力的学生认领参与。常规类作业人人参与、人人完成；而学有余力的学生可以在其他类别的作业中自主选择，实现作业分层。

常规类作业：在布置常规类作业时以培养学生良好的学习习惯为主，如记笔记的习惯、朗读习惯、书写习惯等。教师对学习习惯好的同学进行正面鼓励和肯定。如培养学生记笔记的习惯，学生根据老师提供的笔记内容，在书上做好笔记并在平台拍照上传，教师对学生的优秀笔记在班级群内定期进行展示；如规范学生的朗读习惯，教师对学生进行个别指导，发送的演示音频可以通过平台反复回听；又如规范学生的书写习惯，学生完成练习册相关作业并上传在家校本，教师利用钉钉平台设置优秀作业和作业打回功能，督促学生规范完成作业。

跨学科作业：在进行跨学科作业时以拓宽学生视野为主，培养学生多元智能。例如带领学生对M2U3 Clothes服装主题开展名为《霓裳羽衣Fashion show》的跨学科项目化学习，结合课堂已学的知识，通过网络平台搜集资料、整合信息。让学生自己组织语言，以中英文对照的形式，对不同时代、不同类别的服饰进行归纳和介绍，拓宽学生的认知视野，增加学生对英语学习的兴趣；让学生画一画、动动手，设计制作服饰，培养学生多元智能发展。在此过程中，通过钉钉平台建立一个个小组讨论群，让学生在群里相互讨论、交流。同时，利用信息平台将学习成果进行长期展示，让学生、家长进行观摩、评价。

表达类作业：根据三年级Module2 My favourite things的主题，学生们自主介绍自己最喜欢的动物和玩具,录制口头作业,锻炼英语口语能力。学生的口头作业在班级群中进行展示,教师在班级群中鼓励学生对他人作品进行学习和表扬,同伴之间的鼓励能让学生更受鼓舞。

制作类作业:手脑并用的手工制作类作业符合学生的身心发展需求,能锻炼学生的精细动作,也能培养他们的专注力和创造能力。特别是疫情居家学习,也能丰富学生的居家生活,学生们都很乐于尝试。如三年级学生利用家里材料,模仿书上Make a robot制作的机器人。学生们自己动手画一画、做一做可爱的机器人,用相机记录,介绍自己的机器人朋友,并在钉钉群里进行展示。

三、技术赋能,提升备课效果

(一)善用平台,集体备课有效率

学校采用的是"空中课堂20分钟+互动课堂20分钟"的教学方式。在备课时,教师们以空中课堂的教学内容为依据,结合学校学生的实际学情,每日根据"线上备课三步曲"进行集体备课:

第一步:认真观看空中课堂,记录课堂教学过程;

第二步:精心设计互动课堂,优化单课练习设计;

第三步:细心记录作业反馈,梳理教后反思反馈。

在集体备课的过程中,教研组通过平台进行沟通、讨论、资源共享,钉钉等通信平台解决了无法线下开会的困境。正是由于这些实时通信技术的存在,讨论可以随时随地进行。教研活动不再受制于时间和空间,特别是对于一些小范围的讨论活动,只要一部手机即可开展。对于备课过程中发现的问题、疑难杂症,随时可以拉一个小规模的群组进行讨论。讨论的过程中还能够同步共享照片、文件,方便探讨。善用平台,让问题不过夜,让集体备课更有效率。

(二)巧用平台,教师备课有质量

教师将钉钉群内区级各年级英语教学资源及时下载、整理,建立索引及备份。同时,将备课成果按年级建立了教学资源库,资源库已经从两年前编制的"2020线上教学1.0版"升级为"2022线上互动课堂2.0版",囊括了各单元知识点整理、单元词汇整理、单元复习、在线教学教案、课后练习、作业等资料。通过进一步整合时空资源,完善教学资源包。这个数字资源库不仅便于今后的备课工作,更是教学质量的有力保障。

对于跨年级、多班级任教的教师，通过信息平台进行针对性的提前准备，能大幅度提高备课质量和教学效果。例如一年级学生由于年龄比较小，上课容易分神，集中注意力时间短，线上直播课堂的效果不是很好。一年级教师有三个班级，同时有一百多名学生在线，如果开展在线直播课堂，教师能邀请的学生互动发言人数较少，大部分学生只能做"小听众"，学生在线课堂的参与度较低。为了提升学生在线课堂的互动性和参与度，教师利用录屏工具，将第二天上课的内容提前录制成微课，并根据教学活动，将"互动课堂"的内容分割成几个片段，并根据一年级学生注意力时间短的年龄特点，将每个教学片段控制在5分钟内。通过观看老师录制的迷你微课视频，一年级学生在不断跟读、模仿、练习的过程中，习得新知识，运用新技能。学生通过钉钉平台可以反复观看老师录制的视频，通过发送语音的方式在班级群内和教师进行互动，教师也能根据每个学生的情况进行个别辅导，进一步给出针对性的建议。

工欲善其事，必先利其器，先进的教学手段和平台就是教师的"器"。通过充分发掘这些"利器"的特点，善用这些"利器"的功能，可以使得原本单调、受限的线上课堂变得有声有色、绘声绘色。其实，这些"利器"不仅仅在线上课堂能发挥巨大的作用，未来结合线下课堂更能显示出其无尽的潜力，这就需要掌握"利器"的我们充分发挥主观能动性、拥抱发展，以不断提升教学质量为目标，好好利用科技给教育领域带来的红利。

钉钉平台在小学英语线上线下
教学中的实践运用

上海市浦东新区浦东南路小学　王燕华

2022年3月，新冠病毒让我们从"课堂教学"转入"线上教学"，之后再回到线下"常态化教学"中。在线上教学中，我们采用的是20分钟空中课堂+20分钟互动课堂的模式，前20分钟的空中课堂是上海市教育局组织全市优秀教师统一录制的在线教育课程，后20分钟的互动课堂则使用钉钉平台。一段时间的使用让我从"不知所措、无从下手"到"胸有成竹、得心应手"。接着刚刚适应线上的教学方式之后，我们又回到了课堂中来，回到我们的常态化教学中来，那是否能够延续使用钉钉这个平台？怎么用呢？因此在本文中我想分享一些我使用钉钉平台进行线上、线下小学英语教学的想法和体会。

一、钉钉平台在线上英语教学中的使用

钉钉（DingTalk）是由阿里巴巴集团研发的一套即时通信、免费沟通和协同的多端系统平台，实现了即时消息、短信、邮件、语音、视频等为一体的安全、独立的协同通信平台，为使用软件人员提供点对点的消息服务、提醒服务和信息服务，实现协同办公。

同时，钉钉为了更方便老师和学生的使用，也开发了很多和教学相关的功能，比如建立班级群，群属性会被设置为家校，老师成为群主并进行适合家校群的初始设置；进行直播时，可以选择更适合线上教学的直播课堂，具有直播回放、全体静音的设置；布置作业可以使用家校本的功能，特别强调作业时长，有利于控制学生完成练习的时间。这些功能的开发极大地方便了老师们的使用，使教学变得更顺畅，也提升了学生们的使用效率。

在使用钉钉平台进行线上小学英语教学时，通常有两种使用方式，一种是使用

钉钉群组的功能，也就是在群组里发送一节英语课中需要的视频、文字，教师则以语音的方式进行讲解和互动，以达到讲授课堂内容、讲解疑难问题的教学目的。一种是在线直播中的直播课堂，也就是我们常说的直播形式，以连线的方式进行互动课堂的讲解。这两种形式会根据学生的年级和教学的内容交替使用。

（一）钉钉群在线上教学中的运用

钉钉群贯穿于整个英语线上教学的始终，课前准备、课中活动和课后作业都离不开钉钉群的使用。它的适用性非常强，既可以用于低年级教学，也可以用于高年级部分内容的教学。下面我将介绍钉钉群在线上教学中的一些使用方式。

1. 课前准备

（1）上传教学资料。教师须在课前将这些准备好的教学内容按照课时名称上传至班级文件，以帮助个别因疫情原因没有准时参与的学生和家长能够及时获取本节课的教学资料。教师也可以上传至自己的云盘后直接转发，这种方式的优点在于及时，教师随时可以根据课程的进度上传对应的资料，缺点是直接上传的资料在班级文件中没有明确的课题指向，不方便家长们之后查找需要的内容。

（2）提醒学生及时上课。教师可以提前一小时发送提醒消息并告知学生今天的上课内容，以提醒小朋友准时观看空中课堂，积极参与互动课堂，并提前准备好相关的教学用书和学习用品等。

图1、图2　班级文件

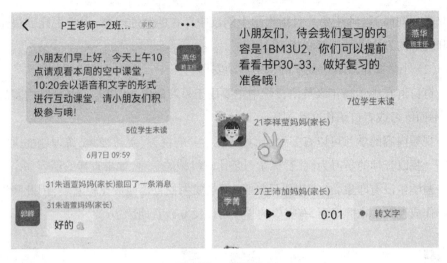

图3、图4　提醒消息

2. 课中活动

(1) 小学低年级英语教学的课中活动安排

教师使用钉钉群教授低年级英语时,根据教学内容的安排,依次将已准备好的视频或图片分享给学生,教师可以使用语音、文字、表情等引导学生根据课堂内容进行朗读或者说话练习,并及时给出评价,着重于表扬学生的积极性,以激发学生学习

图5　课中课堂活动安排　　　　图6　课堂评价

的兴趣。同时，教师还要及时指出学生朗读中存在的共性问题，以学生能够快速获得和理解的方式进行讲解和指正。

（2）小学高年级英语教学的课中活动安排

钉钉群在小学高年级英语教学中主要用于复习课中，可以是一些视频内容的学习、书面练习或者口语作文练习等。

视频内容的学习可以有多种，比如音标学习的视频、复习视频、练习题的讲解视频等。我以音标的学习为例，音标学习是比较机械的学习，如果直播的话容易出现听过一遍学生没有印象，或者想要反复听，但是要去找直播回放比较麻烦，因此我将音标制作成视频发在群里面，有需要的学生可以反复观看朗读。

图7、图8、图9　视频内容

书面练习需要花费一定的时间让学生动笔写一写，如果是在复习课时更是会涉及较多的书面练习，这时候使用群互动的方式会比直播的形式更合适。通过群互动的方式，学生既能安心完成练习，也能通过其他小朋友上传的练习答案看到他人的进度，从而加快自己的速度，完成练习。当大部分学生已完成时，可以让学生打出已完成来统计已完成的人数，从而确定这个环节的结束时间。在大部分学生完成后，老师可以根据小朋友的答案进行有针对性的讲解。而以课堂直播的方式，一是学生可能会受直播这个方式影响而不能很好地关注到题目本身，二是老师无法看到小朋友的答案，不能根据答案进行针对性的讲评。

口语作文练习通常使用教师引导＋学生说话练习的方式，这里侧重的是学生的说话练习。群互动的方式就非常适合小朋友们畅所欲言，比较积极的小朋友非常愿意在群里分享他们的说话练习，在他们的带动下，其他学生也能试着说一说，这样就

图片10 书面练习

图片11 完成节点统计

图片12 教师讲解

增加了口语作文练习的人数,让更多的人能够参与进来。而直播往往关注于个人,可能一两个人发言之后就没有时间让更多的学生发言了。教师在进行类似口语练习并且希望有更多学生参与的活动时,可以选择群互动的方式。

3.课后作业

在课后,教师须及时发布家校本作业,并在钉钉群里说清楚本节课的作业和截止时间,以方便学生了解本节课的作业并及时上传。教师可以在家校本中批阅学生的作业,并在学生作业上使用红色或所需颜色进行批改、订正。对于低年级学生的作业,可以使用语音的方式进行讲解。教师还可以选择图片、拍照的方式给学生其他方式的作业帮助。在批改完后,教师可以使用A+、A、B、

图片13 学生口头练习

C、D等第评价学生的作业,对于优秀的作业,教师可以将其选为优秀作答并在班级群置顶展示;对于有错误的作业,教师也可以将其打回,等学生再次订正上传后教师再次批改。教师可以设置在截止时间前两小时提醒,系统会自动DING还没有上交

作业的学生,确保学生都能及时上传作业。

(二)钉钉直播课堂在小学英语教学中的应用

钉钉直播课堂主要用于小学高年级英语教学中的课中活动,课前准备和课后作业则在钉钉群里完成。下面介绍我在使用直播课堂时常用的一些功能。

1. 虚拟背景。教师是在线下进行直播,因此背景环境通常是自己的家里,就不可避免会有背景杂乱的情况,而虚拟背景就解决了这样的问题。教师可以选择教室的背景,既给学生带来真实课堂的感觉,也避免了教师背景杂乱引起的问题。教师也可以选择跟本节课有关系的背景,让学生能够沉浸式学习。比如在教授牛津英语5BM4U2 Halloween时,教师可以将背景设置为万圣节,让学生更快地进入情境。

2. 举手。举手功能的设置是为了让学生能够在课堂中需要发言时举手,然后老师同意上台后再回答问题,保证了课堂的纪律,并且也让愿意回答问题的学生有了回答的机会,但是在实际操作中,由于网络的原因,学生完成整个过程需要一分钟左右,对于直播课堂来说太耗费时间了。因此我在学生进入课堂后就让他们举手,教师同意上台,一分钟之内让每个参与课堂的学生都呈现正在上课的状态,让他们有控制自己麦克风的权利,这样,学生举手后我能很快地打开他们的麦克风并让学生回答问题,或者我提问学生,他可以自行打开麦克风并回答问题。

3. 课件呈现。教师的课件呈现给学生通常通过两种方式,一是在直播课堂中打开文件,可以直接打开PPT和PDF或者其他常用办公软件,但是这种打开方式有一个缺点,就是没有任何动画形式,如果教师需要呈现一些动画形式的话需要调整PPT内容,把所有的动画分在不同页面以达到动画的效果。但是小学英语教学中会用到很多的视频或者动画效果,为了让教学能够变得有效又有趣,那么我们就需要用到分享功能,分享功能能够完全呈现PPT中的内容,对于使用了分享之后没办法切换PPT的问题,教师可以使用PPT中的阅读模式随时切换。

4. 互动消息。互动消息在直播课堂中的用处非常多。在刚上课时,教师可以让学生打出1以确认学生是否能够听到声音、看到画面。在课堂中,互动消息是在PPT层面之上的,所以教师可以看到学生的消息,比如在5BM4U3 Story time中教师引导学生根据课文内容进行排序,并在完成之后将答案通过互动消息打出,这种方式方便教师检查学生的学习情况,并了解学生完成的进度。互动消息也是学生和老师沟通的渠道,学生如果出现无法听到声音、声音太轻或者看不到分享内容时,可以在互动消息中打出问题,方便老师及时解决。

5. 答题卡。答题卡在小学英语教学中也是比较常用的一种方式,老师在PPT中打出题目并且设置选项的数量,通常是3～4个选项,学生可以在答题卡中选择答案,教师则可以在每个选项中看到选择的学生人数和学生名字,以此判断多少学生已掌握了该知识点,还有哪些学生没有掌握该知识点,在讲解的时候也能有所侧重。

6. 直播统计。在结束直播课堂后,钉钉会自动推送今天的直播数据,教师可以在直播数据中看到直播时长、已看学生和未看学生,教师能够清楚地了解学生观看的情况,并针对未观看的学生进行一个回访。如果教师是多群联播,则直播数据会根据每个班级的情况进行分析,使直播数据更直观、清楚。

7. 其他交互功能。直播课堂中的一些其他交互功能在课堂中也是常常用到。全员静音功能能够使直播课堂处于比较安静、可控的状态,让学生和老师都能关注到教学内容本身。多群联播的功能对于教授同一年级几个班级的英语老师来说是极大的便利,能够通过直播同时给几个班级的学生上课。黑板可以让教师写一写,便于及时指出问题并进行纠正。计时器的功能让老师和学生了解具体的时间,使学生明确说话练习的时间。直播回放的功能让没能参与的家长和学生能够及时观看本节课的内容,解决了直播课堂教学即时性的弊端,实现教学的延伸。

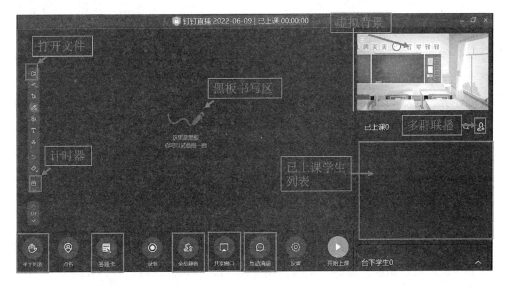

图片14　课堂直播

二、钉钉平台在线下英语教学中的使用

线上教学终将结束,转而还是会以线下教学为主,那么这些线上教学中的经验和方法是否可以迁移到线下教学中呢? 对此,我展开了自己的思考和实践,并在下文中罗列一些钉钉在线下教学中可以使用的功能和适用方法。

1. 群组交接。由于年级的提升,可能面临教师的更换,钉钉的转让群主功能则能在保留整体群组的情况下更换管理老师,帮助接班教师更快地建立家校群,也能使教师及时联系到家长进行一对一的沟通,使家校联系更紧密。

2. 资料共享。钉钉群最大的功能还是资料的共享,这个发布人可以是教师本人:教师将本节课所讲的内容上传到班级文件中,那么有些生病的或者因为各种原因没有上学的学生就能够通过班级文件中的资料,结合空中课堂的课程进行线上学习,也能跟上老师的进度。这个发布人也可以是学生们:学生可以将优秀的抄写、默写或者作文上传至钉钉群,一来方便错得比较多的学生校对书写内容,二来能够提升上传学生的荣誉感,提高学生整体的积极性。

3. 投票功能。钉钉自身并没有设置投票功能,但是它和微投票、问卷星等应用程序合作实现了在钉钉内部进行投票的功能。可以通过这些应用程序设置为某一个活动进行投票。投票功能可以用于智能节等活动中,学生上传音频或者视频至家校本,家校本设置为全部可看,上传的内容就变为全部学生或者家长都能看到,然后教师在钉钉群中讲清楚投票的要求,学生就可以根据这个要求进行投票,选出学生自己心目中最符合要求的作品。

4. 家校本功能。由于转换成线下教学,家校本将不再承担线上布置作业的功能,但是由于其具有可以上传图片、音频、视频等特性,可以继续承担起线上线下共学的任务。比如教师可以使用自定义作业布置朗读作业,学生可以将一个unit的朗读录音上传至家校本,让老师对每一个学生的朗读有更直观的了解,并且针对每一个小朋友的朗读提出针对性的建议。教师可以使用表扬优秀作业,教师输入被表扬的学生名单,并且将优秀作业以图片的形式上传,学生就能看到被表扬名单和被表扬内容,让学生明确被表扬的原因,也让其他学生更清楚各项作业的要求。教师也可以使用智能作业作为辅助措施,输入年级和教材的版本,就会有一些相对应的日常小练习或者单元复习,涵盖了听力、配对、选择、填空等,还是比较全面的,但是作业的布置需要控制在合适的时间内,所以教师可以有选择性地进行布置。

这是目前为止我通过摸索认为钉钉班级群可以融入线下教学的部分,当然还有

很多功能等待我们教师智慧地开发和运用。在后续的使用中,我会不断更新自己的理念,完善钉钉群和线下教学的连接。

钉钉平台的使用让疫情期间的线上互动课程得以有序进行,通过钉钉直播或者钉钉群中语音、文字的方式给学生上线上英语课,使我们的线上课堂变得既有趣又有效。之后回归到常态化教学中来时,钉钉群也能继续发挥功效,让线下教学变得更简单高效。通过线上线下教学方式的转变,我感受到科技在教学中的强势介入,这就要求教师自身要不断提升学习能力,学习接受新事物、使用新事物,让教学也变得与时俱进。

参考文献:

[1] 仇善梁,房翠.基于阿里钉钉的班级管理应用探索与实践[J].河北软件职业技术学院学报,2018,20(1):1-3,6

基于单元整体分析下小学自然
项目化学习活动设计
——以"桥"单元为例

上海市浦东新区东方小学　董　颖

一、背景和意图

项目化学习作为一种基于真实问题的探究性学习,项目活动的设计通常围绕某个驱动性问题展开,学生在具体的情境中通过探究来解决这一实际的问题。项目化学习活动的价值在于它能让学生和教师在过程中有新发现以及引发新问题,这会让学生经历一个发现问题、提出问题、查找资料、设计活动、实施活动、收集证据、做出解释的探究性学习过程。这与课程标准中让学生"亲身经历以探究为主的学习活动"的教学理念是一致的。

相比一节课的探究活动受到35分钟时间的限制,深入的探究活动与过程有时难以充分展开,项目化学习活动具有开放性和持续性的特点,能为学生自主活动提供充足的时间。因此结合学校项目化课程实际教学,可以通过开展小学自然项目化活动来最大限度满足学生持续探究的需求与兴趣。

但是在以往的教学实践中,项目化学习活动常常不能得到很好落实。通过和学校其他自然学科教师的交流,发现主要原因是教师对于项目化活动认识不足,不知如何与课堂教学有效整合,有畏难情绪。个别开展过相应活动的教师,也因缺乏整体规划,探究活动变得支离破碎,随着时间的推移,学生的参与率不足十分之一。现行的小学自然教材可分为"新授单元"和"专项单元"两类,其中每单元的学习活动均围绕单元教学目标组织开展。项目化学习活动作为重要组成部分,与课堂教学活动共同帮助师生达成单元目标。《课程标准》对于项目化学习活动虽有单元主题学习内容与要求的叙述和概括性活动建议说明,但是,对于各个探究活动之间的逻辑关系并未呈现。教师无法在单元分析下将教学目标分解融入各个活动之中,由此带来了实施困难，以及有效性、持续性、深刻性差的问题，最终使得实际教学与目标教学之间存在较大的出入，无法达成单元教学总目标。

因此，本文拟围绕"桥"主题单元，就如何设计和开展项目化学习活动进行解析和梳理。根据小学自然《课程标准》和《教学基本要求》，在单元分析下进行项目化活动的有效设计。

二、单元整体分析下的活动设计解析

（一）结合课程标准，设计单元分析下的探究目标

《桥》是上海科技教育出版社小学自然第四册第七单元，属于小学自然课程标准下"物质世界"一级主题——"运动和力"。根据《课程标准》和《教学基本要求》，属于运动和力的关系——物体的承重能力。

L2 知道改变材料的形状可以改变它的承重能力。

H2 知道材料、结构不同，物体的抗压能力不同。

以上要求为高年段学生的教学目标。本文将《课程标准》中教学活动实施案例的建议与《教学基本要求》中教学建议相结合之后，将单元教学目标具体化，结合二年级学生的认知水平和制作水平，分析达成这些教学目标可以开展的项目化学习活动目标建议，如表1所示：

表1　"桥"单元具体探究活动目标与相关活动建议

教材内容与要求		探究活动目标	课程标准活动建议	教学要求活动建议
桥	搭纸桥	了解桥的基本功能 ☆搭建式样不同的纸桥 ☆探究纸桥结构与其承重本领之间的关系	建议：引导学生使用提供的材料，通过制作纸桥，探究桥的承重本领；感受承重本领与桥梁的形状结构、跨度的关系；制作的改进可以放在课后完成	建议：二年级学生动手能力弱，其他活动环节耗时较多，本节课时间比较紧，测试环节移至下一课时开展活动
	纸桥比赛	能发现纸桥的跨度是影响纸桥承重本领的重要因素 ☆小组合作，设计和制作承受一个砝码重量且跨度较大的纸桥	建议：引导学生感受纸桥的承重本领与材料、结构等因素有关	建议：学生在限定材料范围内可通过小组成员中进行头脑风暴，选出最佳方案

（续表）

教材内容与要求		探究活动目标	课程标准活动建议	教学要求活动建议
桥	多姿多彩的桥	☆交流收集的桥资料，知道生活中的桥梁外形多种多样 结合所学的桥梁知识，绘制自己设想的桥梁	建议：可以通过观察不同结构的桥，了解一些特殊的桥。引导学生开展想象，设计自己喜欢的桥	建议：布置收集桥梁资料任务应要求学生尽可能收集相关的图片，也可将桥的外形画下来

通过分析《课程标准》和《教学基本要求》中的活动建议，笔者发现，考虑到二年级学生的认知水平、动手能力和设计能力较弱，表1中标星的教学目标无法在一堂课中达成，需要提供较长的学习探究活动时间。其中的三个目标有着比较明晰的基于设计与制作类型的项目化学习活动建议：（1）收集有关桥梁的资料（桥的名称、所在位置及主要特点）、不同外形的桥梁图片；（2）设计纸张的承重结构并制作测试；（3）设计纸桥的承重结构并测试。培养学生的实验设计能力，对于合理的猜想、简单操作的设计，激发动手能力。

（二）结合问题导向，设计单元分析下的活动方案

小学自然新课程倡导教学方式的变革，科学探究成为学习的重要方式之一。问题是项目化学习的起点，教师在教学中应利用学生的学习需要，巧妙地预设问题，激发学生的求知欲，从而达到激发学生学习兴趣、交流与协作、积极建构新知识的目的。

在"纸桥承重"项目化学习活动开始前，组织学生开了圆桌会议，以上海的"黄浦江"作为情境，引导学生对过江方法进行讨论后聚焦到桥梁上。学生对于桥梁并不陌生，但是对于"这些桥梁的功能是什么？""桥梁的外形结构有什么特点？"等问题无法达成共识。因此笔者布置了"收集各式各样桥"的资料任务，让学生学会收集信息、筛选信息，从而产生新的问题。

在经历"探究纸结构承重"活动时，通过创设真实情境，先出示一张8K铅画纸，将

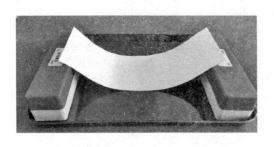

它平放在跨度一致的桥墩上。引导学生观察发现简单结构的8K铅画纸承重能力有限，这时提出情境问题："如何让一张8K铅画纸承重一个50克钩码的重量？"学生观察到真实的问题现象，如图所示，经历小组头脑风暴，把自己

想探究的问题写下来,每组选择一两个问题设计方案,讨论纸结构形状,将纸桥的设计、制作、测试条件等方案记录下来。

在经历"探究纸桥承重"活动时,先用一张16K铅画纸制作一个空心的平板桥,演示重物压在平板纸桥的不同位置时桥体的变形情况,引发学生对"桥面宽度不变时,改变桥内结构是否可以增强纸桥承重本领"的猜想,学生根据之前的纸结构承重活动的经验,根据设想,选择材料设计并制作纸桥内部结构。

项目化学习活动中生成的情境问题激发了学生自主学习意识,充分调动了学生学习的热情。使学生在问题的驱动下,通过合作探究解决问题,完成探究活动的任务,极大提高了学生课堂学习活动的参与度和效率。

(三)结合作业形式,设计单元分析下活动记录单

探究"纸结构承重活动"中学生的兴趣很高,但是很多学生在制作的过程中,不知道如何记录,也不善于分析实验数据,造成项目化活动"活动有余,思维不足,概念混淆"的局面,学生完成实验后,对所建构的科学概念存在认知模糊,甚至不能用概念来解释问题。因此,笔者重新设计了新的记录表,学生分小组将设计建构测试结果如实地记录,如表2所示:

表2 "纸结构承重"项目化活动记录表

小组	第一次设计 (8K铅画纸)	承受 钩码(克)	第二次设计 (16K铅画纸)	承受 钩码(克)
1	8K铅画纸"M"纸结构 	50	16K铅画纸"M"组合纸结构 	200
2	8K铅画纸"○"纸结构 	50	16K铅画纸"▢"组合纸结构 	150

（续表）

小组	第一次设计 （8K铅画纸）	承受 钩码（克）	第二次设计 （16K铅画纸）	承受 钩码（克）
3	8K铅画纸"□"纸结构 	0	8K铅画纸"□"纸结构 	50
4	8K铅画纸"□"纸结构 	50	16K铅画纸"〰"组合纸结构 	400
5	8K铅画纸"⊓"纸结构 	50	16K铅画纸"灬"组合纸结构 	200
6	8K铅画纸"灬"纸结构 	150	16K铅画纸"灬"组合纸结构 	250

　　学生通过对比纸结构承受的钩码重量的数据就可以判断纸结构承重本领与其的形状结构是否有关,最后得出结论:使用两张8K铅画纸的组合纸结构能承受更多钩码的重量。相同的8K铅画纸,折成不同的纸结构形状,它的抗压能力也是不同

的。如长方形和"ΛΛΛ"折线形的组合纸结构承重本领最大。

通过对项目化活动记录表的设计,引导学生学会准确、如实地记录数据,利用图表、简笔画、照片等形式表达;比较、分析数据,方便从中清楚明了地得出结论,形成对探究问题的形象直观的认识。同时,借助项目化活动记录表,可促使学生自我管理,促进探究活动有序、有效地开展。

(四)结合目标导向,设计单元分析下活动评价

项目化活动教学评价是保障课堂教学有效实施效果,促进学生学习的重要活动。低年段学生的积极性不能长久维持,因此建立评价机制可以最大限度地激发学生的学习动机。依据《课程标准》和《教学基本要求》将学业成果、学习兴趣、学习过程等评价融入项目化活动完成度评价表、小组成员参与度评价表,重点突出对学生制作能力、合作能力及探究能力的评价。

表3 "纸桥承重"项目化活动完成度评价表

评 价 要 求	活动达成情况	
活动一 各式各样的桥 ① 能从书籍、网络上收集桥梁图片	☆	
② 根据桥梁资料能交流发现桥的基本结构和功能	☆	
③ 完成收集各式各样桥结构小结	☆	
活动二 探究纸结构承重	8K	16K
① 能在规定的时间内设计、画出纸结构	☆	☆☆
② 能根据设计的纸结构进行制作和测试	☆	☆☆
③ 能及时记录测试数据	☆	☆☆
④ 能根据测试数据进行分析,完成8K纸结构和16K组合纸结构的承重图文小结	☆	☆☆
活动三 探究纸桥承重 ① 能在规定的时间内设计、画出平面桥的内部结构 ② 能根据设计的平面纸桥结构进行制作和测试 ③ 能及时记录测试数据 ④ 能根据测试数据进行分析,完成纸桥承重的图文小结	☆ ☆ ☆ ☆	

在设计与制作类项目化活动学习中,手工制作的学生作品是常见的探究学习成果,对制作作品进行完成度的评定是评价学生项目化活动学习有效性的方式之一。教师可以根据作品是否在规定时间内完成,作品设计中是否体现科学原理,是否根据活动需要有所改进,作品的测试是否解决活动问题等制定评价标准,并根据评价标准设置不同的评分权重,以便给小组活动完成度打分。

表4 "纸桥承重"项目化活动自我评价表

知识建构	1.通过查找资料,试写出新建立的知识
沟 通	2.试写出你曾对组员提出的意见
协 作	3.试写出你曾替组员解决问题的有效方法
个人学习	4.试写出你分辨重要信息的方法
价值观/态度	5.试写出现阶段学习项目的心得体会

学生根据活动情况填写项目化学习自我评价表,评价采用描述性评价方式,学生在评价表内只需要用描述性语言陈述自己在项目化活动中的学习表现,没有具体的分值,目的是让学生反思自己在探究学习中的学习兴趣、学习过程及学业成果表现。

表5 "纸桥承重"项目化活动小组成员参与度评价表

编号	活动:纸桥承重项目化活动探究	成员1	成员2	成员3	成员4	成员5	成员6
1	在大部分时间里他(她)积极参与	☆	☆	☆	☆	☆	☆
2	他(她)的意见总是对我很有帮助	☆	☆	☆	☆	☆	☆
3	他(她)经常提醒小组其他成员积极参与合作	☆	☆	☆	☆	☆	☆
4	他(她)能够按时完成分配的活动和学习任务	☆	☆	☆	☆	☆	☆
5	我对他(她)的表现满意	☆	☆	☆	☆	☆	☆
6	他(她)对小组的贡献突出	☆	☆	☆	☆	☆	☆

学生根据实际情况填写小组成员参与度评价表。通过评价促进小组成员之间相互学习、相互帮助、相互督促。培养学生在小组中学会倾听组员建议,学会组员相

互帮助,学会发表自己的见解。以本案例研究为核心的"纸桥承重"项目化学习活动参与第34届浦东新区科技创新大赛小学组综合实践活动,荣获二等奖。

三、思考与感悟

基于单元整体分析下的项目化学习设计实践研究"培养的是科学思维和创新意识",突出"以学生为主体"的教学理念,以探究"纸桥的承重本领"为主线,开展了"寻找身边各式各样的桥""探究纸结构承重"和"探究纸桥承重"三个阶段的活动。本次活动选择低年段的二年级学生为参与对象,注重了活动内容的合适度和自由度,提升了项目化活动设计的可操作性和教学活动效率性,使学生自主地参与活动,从中学有所得,学以致用,切实感受到结构与承重的力学美学所在。

温暖项目　筑梦航天

——以"离开地球表面计划"跨学科项目化学习为例

上海市浦东新区进才实验小学西校　唐　晔

【摘　要】中国航天是许多孩子憧憬的未来，项目化学习成为一座筑起他们航天梦的桥梁，向核心目标出发，进行"温暖"情境入项，运用高阶认知开展项目实践探究，最终呈现成果的展示和评价，在培养学科素养的同时，又让学生在项目中感受中国航天的伟大。

【关键词】项目化学习　高阶认知

项目化学习来源于杜威的"做中学"，以及其后克伯屈的设计数学法（project method），都强调通过项目活动实践性地解决本质问题，以及在夏雪梅博士的《项目化学习设计　学习素养视角下的国际与本土实践》中都让我们了解到，通过项目化学习的设计，在教学中能更有效地把知识和能力整合在一起形成高质量学习，从而培养学生在实践探索中的学科素养，进而有了核心素养的形成。以项目化学习的方式进行教学，是一种新的尝试，以发展核心素养为目标，确定核心概念，使学生在探究活动过程中，学会合作，互帮互助，这是一种"温暖"教学的形式，更进一步促进素养发展，形成正确的价值观。

随着科技的日益进步，中国航天事业蓬勃发展，学生对于我国航天科技充满了好奇和憧憬，本项目"离开地球表面计划"是以神舟十三号宇航员开展的"天宫课堂"直播观看为切入点，融合自然、劳技、数学和美术多学科核心概念，统整核心目标，确定"恒定与变化"作为本项目跨学科核心概念，围绕制作航天器开展项目活动，进行项目设计，鼓励学生像航天工程师一样，发挥创意。通过多个"温暖"项目活动（见下图1），引导学生自主学习科学概念、学会成本控制、提高动手操作能力，以此培养学生对知识的理解、迁移和再创造的能力。经历查资料、选材、实验、设计方

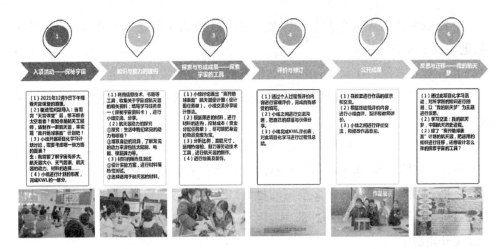

图1 "离开地球表面"计划项目化学习实践流程

案、工程建造、展示和评价,学生不断合作、交流、探讨、质疑的过程,除了对学科概念的再学习,也培养学生的学科素养和提升对中国航天科技的自豪感,激发学生的社会责任意识。

一、创设"温暖"情境,激发学习兴趣

学生在学习中的求知欲往往体现在对这一个项目是否感兴趣,设计合理的驱动性问题在项目化学习过程中非常重要。在学生学习过程中,有具体化的情境内容,会让学生更有代入感,让学生感觉学习并不是枯燥无味的,而是有趣的、真实的。因此"温暖"情境下的问题会让学生更好奇,想要得到答案,在身临其境中,更有意愿去解决问题或者更积极地去完成一个任务。当然假设式的情境也可以运用于项目化学习的驱动性问题中,学生的想象力是丰富的,很多时候学生不能像科学家一样去探索,但是他们愿意在假设的情境中模仿科学家们去探索科学的奥秘。

在此项目化学习中,运用假设情境,设计驱动性问题:当看完"天宫课堂"后,想不想去太空看看?假如你是航天工程师,请设计并制作一款航天器,来实现"离开地球表面"计划吧!看完"天宫课堂"以后,学生对太空、宇航员的生活、探索宇宙的工具等产生了太多的好奇和憧憬,他们并不能真正去太空看看,但通过此项目的入项情境,让学生有代入感,想要成为一名航天工程师,他们开始积极思考航天器需要考虑的因素,这种使命感让学生朝着任务去学习探索,激发他们的学习兴趣。

入项片段:

师:同学们,看完"天宫课堂"后你们有什么感受呢?

生1：我觉得航天员在太空生活太不容易了，在失重状态下还要做这么多的事情，他们太厉害了。

生2：好羡慕他们在太空的生活，如果有机会我也想去太空看看。

生3：在太空完成的这些实验和在地球完成的实验是有区别的，我也要尝试做做。

师：同学们，老师也和你们一样，很想去太空看看。假如你是航天工程师，请设计并制作一款航天器，来实现"离开地球表面"吧！我们需要考虑些什么呢？

生4：我觉得需要准备很多模型的材料，但是在准备的时候也要想清楚哪些材料比较好，所以我们还要了解外部环境因素，还要考虑航天器的大小，量好尺寸，这样才能开始制作。

师：说得真是太棒了，从很多方面考虑到了，那么离开地球表面，这里有两个字是"离开"，你认为还需要考虑什么呢？

生5：还有动力，比如怎么能使航天器离开地面，这是需要实验去测试完成的。

站在学生的角度开启项目，让学生感受到老师想和他们一起设计完成作品，鼓励学生参与项目，此时老师与学生都成为参与者。尽量听取学生的意见，当然在学生思考不出来的时候，教师也应该作为指引者，这会让他们更有积极性地去进一步探究，有了这种积极性，学生愿意主动学习，具有挑战性的问题也会迎难而上。

二、开启"温暖"探究，促进高阶发展

在项目化学习中，学生通过驱动性问题持续进行此项目，在小组合作探究的过程中，会运用低阶认知和高阶认知来学习。低阶认知往往是学生在学习时常用的学习策略，学生通常会用收集信息、比较、记忆等基础性的方式来获得相关知识。使用低阶认知的方式学习，能让学生理解其学科知识，加深印象，但不能达到核心概念的学习。夏雪梅博士的书中选用了马扎诺的六个方面的高阶策略：问题解决、创建、决策、实验、调研和系统分析。这六个维度的学习策略，体现了学生在实践过程中更具有合理性、科学性地学习概念知识，并指向核心素养和学生能力的发展，当然，高阶认知策略往往需要以低阶认知为起点使用，学生通过低阶学习获得大量有用的信息，以这些学习知识为基础，运用高阶认知策略解决核心问题，完成高质量的学习任务。此项目"离开地球表面"中，小组合作完成各种挑战，学会一起去探究，运用了问题解决、创见和实验的高阶认知策略。

（一）问题解决

项目化学习过程中，除了本质问题和驱动性问题，还包括多个子问题构成的问题链，小组运用分析、收集、对比等各种方法来解决各种问题，这一过程中形成了问题解决策略，最终解决此项目的本质问题。在此项目化学习中，学生需要为制作"离开地球表面"的航天器任务考虑多个方面因素。小组集中智慧，积极讨论，他们想到了材料的选择、大小尺寸的制定、环境、动力等一系列因素。再基于这些因素出发，对于宇宙环境知识、航天器技术等信息，学生会运用信息化技术收集资料，以知识为背景，解决动力和材料选择这两大难题，通过小组合作设计实验方案，收集了生活中常见的玩具，测试哪些常见动力更适合运用在他们的作品中。在解决材料选择后，小组分配任务，想出合适的制作方案，完成航天器的制作。

（二）创见

新事物的创造往往需要通过不断尝试和实验产生出想法，再结合知识背景来创造出具有价值的成果。在此项目中，学生在假设情境中，要作为航天工程师，创造一个模拟的航天器，在中国航天科技背景知识下开展讨论、设计方案、实施操作、装饰等都是指向探究素养，此项目化学习中的创见与问题的解决策略是有一定关联的。

（三）实验

在生活中，人们往往看到很多好奇的科学现象，学会思考原因到解释现象中间，有"实验"这一座桥梁存在。在项目化学习中运用实验，使学生对现象进行解释，以此设计出适合的方案来解决问题。在此项目的探究过程中，学生对常见动力和选哪些隔热性好的材料做出思考，完成动力测试、热的良导体等实验。在动力实验过程中，小组主动拿出身边的玩具进行测试，了解常见的动力来源包括弹力、电能、太阳能等。在此过程中，记录、做实验、辅助等任务的分配井然有序，呈现出一个个合作时的"温暖"瞬间；在选择隔热性强的材料的过程中，学生尝试做材料的对比实验，对棉花、铝箔纸、毛巾等材料进行隔热测试，来找寻答案，了解相关科学概念知识及选择合适的材料，为进行下一步的成果设计奠定很好的基础。

三、展示"温暖"成果，分享创新收获

项目化学习的最终成果是需要公开展示的，通过交流的方式，展现出他们独创性的作品。作品的展示环节可以让学生在研究过程中产生动力，并在展示过程中回

顾整个项目历程,学会反思。这种有仪式感的展示环节,会让学生在上台发言中带着自豪感和满足感,这也是对整个项目所学到的核心知识内容的一种肯定。在此项目化学习成果展示中,每个小组派两位代表上台展示发言,从作品的介绍、材料的选择、航天器功能、小组合作过程的感受等几个方面进行交流,小组之间相互欣赏,耐心倾听其他小组的优秀作品的介绍,发掘其作品的创新之处,每一组发言完毕都会听到热烈的掌声,这是对作品的肯定,更是对他们努力的尊重。

作品展示片段:

在自然实验室中,进行作品的展示。第一组作品展示及发言:大家好!这是我们这一组的作品,我们给它起名为"绿色飞行器"。我们选用了铝箔纸、纸板、塑料瓶、棉花等作为材料,铝箔纸内夹层为棉花,有保温性,让舱内温度恒定,塑料和铝箔纸作为隔热材料应用于外部。我们准备用太阳能作为它的动力来源。我们组在设计的时候想,这个航天器需要有一个休息区域,所以我们还用彩泥模拟一些植物,放在一个地方供航天员在休息时观赏用,其外部我们用绿色颜料涂抹,看上去绿意盎然。在小组合作过程中,虽然有时候会有分歧,但是组长会进行调解,每个人分工明确,最终完成了我们的作品。此时台下其他小组已经掌声雷动,因为上台发言的这位小女孩在班级一直是比较内向的,第一小组推荐她发言,说明在整个项目过程中,她的参与度很高,了解整个项目过程,这也大大提升了她的自信心。

在作品的展示过程中,把"舞台"给予学生,教师也是作为一名倾听者,不发表意见,让学生全程完成展示。当有学生怯场时,应该跟其他同学一样鼓励他,耐心等候,完成所有作品展示后,小组之间自主进行交流观摩,此时的他们会享受成果带来的喜悦。

四、进行"温暖"评价,唤起航天之梦

评价体现了学生在此项目化学习探究实践中,是否做到了核心概念的学习和素养的形成,它既能主观性地评价学习的成果,又能客观性地体现学生学习的质量,贯穿于整个项目化学习活动中,时刻体现出温暖的一面。此项目化学习中运用多元的评价方式对学生的创新能力、综合能力全面考查,教师应该对学生的自评、互评给予充分的肯定,鼓励他们,并尊重学生之间的个体差异。

在各小组进行小组展示后,进行作品的评价,采用了自评、互评和师评的模式,并让小组写下作品完成后的简单感受,详见表1。这种评价方式让小组客观认识自己有哪方面的不足,并让他们认识到在项目中不仅收获了知识,也获得了与同伴之间的合

表1　小组作品评价汇总

评价内容	第一小组			第二小组			第三小组			第四小组			第五小组			第六小组		
评价等第	自评	互评	师评	自评	互评	师评	自评	互评	师评	自评	互评	师评	自评	互评	师评	自评	互评	师评
材料使用	良好	良好	良好	优秀	优秀	优秀	优秀	良好	优秀	优秀	良好	优秀	优秀	优秀	优秀	良好	良好	良好
构造的美观度	良好	良好	良好	良好	良好	良好	优秀	优秀	优秀	良好	良好	优秀	良好	良好	良好	优秀	合格	良好
空间舒适度	优秀	优秀	优秀	良好	优秀	良好	优秀	优秀	优秀	优秀	优秀	优秀	良好	优秀	良好	优秀	优秀	良好
上台表现	优秀	优秀	优秀	良好	良好	优秀	良好	优秀	优秀	优秀	良好	优秀	良好	优秀	优秀	良好	良好	优秀
小组默契度	良好	优秀	优秀	优秀	优秀	优秀	良好	优秀	优秀	合格	合格	优秀	良好	优秀	优秀	良好	合格	优秀
小组感受	在此活动中，我们了解了在太空生活的科技，了解了火星表面的情况，提高了团队协作能力和动手能力，大有收获。但我觉得我们的准备还不够充分，在制作过程中，有些材料运用得并不到位，颜料和橡皮泥来得太晚，作品的美观和结构都不够理想			通过这一次的合作完成作品体验，我组感受到了团队合作的重要性			我们小组合作默契，使我们能制作出一个让航天员可以舒适地飞往月球的设计模型，希望我们以后能合作得更加默契			我们小组在本次活动中获得了许多关于航天器和宇宙的知识，每个人都有不同的收获，而且很开心			这次活动很好地让我们的合作默契提升了，也大大地扩充了我们的想象力，提高了我们的动手才能，让我们对中国未来的航天工作充满了期望			探索了宇宙的奥秘，让我们爱上了宇宙奥秘，知道了一些关于宇宙航天器和航天事业发展的知识		

作。在小组默契程度评价中,有个别小组给自己打出合格的评价,是因为在此实践过程中产生了冲突,在教师的调解下得以解决,并顺利完成作品,因此在师评中总体都是优秀,我们考虑,给小组更多的鼓励会让他们更加团结完成后面的项目活动。

在此项目化学习的总结反思中,我们回顾整个探究活动过程,以"我的航天梦"为主题进行反思感悟,把所学到的知识和想法用文字的形式进行评价(见下图2),记录学生对于中国航天事业发展的感悟,培养学生社会责任感和民族自豪感,筑起自己的"航天梦"。

图2 "中国航天发展史"及"我的航天梦"感受

五、反思"温暖"项目,助力共同成长

在本次的"离开地球表面"计划项目化学习中,以学生为主进行项目活动,教师成为指引者和鼓励者,为学生的学习进行引导和鼓励,让他们更富创造性地解决问题。在此过程中,以中国航天开展的"天宫课堂"为背景,设计现实情境的导入,让学生以一名航天工程师的身份去探索宇宙和制作航天器。学生结合自己已有知识,在探究过程中形成了核心概念的建构,不断探索宇宙奥秘。学生学会运用高阶认知带动低阶学习,在收集资料、实验探究、设计、制作、展示等过程中享受着成为一名"航天工程师"的乐趣。在此项目化学习中,把课堂"还给"学生之后,他们更愿意去主动学习,他们的想法要比教师更多、更具创意,很多的想法和信息是我从学生那里学习到的。在今后的教学中,更应该给予学生更多的实践去让他们创造。

项目化学习过程中,各种学习成果的质量也体现了学生能力的差异。在此项目化学习实践过程中,有些学生的参与程度并不是很高,他们其实并不是不想参与,而是不知道怎么去做。作为教师,在这过程中尝试去了解原因,并作为鼓励者去和整个小组进行沟通,鼓励他们帮助学习能力不足的伙伴。有了老师的鼓励和学生的带动,他们的积极性也有了提高,很快融入集体。因此,在学习过程中,教师不能指挥学生去做什么,而是要学会与学生站在一起考虑问题,想学生所想,这样才能带动整个项目化学习的"正能量"发展。

项目化学习的过程对教师来说也是一种挑战,从传统模式教学到项目化学习教学,这是一种教与学方式的改变过程,此项目是基于STEAM理念的跨学科项目化学习,因此在设计过程中,要对课程标准进行把握,教师需要不断地学习各种书籍和各学科核心知识,让学生拓宽知识、提升能力,尽可能享受学习带来的乐趣。此项目化学习的实施,对教师来说,也是一种专业素养的学习。

参考文献:

[1] 夏雪梅.项目化学习设计　学习素养视角下的国际与本土实践[M].北京:教育科学出版社,2018:63.

Seasons项目化学习活动案例

上海市浦东新区东方小学　谈燕盛

一、项目描述

（一）项目背景

2022年的春月注定是不平凡的。由于突如其来的疫情,上海进入了"倒春寒"模式。这个春季学期的第5周,学生们被迫开始了居家线上的学习生活。

线上教学,对学生和老师都是挑战。对于二年级的小朋友,这是他们小学阶段第一次面对疫情。他们年龄小,自控能力比较薄弱,容易受周围事物的影响,要适应全新的在线学习方式难度不小。对于低年级的老师,既要想办法保证学生的线上课堂参与度又要尽可能提高线上教学效果,也是不小的困难。而在这样的情况下要开展项目化学习活动,对老师和学生都是一次特殊的挑战。

（二）项目概述

季节这一主题是贯穿沪教版牛津课本1～4年级的长线主题。这一主题贴近学生生活,是学生们较为熟悉的内容。本学期由于疫情,大家被迫改变了学习方式。在这段居家学习的日子里,小朋友们可以通过观察周围的环境,感受季节的变化,调节学习状态。因此,二年级英语组选择了"Seasons"作为本次项目化学习活动的学习主题。本项目基于二年级牛津课本中"Module 2 My favourite things"以及"Module 3 Things around us"两个模块的教学内容,以"感知季节"为核心,以"如何提升英语表达能力,观察感知季节更替"为本质问题,引发学生的生活实践和体验。

（三）项目价值

本项目的实施,让学生在项目化开展的过程中提高英语表达能力。从感知自己周围的生活环境,了解不同季节的衣着特点,体验不同季节的乐趣,培养学生对学习英语的兴趣,帮助学生树立学习英语的信心。在项目开展过程中,逐步发展其思维能力、观察能力、理解能力及表达能力等。在丰富学生居家生活的同时,提升学生居家学习的体验感与参与度,有效激发学生的学习热情,全面提升核心素养。

二、项目设计

（一）项目目标

1. 了解与季节相关的核心词汇、核心句型及简单的季节语段的表达方式。

2. 了解不同季节衣着服饰的差别,关注英语中衣着的性别之分。

3. 能通过仔细观察生活环境,感受、了解不同季节的特点,体会四季的美。

4. 能跨学科运用美术学科的绘画能力绘制自己喜欢的季节并用英语进行描述表达,展现季节特点,感受不同季节不同活动的乐趣。

（二）核心知识

1. 项目中的主要知识点

（1）语言运用

① 语音

● 语调的交际功能。

● 基本句式（4～6句）的朗读语调和朗读节奏。

② 词汇

● 在语境中知晓并理解核心词汇的词义。

● 能正确听、说核心词汇。

③ 句法

● 知晓核心句型种类。

● 听、说简单的语段。

（2）语言文化

初步感受中西方描述季节方式的差异。

2. 学科相关的概念或能力

（1）观察能力:能留意生活中与项目化主题相关的事物及变化。

（2）倾听能力：能在项目化学习活动开展过程中，认真倾听同学的想法。

（3）表达能力：能选择合适的词汇和句型将项目化主题内容进行简单、有侧重的说明，并关注内容与主题之间的逻辑关系。

（4）文化意识：在项目化学习活动开展过程中，初步感受中外描述季节方式的差异。

（三）驱动性问题

1. 本质问题

提升英语表达能力。

2. 驱动性问题

驱动性问题关注四个关键词：How? Have? Can? Like? 从季节的气候体感入手，帮助学生联想到季节里的衣着特点，随后通过不同季节的活动延展到不同季节里各自喜欢的活动。驱动性问题如图1所示：

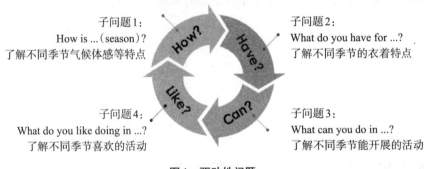

子问题1：
How is ...（season）?
了解不同季节气候体感等特点

子问题2：
What do you have for ...?
了解不同季节的衣着特点

子问题4：
What do you like doing in ...?
了解不同季节喜欢的活动

子问题3：
What can you do in ...?
了解不同季节能开展的活动

图1　驱动性问题

三、项目实施准备

（一）项目化学习活动课堂模拟

疫情之下，项目化学习活动需要全程在线上开展。我校地处浦东新区三林地块，疫情比较严重，小朋友基本都封控在家，不少可能连楼都不能出，限制比较多。面对疫情之下的种种不可控因素，我对开展项目化学习活动可能遇到的困难做了梳理，总结出两个需要思考解决的关键问题：（1）如何平衡好有限的时间，确保日常课堂教学与项目化学习活动的有序开展？（2）线上开展项目化学习活动，如何兼顾各个层次的学生？

为了解决这两个问题，我尝试在项目化学习正式开始之前，先在平时的课堂上模拟探索项目化学习活动的实施。

1. 尝试一：课堂延时，模拟活动

由于影响了日常教学，我尝试在课后延长几分钟，模拟项目化学习的实施。但几次尝试之后，发现延时开展活动的效果不佳。在延时期间，有个别小朋友在留言板询问什么时候能下课。课后我查询了几次延时讲课的听课数据，发现部分小朋友听课的时长不足。低年级的小朋友在坚持看完空中课堂和课后的20分钟互动后已经需要调节了，延时开展项目化显然不能解决问题。

2. 尝试二：加快课堂节奏，模拟活动

延时的尝试失败之后，我尝试压缩日常课堂的授课内容。通过适当加快日常教学的节奏，挤出几分钟时间留作开展项目化学习活动之用。可尝试刚开始就收到了一位家长的反馈。家长反映说孩子基础薄弱，感觉英语上课节奏快，孩子有些跟不上，问我是否能考虑他们的难处，适当放慢课堂的讲解速度。这条反馈来得很及时，让我马上意识到开展项目化学习更需要关注基础薄弱的小朋友。线上开展项目化学习时，这类学生所遇到的困难比普通学生更多。经过这次尝试，我认识到加快课堂节奏反而打乱了原本正常的课堂教学，得不偿失。

经过两次失败的尝试，我得出结论：只能同时开展课堂教学与项目化学习的活动。这就迫使我重新思考如何具体设计项目化学习活动。

（二）项目化学习活动内容设计调整

原先，我一直困于按顺序解决两个关键问题。由于思维定式，总想着先解决项目化学习开展的时间问题，再思考活动的设计，忽略了可以逆向走出困境。其实完全可以从具体活动设计上寻找突破口，进而解决第一个项目化学习时间不够的问题。这样一来，两个问题就融合成了一个问题：设计出适合在日常教学活动中开展并且能兼顾各个层次学生的项目化学习活动。

有了思路，我开始逆向思考如何设计活动。综合考虑学生的现状，我罗列了几个在线上课堂上开展项目化学习活动需要关注的点：（1）不能占用过多的课堂教学时间；（2）活动要能结合课堂的教学内容并且便于学生独自完成；（3）活动难度需要兼顾各个层次的学生；（4）活动所需的材料要便于获取；（5）考虑"双减"，活动要尽量不给学生造成额外的学习负担。

反复思考以上几点后，我意识到想要再额外设计课外的活动显然是不合适的。因此我将视线转向了与教材配套的练习部分。练习部分的每一课都有一个相应的

task板块,这个板块在线下时通常我并不会花时间特地去讲,但这个板块的练习却意外地适合作为线上项目化学习的活动素材。其一,练习册每位小朋友都有,不需要学生和家长额外准备,避免了缺少活动材料的问题。其二,练习部分本就是课本的配套练习,难度适中能兼顾各个层次的学生。其三,与课本配套的练习册本身就能在课堂上讲解,作为项目化活动开展不会占用额外的课堂时间。其四,我确认了本单元练习册的task板块,都是学生可以独立完成的内容,很适合隔离期间封控在家的学生。这样一来,两个项目化学习的活动就有雏形了。

原先设计的项目化活动我打算调整难度作为活动三。考虑到线上项目化的活动要基于教材,并尽可能向课堂教学内容靠拢,我调整了说段练习的内容,将说段练习语段与课堂的输出语段整合起来。这样既可以缩短学生额外的练习时间,课堂上熟悉的语段又能让基础一般的学生更有信心尝试。至此,最后一个项目化学习的活动也基本确定:把自己喜欢的季节以图画的形式表现出来并用语段进行表达。

(三)项目化学习活动开展时间线

根据项目化学习活动开展的节点,我规划了本次项目化的学习(见下图)。

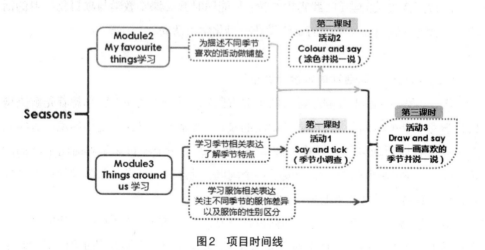

图2　项目时间线

四、项目实施过程

(一)项目化学习活动一(第一课时)

1.学习目标:

(1)通过本课学习,能基本理解与季节相关的核心词汇,能根据季节特点完成季节小调查。

（2）通过本课学习,能初步使用合适的词汇与句型表达自己喜欢的季节,并正确描述季节的特点。

2. 驱动性问题: How is ...(season)?(了解不同季节气候体感等特点)

3. 活动内容: Say and tick.(季节小调查)

Say and tick (说出你最喜欢的季节, 然后根据它们的特点在表格相应的一栏中打✔)

I like ... It's ...

	spring	summer	autumn	winter
hot				
warm				
cold				
cool				
cloudy				
nice				
windy				
sunny				

图3　Say and tick

第一课时的教学内容主要是与季节相关的词汇,以及对喜爱的季节的简单描述。结合课堂的教学情境和教学内容,在讲解完四个季节的相关词汇和内容之后,我在课堂的复习环节融入了项目化学习活动一: Say and tick(季节小调查)。小朋友根据自己的喜好及生活经验,勾出表格中自己喜欢的季节的气候体感特点,并根据表格内容简单描述下自己喜欢的季节: I like... It's ...。

4. 部分学生作品:

课堂上练习表达自己喜欢的季节时,不少小朋友都能积极申请连内容线,按照活动一的内容,对自己最喜欢的季节进行简单表达。多数小朋友选择了一个自己最喜欢的季节,但也有小朋友想说几个喜欢的季节,然而考虑到课堂时间有限,我把练习机会安排在课后,小朋友可以录音提交在作业里。课后批阅时,我将优秀作业设置成了班级示范作业,方便班级群里的小朋友互相学习,大家可以互相交流,取长补短,共同进步。

图4　活动一部分学生作品

（二）项目化学习活动二（第二课时）

1.学习目标：

（1）通过本课学习，了解相关季节的特点及代表性的颜色，能根据季节的特点完成季节涂色。

（2）通过本课的学习，在能够正确表达自己喜欢的季节、描述季节特点的同时，能结合上一模块的知识点，简单表达在喜欢的季节中喜欢的活动。

2.驱动性问题：How is …（season）?（了解不同季节气候体感等特点）

What do you like doing in …?（了解不同季节喜欢的活动）

3.活动内容：Colour and say.（给图片涂色并说一说）

图5　Colour and say

　　第二课时的主要教学内容是结合前一模块的旧知,学习表达不同季节喜欢开展的活动。考虑到课堂讲解的时间有限,我将涂色活动安排在课后,项目化学习活动二的"说一说"则整合在课堂的教学活动中。本次的内容是在描述喜欢的季节及其特点的基础上加上对各自喜欢的活动的表达,相比活动一难度略有提升。但有了前一模块旧知的铺垫和活动一的表达练习作为支架,活动二的句式 I like ... It's ... I like (doing)...整体难度不大。

　　4.部分学生作品:

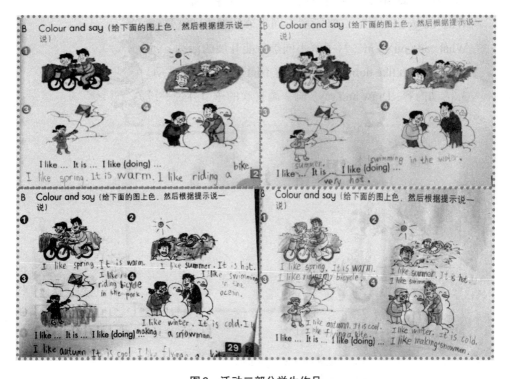

图6　活动二部分学生作品

　　项目化学习活动二的开展比活动一顺利。涂色是低年级小朋友喜闻乐见的活动,大多数小朋友提交的涂色都完成得很认真。有了第一次活动的基础,表达的练习也说得比前一次有进步,出现的错误有所减少。有一部分小朋友相当认真,在练习说的同时尝试将内容落到笔头,记录下自己说的小语段。因此,我将各个班级中优秀的活动照片截图整理,在后续的课堂正式开始前向所有小朋友展示并鼓励大家向他们学习,希望其他小朋友见贤思齐。

（三）项目化学习活动三（第三课时）

1. 学习目标：

（1）通过本课，学习服饰相关词汇，了解不同季节衣着服饰的差别，关注英语中衣着的性别之分。

（2）能跨学科运用美术学科的绘画能力绘制自己喜欢的季节，并用英语进行描述表达，展现季节特点，感受不同季节不同活动的乐趣。

2. 驱动性问题：

How is ...（season）?（了解不同季节气候体感等特点）

What do you have for ...?（了解不同季节的衣着特点）

What can you do in ...?（了解不同季节能开展的活动）

What do you like doing in ...?（了解不同季节喜欢的活动）

3. 活动内容：Draw and say.（画一画喜欢的季节并说一说）

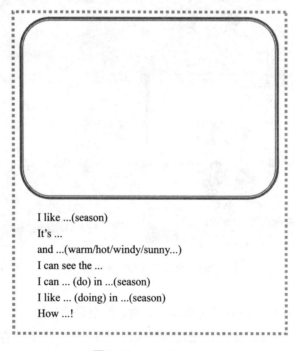

I like ...(season)
It's ...
and ...(warm/hot/windy/sunny...)
I can see the ...
I can ... (do) in ...(season)
I like ... (doing) in ...(season)
How ...!

图7　Draw and say

第三课时的内容是衣着服饰的学习，了解不同季节服饰的差别和英文中服饰的性别之分。结合这一课时的教学情境，最后的输出语段也结合了季节主题，与项目化学习活动三的语段表达相整合。这样既训练了活动三的语段表达，又便于隔离居家的孩子们练习当天课堂所学的内容,对本单元的核心内容进行及时巩固。课堂上我选择了几位基础较好的小朋友进行季节描述的示范,给其他小朋友树立榜样。课后的项目化学习活动是绘画自己喜欢的季节并按课堂练习的语段开展说段练习。

4. 部分学生作品:

图8　活动三部分学生作品

项目化学习活动三是比较综合的活动,需要小朋友绘画喜欢的季节并进行说段表达。虽然相比前两个活动难度较高,但是小朋友们的参与度很高,都能积极投入活动中。大部分小朋友能在绘画的同时认真说段,部分基础较好的小朋友能在绘画的同时将语段写下来,基础薄弱的小朋友也能在绘画的同时努力尝试分几次录音把语段说出来。小朋友们的作品充满了童趣,以及他们对季节的热爱,我将优秀的活动作品整理出来,在年级里进行展示,让大家都能看到。在欣赏的过程中一起感受四季的美,寻找生活中的小美好,给这段被封控的特殊日子带去一点阳光。

五、项目反思

这次项目化学习结束之后,我回顾了从设计、准备到实施的整个过程。虽然时间不长,但其间的经历却是这次疫情中特殊且珍贵的记忆,也是教学生涯中一段难忘的体验。回顾本次项目化学习的过程,还是有一些欠缺和遗憾的。

(一)学生参与项目化学习的主动性不足

项目化学习活动的开展过程中,学生的主动性不够。项目化学习主张在真实的情境中学习并解决问题。本次的项目化学习活动情境是真实的季节,学生也能积极参与到各项活动中来,但是低年级小朋友年纪小,学习经验不足,又是线上学习,要他们主动去开展相关活动难度较大。因此在设计活动的过程中,前两个活动的框架较为固定,这虽然能帮助小朋友更好地开展活动,但是学生解决实际问题的主动性就欠缺了。活动三相对开放,从小朋友们的作品中能感受到他们的参与态度,大部分小朋友都很积极主动,作品完成得很用心,但也有一部分小朋友比较偷懒,项目化学习的主动性不足,活动过程较为被动。

(二)线上参与项目化学习的效果参差

由于是线上开展项目化学习,老师无法面对面观察学生的学习状态,对活动开展过程中学生的参与态度也不够了解。线上开展活动期间,小朋友遇到问题往往难以第一时间解决。有些小朋友遇到了困难可能不好意思联系老师,老师也无法预估到在此过程中学生可能遇到的各种困难,往往要从他们的活动反馈中发现问题,这就直接影响了项目化学习活动的开展效果。小朋友在活动过程中虽然基本都能参与并完成各项活动,但是他们的实践过程中的体验感差异同样会影响他们的学习效果。

这次的项目化学习活动形式特殊,线上开展遇到了种种困难,有欠缺和遗憾的地方,但是这次打破常规的尝试让我看到了小朋友们的潜力和创造力。在疫情封控的条件下,大多数小朋友能克服困难认真参与,线上的形式反倒让部分平时默默无闻的小朋友在参与的过程中进步明显。不用在同伴的目光聚焦下练习表达,让他们不怕说错,愿意更努力尝试练习,反倒是增强了表达英语的自信心。在这次项目化学习的过程中,小朋友们用心观察,倾听同伴,认真绘画,大胆表达。在潜移默化中,他们的观察能力、倾听能力、表达能力等都得到了不同程度的提升。在此过程中,他们对中英文季节上的表达差异也有所体会,对中西文化的差异有所感悟,在提高英语表达能力的同时,英语核心素养也有所提升。

基于项目化学习三年级牛津英语 Seasons探究活动

上海市浦东新区东方小学　秦忆青

一、项目简介

(一) 项目概述

季节是一个学生们熟悉又有趣的话题。通过观察大自然的景象、气温和气候的变化、不同的穿衣方式等,学生可以去认识和感知季节的特征和四季的更替。由此,三年级英语组经过讨论,设计了"seasons"的学习项目。本项目基于小学牛津上海版3B M3U3 Seasons这一单元,以"The Beauty of the Four Seasons"为主题,用"如何描述和交流自己最喜欢的季节"这一驱动性问题,引发学生的探索性和生活实践。由于本次活动正值上海疫情期间,故此次项目化学习于线上开展探究活动。

(二) 项目价值

本项目的实施,改变了传统的文本式教学模式,驱动问题引导下的探究活动让学生成为课堂的主角,体验式学习调动了学生学习的积极性。学生通过观察自然景象,去感受季节的特征,体验不同季节的乐趣。在这样一个过程中,学生的观察能力、信息搜集能力、英语语言表达能力和基本的英语学科技能得到了锻炼,同时激发学生对大自然、对生活的热爱和对英语学习的热情。

二、项目设计

(一) 项目目标

- 掌握基础型课程中核心词汇和句子;知道相关拓展词汇的读音,了解其含义;
- 明确向他人用英语描述季节的形式及所需材料;

- 借助信息技术收集网络资料,运用工具、材料制作关于介绍季节的小册子;
- 能够呈现作品,自信地向他人用英语介绍自己喜欢的季节。

(二) 框架问题

驱动性问题: 如何向他人描述和交流自己最喜欢的季节?

内容问题:

1. 交流话题的目的是什么?

2. 怎样描述和交流自己最喜欢的季节?

3. 作品怎么呈现?

(三) 项目时间线

线上项目化学习流程:

1. 观察图片并讨论四季,在室内室外感受四季。

2. 阅读英语语段,读懂并理解关于四季的语段。

3. 制作关于四季的小书 A book of seasons。

4. 拍摄介绍自己喜欢的季节的视频,分享与反馈。

三、项目实施过程

本次项目化学习设计的实践活动包括:

(一) 入项活动(第1课时)

1. 活动内容和模式: 子问题的分解与梳理

学习目标: 通过思考与讨论形成问题,明确活动意图与方向。

引导问题: 向他人描述和交流自己最喜欢的季节需要准备些什么?

2. 活动内容与模式: 观察图片并讨论四季,在室内室外感受四季,完成学习任务单

学习目标:

(1) 通过观察身边景物、穿着打扮,通过感受室内外温度,猜测温度,了解季节的特点;

(2) 完成 Big questions 任务单后在线上连线分享自己的观察结果;

(3) 阅读相关小语段,并以思维导图的方式,梳理对四季的认知。

引导问题：

How many seasons do you know?——热身,唤醒已有知识,结合自然学科;

What season is it now?——观察和讨论,结合自然、节气相关知识;

What do you know about seasons?——交流与讨论,结合语言、自然学科。

在以上活动过程中,逐步落实基础型课程的核心词汇,例如教师在线上出示季节元素特别明显的图片为学生提供知识、资源等帮助,从语言上帮助学生理解和表达,再请学生结合已有语言和知识经验,连线后用英语交流自己的观察结果,请其他学生参与互动和评价,让大家从反馈中获得鼓励和认可。

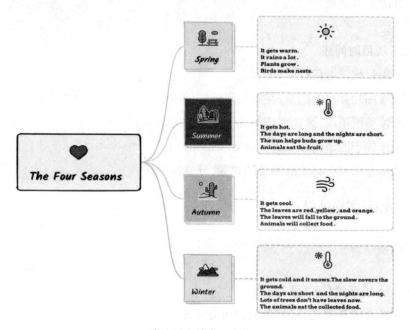

学生过程性学习资料1

（二）项目实施活动一（第2课时）：

活动内容与模式：阅读欣赏关于四季的英语小语段,为自己要做的小书The book of seasons选择设计板块。

学习目标：

1. 语言知识的运用：能通过阅读,帮助自己获取纯正的语言表达方式；借助思维导图,从weather, clothes, views, activities, food板块进行梳,帮助理解和表达；

2. 自然知识的运用：能结合观察、体验、探究的结果，得出结论：日长夜短，日短夜长等。

引导问题：

How are the seasons different?——复习上次活动内容，结合语言与自然学科；

What do you know from the reading?——新授学习，通过思维导图帮助理解和表达；

What season is good for animals? What season is good for people?——思考与讨论，结合语言与自然学科。

通过这一步骤的实施，学生从英语阅读活动中得到了大量的语言输入，除了掌握基础性课程中的核心词汇，还通过图片支持、小练习配对的方式习得了新的词汇，帮助自己更好地做好"解码"，更好地理解了教师提供的拓展阅读文本，同时，教师鼓励学生尝试用电子词典App查词的技巧促进自己的自主英语阅读。除了语言上的习得，同学们更多的是学习了使用各种工具来帮助自己完成探究活动。信息技术的使用在此过程中起到了非常重要的作用，例如上网收集科普信息的资料。同学们也会借助思维导图帮助自己梳理和归纳，有条理地在各个板块中填充自己对于季节特点的发现，为自己将要完成的 A book of seasons 做准备。

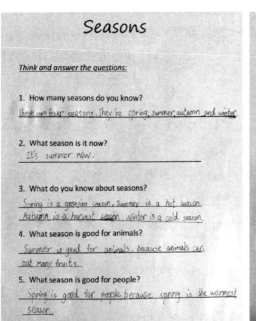

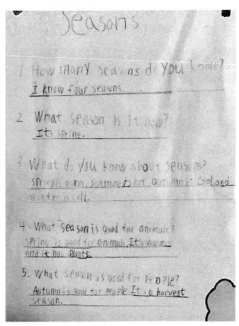

学生过程性学习资料2　　　　　　　　学生过程性学习资料3

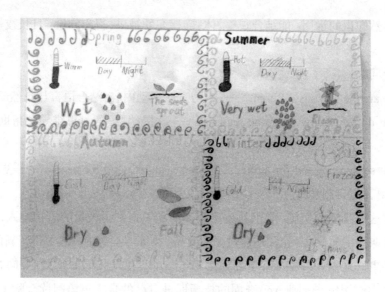

学生过程性学习资料4

（三）项目实施活动一（第3课时）

活动内容与模式：制作关于四季的小书 A book of seasons。

学习目标：

1. 制作方法的运用：通过观察、收集资料等方法，确定制作工具和素材；

2. 美术知识与技能的运用：能利用废旧杂志、报纸彩页等已有材料，制作 collage 拼贴画；也可以通过其他艺术风格，如采集当季植物制作压花等方式表现自己的创作风格。

引导问题：

What do you need for making your book?——分享与交流，结合美术、劳技学科，准备工具；

What do you want to write about in your book?——思考与讨论，明确小书中将要介绍的相关板块，结合语言和自然学科；

How do you make your book more beautiful?——思考与讨论，尝试版面风格设计，结合语言和美术学科。

这一活动是大部分学生所喜欢的步骤，它所涉及的学科内容多，其中最吸引学生的一项就是"动手做"。在线上互动交流中，当教师问出 How do you make your book more beautiful?时，学生给出的答案之丰富让老师也非常期待看到他们的作品。例如当同学提到用小区中可以看到的当季植物来为自己的小书做艺术方面的美化，或者为自己的小书做一张植物书签等，就非常应景且有创意。同时，老师也介绍了collage拼贴画的方式，请学生自行研究collage可以怎么做、需要准备何种材料，可尝试在作品中体现。

整个过程中，鉴于之前两课时的探究成果，学生对于自己想要向他人介绍季节的板块呈现有清晰的概念，他们能够快速说出标题的名称，如Summer weather，Summer food，Summer clothes，还有同学决定写一写Summer plants，着重想要体现季节与自然的关系。三年级的英语表达和积累还不足以做到精准或详细描述，但是思维训练，以及学生参与探究的积极性在此互动中得到了锻炼和体现。

（四）项目实施活动一（第4课时）

活动内容与模式：拍摄介绍自己喜欢的四季的视频，分享项目成果与反馈。

学习目标：

1. 通过线上展示The book of seasons，欣赏和聆听他人的制作过程和经验；

2. 通过视频展示，鼓励学生尝试语言输出，用视频记录下自己如何向他人介绍自己喜欢的季节；

3. 介绍本次项目化学习体验的经验与总结。

引导问题：

What do you need for making a video?——思考与交流，结合信息技术学科，准备工具；

What do you want to tell people about the seasons?——思考与交流，明确自己要介绍的内容，突出季节的特点，结合语言、自然学科；

How do you make your speech video more persuasive?——思考与讨论，结合语言、艺术学科。

这一活动是项目化学习的汇报活动，同学们以拍摄视频向他人介绍自己喜爱的季节为最后呈现。经过之前三个探究活动，同学们在视频中完成了一次Presentation，借助电脑PPT、投屏的方式，熟练地介绍着自己关于季节的小书。他们仪表自然大方、语言流利、内容丰富。老师先请同学们在线上递交汇报作品，之后请同学们自行在线上观看班级作品，并完成线上评价，可以点赞或留下想说的话。在之后的线上直播课中，老师请学生自己来介绍初次完成英语项目化学习的步骤，例如，你的探究步骤是什么？你在探究时需要用到什么材料？你在过程中遇到的困难是什么？你对自己的作品是否满意？有同学认为自己的探究步骤为Read（阅读）—

Think（思考）—Do a survey（调查）—Make and play（做做玩玩）—Presentation（展示），本人觉得这位同学在体验过程中形成了自己的总结，他能够将教师给出的任务归纳为以上五个步骤，言简意赅，虽前后顺序有待商榷，但学生的思考能力、交流能力、合作能力、动手能力、反思总结等都得到了锻炼。在此过程中，教师始终是观察者和引导者，把时间和机会留给学生去思考和反馈，同时也从学生的角度再次反思探究过程，有利于自己修改后再次投入实施。

三年级 Seasons 英语项目化学习评价表

英语项目化学习 评价维度	评 价 细 则		
	★★★	★★	★
参与度 （学习兴趣）	积极参与，每个活动有发言，且有启发性的思考，与老师和同学互动积极	参与度较好，经常发言，与同学和老师有互动	参与度一般，不太发言
过程性资料递交 （学习习惯）	及时递交过程性资料，且资料齐全，质量高，能够在活动中起到示范和启发他人的作用	及时递交过程性资料，资料齐全，质量较好	能够递交过程性资料，资料齐全，质量一般
视频展示 （学业成果）	视频拍摄效果好，时长控制在2分钟左右。表达流利、自信，语言准确、清晰，能够吸引观众听讲	视频拍摄效果较好，时长控制在2分钟左右。表达较为流利，吐字较为准确和清晰	视频拍摄效果一般，时长少于1分钟。表达效果一般，吐字较为清晰

四、项目成果

对于三年级学生而言，英语语言表达是有困难的，难度较之自然、美术、信息科技和艺术相关知识而言，会是障碍。因此在实施项目化学习时，结合基础型学科小学牛津英语三年级 Module 3 Unit 3 Seasons 原有的语言材料，补充课外材料和教师自编语言材料（融合自然、美术、信息科技、艺术等学科知识），结合双语教学模式，降低英语项目化学习的难度，让疫情之下的每位同学都能够参与项目化学习的活动。网络和信息科技的支持，让师生之间的交流变得便捷，有问题可以及时交流，还可以通过视频拍摄指导学生完成书本制作和视频制作，帮助他们解决过程中遇到的问题，最后完成并呈现自己的作品。

学生过程性学习资料5　　　　　学生过程性学习资料6

五、结语

本次英语项目化学习的学生作品并不仅仅是一个最后的小书制作和视频呈现，从探索到最终展示的过程中，学生要观察和思考、讨论和分享，通过任务单、阅读、思维导图、写话等过程，才能够得出自己探究的结论。学生从如何设计排版、如何选择板块、用何种材料体现自己的小书风格等过程中，用到了美术学科的知识，让他们接触了动手制作，用到了劳技学科，同时提升了学生的动手和审美能力。在线上展示小书、视频介绍的活动中，虽然有来自各位同学和老师的评价，但线上的合作、评价两方面做得不够。虽然教师在群中或者班级圈中设置了互动参与，但疫情之下的线下小组活动会比较困难，参与度还未完全铺开。评价虽从"参与度（学习兴趣）、过程性资料递交（学习习惯）、视频展示（学习成果）"三个维度来完成学生自评和教师评价，但评价的细则还不完善，这是之后在校项目化学习交流和反馈中着重修改之处。从本次开展线上英语项目化学习活动中，本人还思考了以下问题：语言是工具，主体还是应该聚焦能用它来解决一些什么问题，那语言的功能就是输出，能够做到的就是用语言向他人介绍，即输出。然而这又不仅仅是语言输出，跨文化交际、文化意识的培养也可以在英语项目化学习中有所体现，因此如何做好以英语为主的项目化学习，还需要多看一些案例，使项目化学习越做越有效，越做越有趣，真正起到让学生主动愿意去探究和获取解决问题的能力的作用。

信息技术助力"四季之美"英语项目化教学案例

上海市浦东新区东方小学　刘盛艺

一、项目简介

(一) 项目概述

"双减"政策下,如何优化作业,提升教育活动质量,以高效教学成就学生的综合素质成为教师的研究方向,项目化学习应运而生,成为当前教育发展的一个重要趋势。项目化学习不同于传统的课堂教学,更加强调以学生为中心,让学生更加主动、更加积极地学习,教师更多的角色是学习的组织者、引导者、伴随者和支持者。正值疫情期间,学生居家进行线上学习,此时开展项目化学习无疑会为居家生活带来别样的活力,同时也能培养学生的多维综合能力。借助网络连线的项目化学习,不仅是素养时代一种学习方式和课程的结构方式,更是指向学习的本质,指向知识观的变革与学生心智情商的综合提升。此项目选定了M3U3 Seasons教材主题及The four seasons这个书后项目,并将教学进度与学生学情结合,进行"The Beauty of the Four Seasons(四季之美)"的项目化学习。

(二) 项目价值

培养学生发现与审美的能力。"四季之美"的主题需要学生有一定的生活常识概念与发现身边事物、欣赏不同风景的眼睛。学生在寻找发现、阅读赏析、学习思考、归纳总结、描述输出的过程中,能够提取身边各种材料信息并进行相对完整的梳理比对及整合介绍,需要他们能发现四季的相同与不同处,再结合自己的喜好进行描绘与描述。在展示自己作品的同时,也欣赏故事绘本和其他同学的作品等,在学会尊重他人喜好的同时,也能提高自己的发现能力与审美水平。

激发学生对探索与设计的激情。丰富的学习材料给予了学生多样性的体裁灵感,阶段性的项目化问题驱动学生层层深入探索。学生在一步步的学习中自行挖掘与问题链相关的内容,将收集到的信息进行有效整合,从而进行可行性的文本与小报设计,利用思维导图等方法,提升学生逻辑思维能力,开发创造的潜能。

促进学生思维与身心的发展。本项目的实行过程中改变传统的教学模式,采用条理性的问题驱动与步骤安排,从问题入手,经历发现问题、提出问题、归纳方法、成果展示等过程,旨在在符合学生的身心发展水平的基础上,培养其自主思考的能力,发挥学生的探索能力、思考能力、想象力、动手能力等,综合运用所学的语文课程"二十四节气歌"、自然课、信息课等知识,解决所提出的问题。

(三)涉及课程标准

学生能初步理解与运用春天、冬天常见的动词或动词词组,能问答季节信息,了解季节景象。在此过程中,进一步感受四季,感受景象之美、活动之趣,从而热爱自然、感受美好。

二、项目设计

(一)项目目标

1. 了解四季的天气、动植物变化等基本自然情况,能进行内容的总结梳理。

2. 能对于四季的基本自然情况进行思考,从而延伸到四季对于人类的影响、不同季节中人类行为活动的不同。

3. 根据四季自然情况,动植物及人类行为活动的情况,如穿衣、饮食、活动等进行整体线索梳理,能以气泡图或思维导图等形式加以体现。

4. 了解四季之书和四季小报等制作方法,学会将内容以文本绘图及演讲演绎等方式输出,进行创意表现。

(二)框架问题

本质问题:如何多方面描述四季的情况?

驱动性问题:如何向外国友人介绍国内的季节和活动?

内容问题(问题链):

1. 四季的天气、动植物等自然环境是怎样的? 有什么变化?

2. 人类行为活动有没有受到季节的影响?

3. 人类活动在每个季节是什么样子的？

4. 能以什么样的形式去整理四季内容？

5. 如何描述？能以什么样的载体和形式进行？

（三）项目时间线

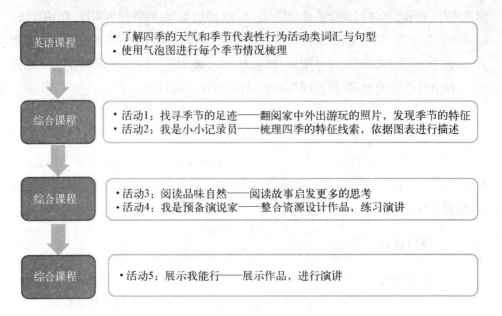

英语课程	• 了解四季的天气和季节代表性行为活动类词汇与句型 • 使用气泡图进行每个季节情况梳理
综合课程	• 活动1：找寻季节的足迹——翻阅家中外出游玩的照片，发现季节的特征 • 活动2：我是小小记录员——梳理四季的特征线索，依据图表进行描述
综合课程	• 活动3：阅读品味自然——阅读故事启发更多的思考 • 活动4：我是预备演说家——整合资源设计作品，练习演讲
综合课程	• 活动5：展示我能行——展示作品，进行演讲

三、项目实施过程

本次项目化学习设计的实践活动包括：

（一）入项活动（第1课时）

活动内容和模式：子问题的分解与梳理。

学习目标：通过讨论交流的形式确定项目流程，明确活动意图与方向。

引导问题：四季中，天气、动植物等自然环境和人类活动是怎么样的？

（二）项目实施活动1（第2课时）

活动内容和模式：翻阅家中外出游玩的照片，发现季节的特征。

学习目标：

1. 能通过照片回忆再感受或是实地观察自然等方式，发现季节中的自然特征。

子问题		
本质问题	四季的天气、动植物等自然环境是怎样的？有什么变化？	四季的天气分别具有什么样的特征？动植物在四季中有什么不一样的表现？
如何多方面描述四季的情况？	人类行为活动有没有受到季节的影响？	人类在四季中有什么明显的特征？这些活动和季节环境是否有关？
驱动型问题	人类活动在每个季节是什么样子的？	我们在每个季节分别能做些什么？每个季节中的代表性活动有哪些？
如何向外国友人介绍国内的季节和活动？	能以什么样的形式去整理四季内容？	我们要以什么样的方式去呈现？怎么样才能清晰呈现四季内容？
	如何描述？能以什么样的载体和形式进行？	我们描述时候的步骤是怎么样的？该以什么方式去介绍？

2.能将观察到的内容以思维导图的方式进行内容的梳理。

引导问题：四季的天气、动植物等自然环境是怎样的？有什么变化？

利用居家的空余时间寻找回忆或用发现美好的眼睛去寻找蛛丝马迹，找到自然特征，也可以使用询问、采访、搜索等方式对四季的基本自然特征有所了解。

此外，为了学生不只是在家里发挥想象和常识去使用浮于表面的浅显内容解决问题，而是能真正实践地用眼睛去发现，用洋溢着快乐的心情去学习思考，不负春日好时光，首先给学生提供了样例，拍下了家中的植物及在出门做核酸检测的路上看到的美丽景色，将这些图片信息整合成了语言及文本，利用线上辅助教学的时间来讲述，并分享到钉钉"班级圈"中，使用拼图、拍摄剪辑等方法来促使内容丰富多彩，引导学生"发现美好"，记录生活中的精彩时节。

学生的求知欲可谓是无穷无尽，还通过询问、调查、搜索等方式开启了自觉学科融合之路，他们进一步操练网络搜索、复制粘贴等信息科技能力，知晓了植物分类、动物迁徙等自然学科知识、冬季昼短夜长等地理信息，在探索的过程中甚至进一步加深理解"二十四节气歌"等语文课程内容。

（三）项目实施活动2（第2课时）

活动内容和模式：通过实践与观察、思考与交流，记录不同季节中人类行为的不同之处，提交记录。

学习目标：

1. 实践与观察：能对季节交替时节的不同情况做出观察,回想自己的不同之处,通过调查、询问等方式进行记录。

2. 能以图表形式将即时记录进行内容梳理。

引导问题：人类行为活动有没有受到季节的影响?

1. 人类在四季中有什么明显的特征?

学生通过家庭采访和邻居对话等方式了解人类行为活动不同之处。收集到多样化的信息,如：不同季节的穿衣特点不同,许多人的体形发生季节性变化,季节的天气影响头发是否会剪短等。

2. 这些活动和季节环境是否有关?

学生对手头的草稿记录内容进行思考,这些活动是否与季节的变化完全形成关联性,是普遍的行为还是部分人的个人想法,以此作为初步筛选。在这个环节,使用线上和线下共同进行的方式,以4或5人为单位进行自由分组,想必和志同道合的好朋友一起学习会令彼此交流更加顺畅,合作更加愉快,而人数的要求也会让学生多方沟通,更有逻辑性和时间安排。小组内进行交流分享,进行二次筛选,得到相对更准确的内容,再在班级中进行交流(图1、图2为小组美化后的采访记录与整理)。

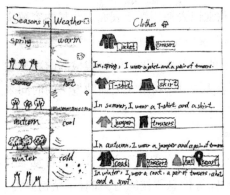

图1

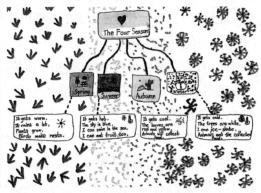

图2

(四)项目实施活动3(第3课时)

活动内容和模式：通过采访、思考与交流,得出在每个季节中人类能做什么具有代表性的活动和喜欢做什么的个性化表达,完成学习单,进行交流分享。

学习目标：

1. 实践与观察：能对不同季节的活动做出观察、回想与思考,完成学习单。

2. 了解在不同季节中自己喜欢的活动,能进行交流。

引导问题:人类活动在每个季节是什么样子的?

1. 我们在每个季节分别能做些什么?

学生回想自己在每个季节能做的事情,选取有代表性的行为活动。活动如何定义"有代表性"? 即经常性能做的,或是普遍范围内都会做的事情,而不是突发奇想要做的事情。

2. 这些活动和季节环境是否有关?

判断活动与季节有关,即基本上只在当季做的事情,如:跑步这一活动在不同季节都能完成,就不能选为本次的行为活动,而滑雪普遍在冬天进行,可以作为冬季的行为活动。学生对于这样的活动进行思考选择。

更多指导辅助:

在学生交流的过程中指导他们的语言询问使用What can you do in ...? Can you ...? What do you like doing in ...? Do you like ...?等句型,也要使用I can ...(do)Yes, I can./No, I can't. I like ...(doing)Yes, I do./No, I don't.等句型来回答。在发生意见不一致时也需要用Sorry, I think ...等用语发表意见和建议,将项目化更规范且利于学科的方向推进(图3为学生在指导下交流分享后的此项活动思维导图)。

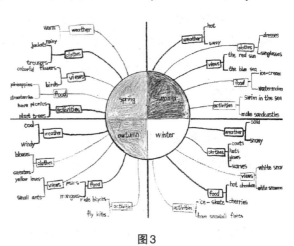

图3

(五)项目实施活动4(第3课时)

活动内容和模式:将前期准备的资料整理,设计小报或季节之书作为文本材料。

学习目标:

1. 能从weather, plants, animals, clothes, food, activities, fun等方面进行季节的各方面梳理。

2. 能以季节为主题设计出美化文本,如小报等,语言准确简练,易于诵读记忆。

3. 能对于季节做出演讲,可以脱稿或流畅说明。

引导问题:能以什么样的形式去整理四季的内容?

1. 我们要以什么样的方式去呈现？

学生阅读教师提供的"季节之书"绘本,拓展思路,自主选择文本呈现和演说结合的方式,来完成一场关于季节的介绍。

2. 怎样才能清晰呈现四季内容？

目前围绕着季节展开了许多的探究,也有完成的多方面的思维导图等,但如何将内容整合成型是学生现阶段的难题。为了保证学生作品的完整性和美观性,我准备设计与制作所需要的文本与技术材料进行线上分享。这些是由老师提供部分文本信息,如:每个季节可能会参与的活动类的英文词汇,个别单词的动名词形式等,并帮助学生进行文本校对。教师也提供一部分思维导图的绘图方式,以及布局模板以供参考,但由于各人的设计不同,一部分电脑技术型的操作以及排版美工的设计需要学生自己安排准备,借此培养学生的统筹规划能力、排版布局的空间构图能力、合作交流能力和独立思考完成能力,鼓励学生在实践中得到多方面才能的锻炼。

小报是学生能力范畴内的完成形式,大多数学生选择将四个季节的线索梳理在一张小报上,辅以思维导图,得以清晰呈现。部分学生选择组队,各自选择自己喜欢的季节来制作《A book for spring/summer/autumn/winter》,当志趣相投的朋友遇到了一起,就形成了一套四本的季节之书。

(六)项目实施活动5(第4课时)

活动内容和模式:练习演讲并加以指导。

学习目标:

1. 能对已学的内容加深记忆,清晰了解。

2. 能对于季节做出演讲,可以脱稿或流畅说明。

引导问题:如何描述? 能以什么样的载体和形式进行?

1. 我们描述时候的步骤是怎么样的?

学生交流,达成共识:首先自我介绍,其次介绍标题,接着讲清内容,最后表达感谢。学生也很看重这一场成果交流,不断操练,请教老师指导语法和语音断句等问题。

2. 该以什么方式去介绍?

学生完成精美的文本涂绘后,为了口语的流畅,还准备演讲稿,大部分学生的用语呈现在作品上,还有部分学生关注细节,需要准备口语方面更多的内容。学生以伙伴或小组形式进行操练、试讲,在这个过程中,进行语法纠正以及语言指导,如肢体语言、表情语言等。需要精益求精的学生更是在停顿、情感等方面钻研。

四、项目成果

项目成果一：

学生的小报和季节之书不仅在设计形式上方法各异，在制作方式上也是精彩纷呈。进入中年级，接触到了信息科技课程，学生不仅在知识回顾与信息搜索、整合阶段使用了信息技术，也在最终的作品中有所体现，他们将课程知识进行有机整合，创造出了属于自己的作品，可谓是真正做到了"学会"二字。从作品中可以看到，他们搜集了网络素材，或进行边框版面制图，或将图片融入作品，将电子信息与传统方式相结合。而从纯手工完成的作品中也能看出学生的用心制作，他们将思维导图、气泡图等引导逻辑思维的方法融入，这也正是项目成果的另一种体现：提升学生学习兴趣，进行自主探究，促进学生学习的体验、探究、理解、内化、迁移和应用过程，从而促进学科思想的发展（图4为学生作品）。

图4

项目成果二：

学生将准备好的小报或季节之书呈现，同时采用录屏或是在线演讲介绍的方式呈现。可以看出部分学生有点紧张，但也完成得很好，部分学生的演讲介绍已初露台风，展现光芒。基于教材的项目化实际上是将课本内容再次揉捏塑造，教师以驱动问题为引，引领学生更深入学科的知识内容，以自主认真钻研的精神将核心内容梳理成品，有助于学生的知识整合与运用。本次项目化面向全体学生，让不同学习水平的学生都有所得（图5为学生演讲截图）。

图5

项目化学习的最后，我们用评价表为这次活动画上圆满的句号，邀请所有参与的同学对本小组和其他小组开展自评与互评。

评价指标	评 价 标 准	评 价 结 果					
		G1	G2	G3	G4	G5	G6
观察思考讨论	自行安排进行考查、讨论，有所记录						
搜索信息整合	过程有序，实际操作，小组分工明确						
小组分工合作	组员分工明确，全员参与，合作有序						
个人小报制作	作品主题鲜明，内容围绕主题						
作品展示	作品美观，布局有理，灵感体现						
作品交流	表达清楚，语句正确，大方得体						
总体评价	项目实施过程完整、有序，有所体会反思						

（A、B、C档评价）

在项目学习前，便制定了各个实施步骤的评价，并要求评价科学有效、公平公正。综合自评、他评与师评，评选出优秀小组与优秀个人，予以表彰公布。

五、项目成果

2022年5月25日，"四季之美"项目化活动阶段成果展示全员完成。学生有所收获的同时，我也深刻体会到培养学生的自主学习能力是日常教学中的着力点，授人以渔是教师在深思熟虑后给予学习任务单，给予资料，让学生发挥主观能动性，从而去自主探索，遇到困难及时提问得到解惑。项目化教学持续进行有效学习与研究，通过有目的的系统化培养，形成孩子的源动力。愿为孩子种下乐学善思、开拓发展、学以致用的种子，也在未来的日子成为他们坚实的后盾，与他们同在。不忘初心，砥砺前行！

"中华传统节日"项目化学习的实践探究

上海市浦东新区东方小学　吴　师

《义务教育语文课程标准(2022年版)》将文化自信列于核心素养之首,旨在让学生通过语文学习,继承和弘扬中华优秀传统文化,建立自觉、自信的文化意识。传统节日是中华民族历史文化的重要组成部分,有着丰富的文化内涵。本次项目化学习以三年级下册第三单元"中华传统节日"的综合性学习作为素材,引入真实情境的驱动性问题,设计三个活动任务展开探究,围绕小组选定的节日,通过多种途径、多种方式搜集整理资料,最终呈现形式多样、丰富精彩的研究成果。整个过程贯穿着多元化的评价,充分调动了学生的积极性,提升了学生的探究能力和语文素养。

一、项目化学习在"中华传统节日"综合性学习中的意义

(一)激发学生自主探究的兴趣

项目化学习不同于传统的课堂教学,是学生发挥主导作用的体验式学习。在真实的任务情境中调动学生学习的积极性,比单纯的文本式教学更能让学生体会到学习的乐趣。这种"以研代教"的形式更容易让学生找到自我价值。

中华民族历史悠久,传统节日是中华文化中不可或缺的组成部分。从春节开始一直到腊八节,贯穿一整年的传统节日与老百姓的日常生活密切相关。但是由于时代变迁,一些传统节日的节庆氛围越来越淡,现在的学生对我国传统节日的了解不够深入,反应也比较冷淡。因此通过"中华传统节日"项目化学习活动,引导学生从知识获得到实践参与,让学生关注中华民族的传统节日,体验节日的风俗习惯,将中华优秀传统文化植根于学生的心田,提高学生的人文素养和文化自信。

（二）整合单元碎片式的内容

2022版新课标强调要加强学科间相互关联，以优化的内容组织形式带动课程综合化实施。而项目化学习正是将主题内容中零散的知识点以活动的形式统合起来，最终呈现综合性的学习成果。

统编版语文三年级下册第三单元是以"了解课文是怎么围绕一个意思把一段话写清楚的"为语文要素，以"收集传统节日的资料，交流节日的风俗习惯，写一写过节的过程"为主要学习目标，开展以"中华传统节日"为主题的综合性学习。教材采用"课后习题""活动提示"的方式，帮助学生明确活动前的计划制订、活动中的资料整理，以及活动成果的分享展示。而计划制订、资料整理及成果展示，也是项目化学习的重要组成部分，因此通过项目化学习来实施本单元综合性学习活动是一个行之有效的方式，能将整个单元的学习内容进行有效串联。

二、项目化学习在"中华传统节日"综合性学习中的实施

（一）基于课标，确定目标

根据2022版新课标提出的"文化自信、语言运用、思维能力、审美创造"的核心素养，按照项目化学习"以终为始"的设计思路，制定了本次项目化学习的目标：

1. 通过多种方式搜集整理资料，了解中华传统节日的来历、习俗、传说等信息，增强学生对传统文化的认识，接受传统节日文化的熏陶和洗礼。

2. 通过合作探究、交流讨论，主动提出并解决学习过程中遇到的问题。

3. 通过不同形式展示学习成果，能围绕一个意思把一段话写清楚，锻炼学生的表达能力。

（二）基于现实，提出问题

项目化学习要在真实的情境中以驱动性问题贯穿整个探究过程，最终形成有质量的成果。首先要设计真实情境的驱动性问题。现在我们与世界的交流越来越密切，之前就有美国的老师来我校进行交流。因此本次项目化的驱动性问题就是：新学期有外国老师来我校交流访问，你作为传统文化大使，会怎么介绍中国的传统节日呢？

基于驱动性问题，学生产生了诸多思考：

1. 中国传统节日有哪些？

2. 这些节日是怎么来的？有哪些习俗？

3.关于传统节日的诗词和传说有哪些?

4.如何搜集整理资料?

……

通过头脑风暴,学生们提出很多相关的问题。经过梳理,最终设计了"传统节日知多少""传统节日动起来"和"传统节日写下来"三个活动任务,并据此逐步开展探究(见表1)。

表1 "中华传统节日"项目化学习活动任务

任 务 名 称	具 体 内 容
传统节日知多少	关于传统节日的来历、传说、演变、习俗、诗词、歌谣……
传统节日动起来	动手制作传统节日的物品;以诵读歌唱等形式演绎传统节日……
传统节日写下来	围绕一个意思,写清楚过节的过程或节日里发生的印象深刻的故事

(三)小组合作,搜集整理

在开展项目化学习第一个活动任务"传统节日知多少"时,首先请学生借助日历明确中华传统节日有哪些并注明。然后让学生依据自己感兴趣的传统节日组成相应的学习小组,围绕小组选定的节日收集资料。在小组内交流讨论后,明确了解传统节日的途径及记录整理的方式。通过互联网、书籍报刊、询问家人等进行资料搜集,采用图表、思维导图、时间轴等多种形式进行整理。

其中,在搜集关于习俗这部分资料时,引导学生对节日的装饰、节日的活动和节日的美食进行整理,感受传统节日的习俗已经融入人们生活的方方面面。不仅要横向梳理搜集到的资料,还要纵向对比习俗的变迁。比如,春节期间回家过年是源远流长的习俗,但受疫情影响,就地过年成了新趋势,春节的习俗悄然发生了变化。在这个过程中,培养学生搜集资料、整合信息、交流合作等能力,感受传统节日从历史中走来,在传承中延续,在发展中创新。

(四)多样展示,培育素养

在"传统节日动起来"的活动任务中,学生根据前期搜集整理的资料,动手制作节日的装饰、美食,诵读演绎和传统节日相关的文学作品,通过亲身参与,锻炼了学生动手实践能力、互助合作能力、人际交往能力、语言表达能力等。

在"传统节日写下来"的活动任务中,学生经过前期的资料搜集和动手实践,不知不觉就积累了习作素材。教师引导学生用"围绕一个意思把一段话写清楚"的方法,将过节的过程或节日里发生的印象深刻的故事写具体。同时引导学生学习本单元课文的表达方式,如《纸的发明》这一课所学的,按照一定顺序,抓住主要动作进行介绍。还有《赵州桥》中先总写事物的特点,再用"有的……有的……有的……"的排比句将事物的特点写具体的方法,形成一篇篇佳作,并在组内和班级中交流展示。学生在习作的过程中回顾了自己的探究过程,锻炼了自我的表达能力和实践能力,也加深了对传统节日的认识和感悟。

(五)注重评价,积极参与

项目化学习的全过程贯穿着多元化的评价,从不同评价维度让多个评价主体(学生个人、同伴、教师)参与其中,有对小组的评价(见表2),也有对组员的评价(见表3)。人人都是评价者,人人也都是被评价者,充分调动了参与者的积极性。评价不仅起到引领作用,推动着任务的发展,而且能指导学生,有效调节任务的实施。有了评价表,学生对探究内容和成果展示形式有了方向,就能有依据地开展活动,也有利于每组成员对其他小组进行客观评价。

表2 "中华传统节日"项目化学习小组评价表

小组名称		
评价维度	评 价 内 容	评价等级
小组分工	分工明确,安排合理	☆☆☆
展示形式	形式多样,富有创造性	☆☆☆
展示效果	实物展示让人耳目一新	☆☆☆
	图片视频让人眼前一亮	☆☆☆
	歌颂表演让人刮目相看	☆☆☆
	文字展示让人拍手叫好	☆☆☆
修改完善建议		

表3 "中华传统节日"项目化学习组员评价表

小组名称		组员姓名		
评价维度	评 价 内 容	评 价 方 式		
		自我评价	同伴评价	教师评价
团结合作	积极参加小组探究活动,按时完成相应任务	☆ ☆ ☆	☆ ☆ ☆	☆ ☆ ☆
	善于与人沟通,乐于合作	☆ ☆ ☆	☆ ☆ ☆	☆ ☆ ☆
探究实践	能围绕主题,通过多种途径搜集相关资料	☆ ☆ ☆	☆ ☆ ☆	☆ ☆ ☆
	能根据主题筛选出有价值的资料,能从不同维度梳理资料	☆ ☆ ☆	☆ ☆ ☆	☆ ☆ ☆
	遇到问题能主动思考,积极解决问题	☆ ☆ ☆	☆ ☆ ☆	☆ ☆ ☆
	能根据节日特色,通过不同形式创造性地进行展示	☆ ☆ ☆	☆ ☆ ☆	☆ ☆ ☆
语文素养	能清楚、流畅地表达自己的观点,能简明、流利地介绍学习成果	☆ ☆ ☆	☆ ☆ ☆	☆ ☆ ☆
	能用上"围绕一个意思把一段话写清楚"的方法,将过节的过程或节日里发生的印象深刻的故事写具体	☆ ☆ ☆	☆ ☆ ☆	☆ ☆ ☆

三、对项目化学习在"中华传统节日"综合性学习中的反思与改进

此次项目化学习的开展贯穿于整个第三单元,结合真实情境,通过小组合作、任务驱动、动手实践、自主探究等方式,呈现出多样的语言输出形式,培养学生的语文综合能力。学生根据自己感兴趣的节日组成不同的探究小组,通过调查访问、信息搜索、交流合作、展示评价等一系列活动,增强了对传统节日的了解,感受到了中华传统文化的魅力,同时激发了学生探究的兴趣,培养了学生自主探究、问题解决、创新设计、合作交流等多种能力。

(一)人人参与,主导探究过程

此次项目化学习是基于学生自己感兴趣的传统节日进行分组,因此每个人都参与其中,发挥主观能动性,努力为小组的成果展示做出一份贡献。小组成员共同探

索研究感兴趣的传统节日,自发组织、自觉行动,迸发出思维的火花。在学习的过程中,学生作为直接参与者,从最初的资料搜集,到其间的小组合作、探究学习,再到最后介绍传统节日的成果,学生始终处于学习的主导地位,教师只是在学生遇到困难和瓶颈时,起到辅助与引导的作用。

（二）各尽所能,发挥自我长处

在传统的教学中,很难对每位学生实施因材施教,但是在项目化学习中学生却可以发挥所长。比如在搜集资料环节,熟悉电脑操作的学生可以通过网络查找资料;阅读兴趣浓厚的学生可以翻阅图书或报刊获取资料;擅长和他人沟通的学生可以通过访问获得资料……在整理资料环节,书画能力强的学生可以通过做小报、画思维导图等方式进行整理;动手能力强的学生可以在制作传统节日的装饰和美食中大展拳脚……每个人的长处都能被看见,在这个过程中提升了自我成就感。

（三）沟通交流,学会与人合作

在实施"传统节日动起来!"这项活动任务中,需要小组成员贡献智慧,集思广益,最终达成一致方案。在这个过程中,会遇到意想不到的困难,需要成员之间做好沟通和协调,并及时调整策略,查缺补漏,进而有意识地解决问题。为了获取信息,需要与他人沟通交流,平时不爱与人沟通的学生,在此次项目化学习的活动中也表现得非常积极,学会了和他人合作,愿意表达和分享自己的观点和态度。

（四）立足教材,提升语文素养

本次项目化学习结合语文单元要素,利用课后习题中的"活动提示"进行开展。学生在诵读传统节日相关的文学作品时,感受到了文学作品的意境美;学生在讲述传统节日的传说故事时,锻炼了复述的能力;学生在解说手工或美食制作的过程中,需要利用本单元《纸的发明》这一课所学的按照一定顺序,抓住主要动作进行介绍,锻炼了学生的语言表达和逻辑思维能力;在写清楚过节的过程或节日里发生的印象深刻的故事时,学生用"围绕一个意思把一段话写清楚"的方法完成习作,提升了书面表达的能力。采用项目化学习的方式实施语文综合性学习,把学生带入真实的情境中,让学生在做中学,在实践活动中提升语言运用和思维能力,建立了文化自信。

因为传统节日中可以探究的方面很多,如传说故事、诗词文学、美食佳肴等,所以我们可以运用本次项目化学习中积累的方法，以某一个传统节日为切入点进行深入探究，根据学生自己的特长，以及对节日不同方面的兴趣进行分组，引导学生对相关信息进行梳理、分类、对比、统合，激发学生自主学习的兴趣。当然，我们还可以从地域范围上拓展延伸，比如了解少数民族传统节日的特点和形式，或者和西方传统节日的习俗进行比较等。另外，在成果展示的形式上也可以进行改进。当下多媒体资源非常丰富，可以借助互联网进行传播和展示，让传统节日"火"起来。比如制作元宵节的美食或制作花灯闹元宵的视频，发到社交网络平台上，让现代化的表达方式为传统文化注入新的生命力。

参考文献：

［1］施海燕.基于统编教材的项目化学习研究——以三年级下册"中华传统节日"为例［J］.教学月刊：小学版（语文），2021（5）：5.

［2］杨美芳."传统文化"视角下综合性学习初探——以三年级下册"中华传统节日"为例［J］.教学月刊：小学版（语文），2021（6）：3.

［3］王丽林.项目化实施，综合性学习的实践探索——以部编教材三下"中华传统节日"为例［J］.小学生作文辅导（读写双赢），2021（6）：11.

信息技术背景下项目化学习的实践探索

上海市浦东新区江镇中心小学　黄梦娇

【摘　要】近年来,以落实学生核心素养为主要目的的"项目化学习"成为一个"热词",同时也作为一种新理念、新样态被广泛实践和深入研究。本文所展示的案例"纸鸢文化项目化学习"是在信息技术背景下以项目为载体,将学生置身于真实的问题情境中,融合各学科的知识与技能,自主探究、同伴合作,在解决问题的过程中,发展学生的批判性思维、创造力、沟通表达能力及团队协作能力等,进一步推进和落实"五育并举"的理念。

【关键词】项目化学习　信息技术　五育并举　核心素养

随着现代信息技术的发展和深化,以教育信息化带动教育现代化已成为当今世界教育改革与发展的共同趋势。计算机及网络技术在教学中的广泛应用无疑是给学校教育插上了一双有力的翅膀,成为教学模式变革、推动教育发展、提高教学质量的重要手段。项目化学习有助于引导学生自主探究,培养创造力,落实核心素养发展,促进德育、智育、体育、美育和劳动教育的有机融合。

下面,笔者就以"纸鸢文化项目化学习"为例,谈谈如何在项目化学习中将信息技术作为一种工具,来改变传统教学模式的实践和研究。

一、研究过程

(一)准备阶段

在准备阶段,笔者引导学生确定项目化研究的主题:确定小组分工和职责;明确项目研究的背景;做好项目研究前的准备工作;各小组设计调查问卷,形成项目的问卷,收集数据。

（二）实施阶段

在实施阶段，各小组制订项目研究计划；学生开展实践活动；各小组进行成果汇报交流。

（三）总结阶段

在总结阶段，学生完成项目化探究手册并整理研究成果、展示一份创意纸鸢设计稿及相应的纸鸢作品。

二、研究成效

（一）信息技术拓宽探究思维

当今国际主流的项目化学习是"以学生为中心，以问题为导向"的教学新模式。而信息技术的发展则为项目化学习注入了新的活力，同时也带来了新的契机。

三年级的学生要在为期半年的时间内完成"纸鸢文化项目化学习"。这一过程中，学生要推开历史的大门，走入悠久的中国传统文化中，自主探访纸鸢的"前世今生"，培养学生的自主探究和学习能力，提升综合素养。如何将这一任务"润物细无声"地放置于驱动性问题中？笔者做了如下驱动性问题的转化设计。

六月有一个重要的传统节日——端午节，端午这天我们不仅可以吃粽子、赛龙舟来纪念爱国诗人屈原，也可以相约放纸鸢。我校将举办一场名为"纸鸢文化进校园"的展示活动，同学们将作为"纸鸢文化小使者"向一年级的小同学们介绍纸鸢文化，激发他们对传统文化的热爱。以问题为驱动，为学生打造一个真实的情境——"纸鸢文化进校园"展示活动，这一情境与学生的校园生活息息相关，是极具价值的真情境，可以激发学生的"真学习"。其次为学生打造了纸鸢文化小使者的身份，激发他们的自主学习兴趣，引发学生的"真思考"。最后为学生指出明晰的学习路径——成立小组、确定主题、多渠道收集和筛选资料，小组合作探究、多样化展示学习成果，将学生从低阶学习引向高阶学习，引发学生的"真探究"。也就是说，设计驱动性问题时要通过情境创设、身份介入、学法引导等方法多元转化驱动性问题，引导学生展开一场头脑风暴，深入思考与探究，解决现实生活中的问题。具体操作如下：

42位同学自由组合分成7个小组，为了使学生对此项目有更深入的理解和认识，教师鼓励学生借助数字化的学习工具，如电脑、手机、平板等查询相关资料，并提出自己对于"纸鸢文化项目化学习"感兴趣或者有疑惑的方面。每个小组可以通过问卷调查或投票的形式，将组员们提出的一个个驱动性问题提炼成项目核心要素，最终确定每一次活动主题,这充分发挥学生学习的积极性,让他们成为学习的主人。

通过网络,有的小组了解到了纸鸢的由来及寓意;有的小组探究了从纸鸢变成风筝的发展演变史;有的小组纵情诗歌,寻找了许多与纸鸢相关的经典诗句并为其配画;有的小组对纸鸢飞行原理十分感兴趣;有的小组则研究了不同时期书法字体的特点,想将书法与纸鸢进行创新结合……由此可见,信息技术在项目化学习的开展中发挥了十分强大的作用,使学生从循规蹈矩的传统"灌输式""教师问学生答"的教育中脱离出来,能自主自发地发现问题提出问题,培养学生的主观能动性和创新能力。

每个小组根据自己的主题,查找相关的资料,整理、筛选后进行分享。在此过程中,同学们借助钉钉班级圈,能打破时间、空间、知识领域的局限,在课堂之外随时随地根据自己的需求自主选择感兴趣的学习内容,获取新知识,互相点评,这样的方式既提高了学习效率,又让学生体会到了学习的乐趣。老师主要是点拨指导,及时通过课堂和网络为学生答疑解惑,把握学习方向。由于整个年级同时开展活动,老师们也可以通过网络看到其他班学生的课程进展情况,做对比分析。

充分利用媒体资源不仅是开展有效教学活动的最佳途径,还有助于将日新月异的知识和大量信息及时传递给学生,共享新型的、科学的教学资源,也在无形之中拓宽了学生活跃的思维与浩瀚无边的想象。

(二)信息技术助力核心素养发展

在明确了每一次活动主题后,接下来就要设计项目化学习的实施路径。项目化学习追求学习主体在一段时间内深入持续探索的过程,强调过程的真实性,可以以解决问题、探究活动、作品设计和制作的方式呈现。这一过程中,学生收获的是一种全新的高阶思维模式,如"了解此项目的研究目的""懂得研究的步骤有哪些""明确研究的方向""思考可研究的内容""研究的收获是什么""对于自己的学习方法有什么转变"等,学生在充分了解的基础上,就会更容易找到自己感兴趣的探究内容,主动参与其中。对于教师而言,在信息技术的支持下,项目化教学的形式变得更多样化,更具灵活性,资源可重复利用。教师可以利用晓黑板、钉钉等软件发布任务,更清晰直观,还可以对任务及时进行调整。在交流反馈的环节,除了采用在教育教学当中最常使用的PPT之外,还可以通过信息技术来制作视频动画、微课等进行辅助教学。

在项目化学习的过程中,借助网络媒介,能打破时间、空间的局限,提高学习效率。一个项目往往会涉及多个学科,将语文、美术、劳技、自然、信息甚至数学等学科有机融合,跨学科融合教学就应运而生了,给学生创造更为直观的学习体验。与传统的分科填鸭式教学相比,学科融合的多维度探究模式鼓励学生动手动脑,发挥所长,可以有效提升学生的核心素养。

如在"纸鸢文化项目化学习"中,结合学生对于纸鸢起源的探究和资料搜集,信息技术教师可鼓励学生小组合作用制作微课的形式将本次探究活动的核心内容引入其中,真正做到指向性明确、反馈及时,并使学生在此过程中感受探究带来的喜悦和成就感。这样的学习,学生易于投入、参与度高,且记忆深刻。在探究与纸鸢相关的古诗词并为其配画时,需要将美术学科的绘画技能和语文学科的经典古诗词相结合,这既是传统文化学习的延伸,又在无形中对学生进行了美育。完成作品后小组可以用投屏、PPT、短视频等方式进行分享和展示,激发学生的探究兴趣及对自我价值的认同感,教师也可以在此过程中帮助学生构建属于自己的知识体系,逐步提升综合能力,实现从"五育并举"到"五育融合"。在探索纸鸢飞行的原理时,学生可以通过数字图书馆、科普 App 或视频网站等网络媒介去查询相关知识,自主探究影响纸鸢飞行的因素,认识风向、气候等概念,初步掌握纸鸢飞行的原理……

在"双减"政策的推动下,在"五育并举"理念的落实下,信息技术与项目化学习的创新应用是时代发展的需求,真正做到了减负提质,一方面促进了学校教研教改工作的纵深发展,另一方面通过打造复合式知识框架的形式提高了学生的核心素养。

(三) 信息技术渗透"五育并举"

项目化学习的作品既要与课堂探究的内容紧密联系,还要表现出学科知识与个体本身从课堂延伸至生活所体现出的鲜活性和开放性,最终真实反映出学生核心素养的发展。"纸鸢文化项目化学习"的作品呈现为三个方面:一是完成项目化手册中与纸鸢文化知识相关的书面文本信息,并能自信、大方地向来访团介绍小组探究的纸鸢文化成果;二是完成一份创意设计稿,将自己喜欢的创意元素融入纸鸢的设计,用图文并茂的形式展现;三是亲手制作创意纸鸢,与来访团的成员们进行放纸鸢活动。上述三项作品分别指向文化内涵、口语表达能力、思维创新及实践操作能力所体现出来的美育和传统文化熏陶。

展示交流前,与学生一起制定评价标准,从表达、合作、创意、文化内涵、口语交际、实践操作等多个维度来设计,最终形成了全面而又适切的标准。在评价时,为了更公平、公正、便捷,可利用晓黑板、问卷星、微信投票小程序等进行投票,能一目了然发现共性问题,并进行分析。学生也可借助3D打印社团,将创意设计稿、绘画作品亲手打印出一幅幅精美的3D作品。同时,美术老师可将学生优秀的创意作品用视频的方式记录和保存下来,留作教学素材,便于学生观赏、学习。信息技术的助力能帮助学校进行优质资源的共享,极大地推动了学校美育的发展。通过这一方式,不仅丰富了学生个体的学习经历和体验,充分开发学生潜能,促进学生口语交际和表达能力,也培养了自主管理、责任担当的良好品质,更在无形之中熏陶了学生的艺术修养,同时促进学生对传统优秀文化的了解和喜爱,以润物细无声的方式对学生起到了德育和体育的作用。

三、反思与展望

总之,信息化是当今世界经济和社会发展的大趋势,信息技术与其他学科的整合将成为我国面向21世纪学校教育教学改革的新视点。项目化学习最大的优势在于为学生营造了真实、完整、有意义的情境,让他们在交流中思考、实践中创新、展示中感悟,切实发展学生的学力,提高学科的核心素养。而信息技术给项目化学习的开展提供了大量信息和多种手段,为自主探究和跨学科学习等都提供了更深更广的可挖掘潜力。因此,让我们以行动为基、以思考为翼,利用先进的信息技术资源开展教学活动,充分发挥个人智慧,适时调整创新,在理论与实践的双向互动中培养学生的创造性转化,鼓励他们发挥自己独特的主张和表达。

参考文献:

[1] 夏雪梅.项目化学习设计:学习素养视角下的国际与本土实践[M].北京:教育科学出版社,2018.

[2] 蒋俊雅.项目化学习融合下的小学语文综合性学习导学策略——以三年级下册《中华传统节日》为例[J].小学语文,2022(1-2):135-139.

线上学习有妙招,数字化赋能英语新教学

上海市浦东新区浦东南路小学　孙丽梅

【摘　要】当前我国大力提倡教育改革转型,而教育的转型方向也势必与当前的社会发展相结合,因此教育未来的发展要求与信息化相结合,在数字化的基础上开展教育教学。尤其是英语教学在教学实践的过程中,与国际相接轨,教授内容与国外生活实际有所关联,但是当前由于新冠肺炎疫情的影响,我国与其他国家之间的线下交流减少,英语教学在缺少相应语境的环境下,教学效果有所下降,但随着教育数字化转型,英语教学也迎来新的发展机遇。

【关键词】数字化　教育　小学英语　教学方式

为了能够在新冠疫情期间,让许多无法正常按时回到学校开展线下教育学习的师生,能够及时在线学习,提高教学质量,有效地提升小学生在学习过程中高涨的自主学习热情和主动学习的积极性,也更好地符合当前我国的“双减”政策,小学英语教学也逐步发展转型。因此本文将主要着眼于数字化教育对英语教学发展的促进作用,通过从数字化教育对英语学习过程中不同方面、不同角度的影响进行深入的剖析,阐释数字化教育转型对英语学科新教学的重要性和必要性。

一、整合数字化资源,赋能线上英语学习

(一)数字化激发学习兴趣

线上教学对小学生的控制力相对较弱,学生无法很好地投入到线上课堂的学习当中,这就要求教师在线上课堂备课的过程中,要进一步整合当前的教学资源,尤其是线上数字化资源,通过不同形式不同类型的线上活动来激发学生的学习兴趣。

尤其是疫情期间，有些学生平时喜欢去的地方如动物园、公园、电影院等都不能去，在3B M2U1 Animals p1教学过程中，教师就是通过Watching zoo animals with VR，利用VR镜头带领小朋友们再次领略动物园动物的风采；同样因为在疫情期间，小朋友不能在教室里Do a survey，于是在3B M4U2 Children's Day P2的教学过程中，教师通过小朋友熟悉的微信聊天界面Do a survey，操练what do you do on Children's Day? 而在3B M4U2 P3里，教师引导小朋友巧妙地运用Tik-Tok抖音来介绍Children's Day in different countries，这都在很大程度上激发了学生的学习兴趣。

（二）数字化开阔学生视野

在教育数字化转型的背景之下，英语教育采用更多的数字化手段进行教学，有助于学生开阔视野。因此在运用数字化资源时，教师可以在网络上寻找课程相关的资源，对其进行讲解或者让学生自行观看，让学生了解到世界上有更多的文化和知识有待他们挖掘。在开展线上教学的过程中，教师还可以通过VR、抖音等技术手段带领学生沉浸式感受不同寻常的场景，让学生了解到更多不同的知识。而教师也应当对语言背后的知识体系进行相应的拓展和挖掘。

还是以3B M2U2 Children's Day P3为例，教师可以在课前引导学生从网络上查询China, Thailand, Singapore, the UK及Japan儿童节的日期和风俗习惯，在查询过程中，学生们可以了解到不同国家儿童节的不同日期，以及其他国家的小朋友们在那一天会有什么样的活动，进一步操练第二课时核心句型：When is Children's Day in _____（country）? What do they do on Children's Day? 提前了解到the Big Ben in the UK, the night zoo in Singapore, the two Children's Days in Japan，在此过程中让同学们感受到不同国家儿童节带给小朋友不同的乐趣。

在开始学习之前，教师可以让学生收集有关课程知识的课外资料，进一步对学生的知识面进行拓展，尤其在数字化手段的支持下，学生在自主预习的过程中也增加了一定的趣味性，并且在自主寻找资料的过程中，也能从整体上把握所学的知识，为后面的口语操练和语段输出做准备。

（三）数字化拓展学生思维

在教育数字化转型的社会背景之下，学生思维的广阔性对其未来学习之路具有重要的影响，因此，教师应当尽量通过数字化手段为拓展学生思维搭建平台。

我们以 3B M2U1 Animals P2 为例，如下图所示：在教授 Do you like ...? Yes, I do./No, I don't. 这一核心句式时，教师创设了 Peter is asking Kitty about the animals she likes or dislikes，通过问答了解到 Kitty likes monkeys, but she doesn't like tigers. 由此顺利引出 Does she like elephants? 引导学生 look and imagine，模仿上面两段对话编写新的对话，有的同学喜欢大象，有的同学不喜欢大象，无论喜欢与否，都要说出自己的理由。学生在对话过程中，既在不知不觉中操练了核心句型，又锻炼了他们的发散性思维，可谓一举两得。

此外，在进行数字化课程教学设计时，教师也可以选择使用思维导图或其他的数字化教学手段，既能帮助学生进行口语或阅读操练，提高语用能力，又能帮助学生理清思路的同时，深度拓展思维。以 3B M4U3 Story Time P3 为例：学生根据思维导图说出 three little pigs 特点，最后引出 the Big Bad Wolf，教师可以问学生 Can the Big Bad Wolf eat three little pigs? What will happen next? 留有悬念，引发学生思考，从而拓展了学生的思维。还有可能引导学生自主预习和思考，提高学生学习能动性和内驱力。

二、开展数字化实践，提供多模态教学资源

（一）个性化英语教学，促进学生自主学习

在开展个性化学习的过程中，作为教师应当认识到，在开展教学活动的过程中

应当对部分学习较迟缓的学生从补缺的层面提供个性化学习资源。学生在学习的过程中明显能够感受到线上教育与线下教育有很大的不同。

在进行教学资源分配的过程中，教师应当针对不同学生的学习情况，将其准备的教学内容按照不同的层次进行分割并授予学生，教师可以为学生开展个性化的教学和指导，学生可以通过富有个性化的学习方式接受知识。在此过程中，尤其要注意有不同需求的学生或特殊学生的有关情况。在面对不同层次学生时，应当予以不同的要求。还是以3B M2U1 Animals P3 Monkeys and hats 为例：

基础性	How is the weather today?	How is Uncle Bai?	What's this?	What do the monkeys want?	What does Uncle Bai do to take the hats back?	Do you like the story?
挑战性	How do you know?	Why?	Why does he take a rest under the tree?	What do they do to take the hats?	What's your idea to take the hats back?	What can you get from the story?

从学生开展个性化学习的角度进行分析，在完成基础性问题的基础上，大部分同学能够根据自身的学习能力及理解能力完成一般性问题，但针对部分语言能力较强、思维能力较强、不满足于基本的学习任务，教师可以如上面的思维导图所示，提出具有一定挑战性的问题，激发学生的学习潜能，这充分体现了个性化英语教学，适当根据学生的个性化学习需求，为学生制定相应层次的教学内容和教学任务。

（二）精准教学反馈，及时查漏补缺

通过开展教学，教师应当从中获得相对应的反馈，在充分结合反馈的基础上，才能够更加合理地分配教学资源。

我们使用双直播设备进行英语教学，在课堂讲授的过程中能够对学生的上课状态进行实时的观察和追踪，该方式能够拉近教师与学生之间距离，及时了解学生的问题，并在课堂上及时解决问题。以5B M2U1 Food and drinks 为例，教师可以通过下面小调查的形式了解学生对所学知识的掌握情况，同时，在原有的知识层面上又上了一个台阶。比如下面问题2使我们知道大部分的学生都认为Healthy children always eat a lot of fruit and vegetables，而问题1的设置就是告诉小朋友为什么我们要吃大量的蔬菜，因为蔬菜提供给我们身体所需的vitamin（维生素）。

第1题 Vegetables can offer（提供）us _____.［单选题］

选　项	小　计	比　例
A. Energy（能量）	37	12.89%
B. Sugar（糖分）	4	1.39%
C. Vitamin（维生素）	246	85.71%
本题有效填写人次	287	

第2题 Healthy Children always eat _____.［单选题］

选　项	小　计	比　例
A. a lot of bread	14	4.88%
B. a lot of snacks	6	2.09%
C. a lot of fruit and vegetables	267	93.03%
本题有效填写人次	287	

　　在教学反馈的过程中，教师可以针对不同层次的学生巧妙地设计问题，真正做到在数字化教育方式的支撑下，既摸底了解学生基础情况，又能赋能学生新发展，提高学生学习水平。

　　我们认为合理的教学方式应当建立在一定的教学设备的基础上，尤其在结合数字化手段进行教学的过程中，教学平台及设备成为重要的教学资源。因此教师可以使用微信群、腾讯会议、钉钉直播课堂以及晓黑板等有关的应用及软件等进行教学，通过问卷星等平台及时收取学生的练习成果，并及时进行批阅。通过统计，我们了解到学生作业提交情况和评价情况，对于未提交的学生可以提醒，对于作业完成不是很理想的学生可以及时查漏补缺，给予相对精准的指导。

　　当然，在落实素质教育和实践教学的过程中，教师可以布置语音作业或视频作业等，教师通过听录音或看视频的方式对学生的发音情况以及语境沟通能力等进行摸排。还是以3B M4U3 Story Time P1为例，在最后作业布置环节，教师让学生画一画自己喜欢的Three little pigs之一，然后根据提示说一说自己喜欢它的原因。在收听学生上传的音频过程中,教师可以精准地找出问题所在,并在下一课时讲解作业的时候及时查漏补缺。

三、多措并举,激励同伴学习

为更好地激励学生参与到英语课堂的互动当中,同时激励学生养成学习英语的兴趣,教师在结合小学英语课程教学改革的基础上,为学生营造一个良好的英语集体学习氛围,是至关重要的。学生在线上教学的过程中有同伴的激励,会取得事半功倍的效果。不同学生在家完成相关的实践作业并通过网络平台进行分享的过程,是一个氛围创设的重要过程,其能够进一步激发学生的学习动力。以 3B M2U2 Toys Play a game 环节 Make a robot 为例,教师让小朋友们从自己的家中搜集材料,用不同的材料、不同的方式制作了属于自己的机器人,并对自己制作的机器人参考下面的语段进行了简单的介绍。

A robot

(To make a robot, we need _____.)

Look at my robot.

It's _____.

It has _____.

It can _____.

This robot is my friend.

I like my robot.

为更好地激励学生参与到线上英语教学的过程中来,教师应当为学生提供一个展示自身学习成果的平台,因此教师鼓励每位学生将自己的制作过程以及介绍视频发到钉钉网上,并将好的作品设为优秀作业在钉钉平台展示。通过这样的方式,让学生之间能够互相分享自己的学习成果,从而更好地激励同伴学习,并积极参与课堂。

在开展多媒体数字化教学的研讨活动过程中,我们教师首先应该考虑怎样将数字化教学成果予以展示,教师可以从 accuracy, fluency, emotion 三个维度对展示成果进行评价,也可以邀请小朋友在此过程中进行互评,这样不仅能够真正提高广大学生群体在学习互动过程中的主动参与感和主动获得感,而且还能够进一步对学生综合能力进行培养,让学生真正在英语课堂当中学到知识,更能够学到学习的方式和方法。

通过数字化成果的展示,也能够进一步提高小学英语教师自身的专业素养和能力,教师通过分享自身在数字化教育转型过程中做出的成功的教学实践,达到互相学习、共同进步的目的。比如我们浦东新区每两周一次在钉钉群里举办的一至五年级网上教研活动,就是一个很好的平台,供各位老师相互学习、互相激励、取长补短。

总而言之,在学生居家学习的情况下,如何通过多种措施为学生搭建一个良好的沟通平台,使学生能够在同伴的互相激励下认真学习,并进一步让学生感受到同伴之间的扶持和帮助的力量成为在数字化教育转型背景下要求我们教师认真考虑的问题。学生之间起到的模范榜样的作用是巨大的,因此教师应当在教育过程中通过多样化的形式和手段发挥出这份潜在的力量,从而在数字化教学成果的运用过程中,更好地推进小学英语教学工作。

通过近年来对学校教育实施数字化的转型策略的一系列相关案例的研究,尤其是在当前信息化社会的时代背景下,在我们积极贯彻并落实教育"双减"政策的过程中,将教育数字化教学技术方法与优质资源课程进行了更加有效深入全面的交叉学习探索与转化运用。在此教学实践过程中,教师可以通过个性化英语教学,让所有学生能在居家的线上学习生活过程中真正做到自主学习;教师在教学过程中通过不同的教学手段和科技手段,进一步监测学生的学习情况以及学习质量,以便及时查漏补缺;教师在进行教育教学数字化转型的过程中,也要重视为学生营造良好的学习氛围;在目前线上教育的背景下,在教育数字化转型的过程中,能够更好地激发学生的兴趣,开阔学生的视野,拓展学生的思维,从而更好地推进小学英语的教育与学习。

参考文献:

[1] 卢秋红.教育数字化转型的战略与行动[J].中小学信息技术教育,2022(4):4.

[2] 顾小清.教育信息化步入数字化转型时代[J].中小学信息技术教育,2022(4):5-9.

[3] 巩丽.信息化学习资源在小学英语教学中的应用[J].求知导刊,2022(3):32-34.

[4] 祝智庭,胡姣.教育数字化转型的实践逻辑与发展机遇[J].电化教育研究,2022,43(1):5-15.

[5] 张少波,褚金岭.大数据驱动的区域教育数字化转型与创新发展[J].教育传播与技术,2021(6):3-8.

[6] 徐淑琴.信息化手段在小学英语教学中的有效运用[J].天津教育,2021(30):53-54.

依托虚拟艺术馆
培养学生审美思维和创作能力

上海市浦东新区航城实验小学　邱伊莉

根据《义务教育艺术课程标准（2022年版）》新课标中聚焦审美感知、艺术表现、创意实践、文化理解等核心素养，小学美术教学已经从以往传统的只注重美术知识技能的训练与掌握，发展到现今培养学生具有人文精神、创新精神、审美品位和美术素养为教育目标。

我校属于乡村学校，学校周边缺乏一定的场馆资源，对于学校美育教学的开展少了一条有效途径。为此，我校特引进了一套《美术馆进课堂》多媒体影像资源，该视频模拟了世界型艺术馆氛围，由动画小人进行讲解和导览，让学生不出课堂就仿佛置身于艺术殿堂，大大提升了学生学习的兴趣。尤其对于受资源限制的农村学校学生来说，运用媒介、技术和独特的艺术语言帮助学生进行表达与交流，能使他们在欣赏经典作品的同时，也培养起对艺术的审美思维，理解何为美、美在哪里、如何表现美，从而将经典作品与自己的生活情感相结合，用正确的审美思维来进行二度创作，以此将"美"真正内化。

目前，我国小学美术教材中都有走近大师、走近经典的课程，但是涉及的内容和情感仅停留于教材表面，教师也过于依赖教材有限的资源。一堂课下来，学生只能初步掌握一些绘画表现技法，但是对于经典作品背后的时代背景、艺术风格的独特之处、如何运用自己的审美思维来理解作品、怎样结合自己的生活情感对经典作品进行重构和创作，还无法真正做到内化。尤其对于我校学生而言，大多是外来务工人员子女，家长对于艺术审美上的培养意识较为薄弱，学生很少有机会去艺术馆或博物馆参观，艺术眼界相对局限，更缺乏对美的自我认识，一般只是肤浅地认为被赋予"经典作品"标签的作品就是美的，一味地对经典作品进行临摹来达到所谓的"学习"和"掌握"，而并没有自己的审美思维和创作脉络，根本无法理解大师形成这样艺术风格的思想背景,以及形成如此艺术风格的独到之处在于何处,如何运用经典作品中的艺术特点,来再次创作出自己的艺术作品。

因此,针对我校的学情,我认为我校美术教师很有必要探索出一条新的模式来进行整合和突破,提供给学生多样的学习空间和平台,在引领他们拓宽艺术视野的同时,帮助学生更好地理解作品、对美的鉴定,并将美融合于自己的生活和情感之中进行创作,从而形成更好更独立的审美思维和创作思维。

通过虚拟美术馆这一平台,领略艺术长河中的经典作品、体验身临其境的艺术文化,弥补了课本单一、平面化的局限,使学生能不出教室却仿佛置身于艺术殿堂之中,沉浸式地欣赏和体验经典作品带来的视觉魅力。同时,在全方位感受作品背景和艺术风格的基础之上,更了解大师形成独特风格的思想和用意,帮助学生形成正确的审美思维,知道经典作品"美"的来源。从而以经典作品的艺术风格为载体,结合自己的生活和情感进行二次创作,使学生的艺术眼界、审美思维和创作能力都得到进一步的提升。我主要通过以下三个方面实施与探索:

一、实施"线上"与"线下"相结合教学模式

我们探索出了依托虚拟艺术馆,结合线上观摩与线下探究、创作的形式开展教学活动。首先,教师先出示经典作品,让学生在毫无介绍和了解的情况下进行欣赏,用最直观的眼光欣赏和审视作品,并且开展讨论与交流。"这幅作品给你的第一印象如何?""你对作品中的哪一点存有疑惑?"通过学生自我观察和交流,探讨每个人对于作品的看法和理解。运用这样的形式有助于激发出学生对"美"最纯真的想法,这对于之后学生审美思维的培养和二度创作的能力起到铺垫作用。因为只有对作品的审美思维存在质疑或争议的前提下,学生才更有兴趣和好奇去探索作品创作及风格背后真正的源头,才会真正去理解这种"美"的意义,形成正确的审美思维和创作欲望。

带着每个学生的好奇心,通过线上多媒体影像《美术馆进课堂》,引领学生进入虚拟艺术世界,还原大师当时所处的时代背景,以呈现视频、动画、图片、文字、解说等形式,超越时空界限地将学生引领到大师的经典作品中,了解其创作背景、艺术风格、表现技法,并且体会其情感态度与思想感受。帮助学生打开视野,了解经典作品的独特之处,更重要的是让学生真正懂得和理解作品中所形成独特之美的意义和价值,从而对学生之前所产生的不同看法给予正确的解释和引导,让学生认识到"原来这样的艺术风格也是一种美的表现"。利用这样的平台和资源,从空间上大大实现

了便捷性和有效性,对于教师来说也是一种教学方式的创新和突破,只须将其有效整合、正确引导,便能使学生的审美思维和创作意识得到良好的发展。

再回到线下,在美术教师的引导下,学生可以从视频影像中品读经典作品,研究经典作品的背景、风格与创作观;欣赏并借鉴经典作品,从中认识作品中所体现的艺术本质、汲取作品中思想情感的养分,帮助学生除了掌握其中的美术知识与技法之外,还能体会经典作品背后所蕴含的情感价值;通过学习其表现技法,对经典作品进行二度创作,用大师的表现手法去表现自己生活中的美,例如身边的人物之美、家乡之美、生活之美等。在培养学生创作意识的同时,也提升了情感性和实践性,从而发挥真正的育人价值。

二、开展主题式单元化教学方法

(一)走进虚拟艺术馆,激发探究欲望

以视频软件中一幅大师的经典作品,以单元化的形式进行教学。在这一单元中,从经典作品出发。第一课时:先出示相关经典作品,在毫无介绍的情况下,让学生通过欣赏对作品进行直观的表达。教师可以运用"我与作品的第一眼"引导学生大胆表达。

课例呈现:经典作品《红黄蓝的构成》欣赏交流

1. 作品欣赏

小朋友看一下这样一幅画,请你说说看对这幅作品的感受。可以完成下面的这张"我与作品的第一眼"学习单,并做交流。

我与作品的第一眼	
说一说你看到这幅作品第一眼的感受	我觉得这幅画很简单,感觉不像是艺术大师的作品,更像是幼儿园小朋友的作品
你最想从这幅作品的哪一点开始了解	画面中的格子和颜色之间有什么关系吗
你会给这幅作品打几颗星	★★★★★

2. 导语

这里是神奇的格子王国,这里有许多的直线,有的直线是黄色的,有的是蓝色的,有的是红色的。让我们一起走进蒙德里安的世界,学习像蒙德里安大师一样创

作,画画自己心中的格子作品。

蒙德里安爷爷特别喜欢用直线画画。他是几何抽象画派的先驱。同学们,我们一起来看看格子国王的格子世界是怎么创作的。

格子国王很好客,他带我们参观了美丽的纽约,迷人的景色吸引了他,所以格子国王便做了一个作品,你们在作品里面看到了什么?

格子国王竟然把纽约市画进了作品里,是不是很神奇啊!

3.课堂小结

今天我们欣赏了大师蒙德里安的经典作品《红黄蓝的构成》,初看作品,小朋友一定会觉得画面中的图形和色彩非常简单,根本不符合印象中世界大师的水平。但是当我们通过虚拟艺术馆的介绍和欣赏,了解了蒙德里安的创作背景后,我们能感受到蒙德里安不受严谨技法的约束。他巧妙分割与组合,使平面抽象成为一个有节奏、有动感的画面,从而实现了他的几何抽象原则。相信小朋友一定对作品的艺术风格有了新的理解和审美体会。让我们进一步走近作品,更深地领略蒙德里安的"格子王国"吧!

相信不同的学生对于作品的第一眼感受和欣赏角度都是不一样的,虽然可能会存在争议或质疑,但是如此真实的交流却为之后对作品的深入了解打下了基础。学生能以此带着更多的兴趣和好奇去走近作品,认识作品的独特魅力。

此时,教师带领学生观看《美术馆进课堂》多媒体影像,在虚拟场馆中全面欣赏经典作品,从中了解大师的创作背景、知识技法、思想情感等,进一步了解大师作品中所体现的艺术本质、技艺风格、精神思想,让学生体验不同的欣赏角度,对作品初步留下不一样的印象和感受。

(二)确定核心知识点,逐步深化审美思维

第二课时:通过《美术馆进课堂》多媒体影像的欣赏,深入了解经典作品所体现出的艺术特色,并且转化原有的思维模式和审美理解,真正感悟作品的独特之处,学会鉴赏并懂得不同的"美"。在此基础上尝试学习临摹经典作品,掌握作品中的基本知识与技能表现,为之后的二度创作打下基础。为了有效开展美术鉴赏与创作教学,在整个教学过程中,我以实施"五步曲"的方法,即欣赏描述—形式分析—内涵解释—审美实践—自我评价为重要手段,通过这样的教学方法将大师的经典作品进行更好的重构解读,其中每个环节环环相扣,更有利于学生对大师经典作品的深入理解,也更好地培养学生美术课堂中的核心素养。

课例呈现：走进蒙德里安的"格子王国"

1. 观察与探究：

蒙德里安爷爷画了一幅特别出名的《红黄蓝的构成》，你们看这幅作品里边都有什么颜色呢？作品里面的颜色有红色、黄色跟蓝色，这是格子国王最喜欢用的颜色！

上节课有很多小朋友都觉得蒙德里安的画看上去实在太简单了，甚至幼儿园小朋友都会画，真不明白为什么会被称为世界级的经典作品呢？为什么会有这么大的价值呢？

其实蒙德里安用了一两年时间，把思想运用于他自己的绘画实验，创造了独特的几何抽象的绘画语言。他排除了所有的曲线而启用直线，最终发展出那种简化和提炼到极致的几何抽象图式：三种原色、三种非色（黑、白、灰），以及"水平线—垂线"的网格结构。

通过这种图式，蒙德里安寻求诸视觉要素之间的绝对平衡。其作品的每一构成要素都经过精心推敲，被谨慎安排在适当位置，显得恰到好处。

这幅《红黄蓝的构成》是蒙德里安几何抽象风格的代表作之一。我们看见，粗重的黑色线条控制着七个大小不同的矩形，形成非常简洁的结构。画面主导是右上方那块鲜亮的红色，不仅面积巨大，且色度极为饱和。左下方的一小块蓝色、右下方的一点点黄色与四块灰白色有效配合，牢牢控制住红色正方形在画面上的平衡。巧妙的分割与组合，使平面抽象成为一幅有节奏、有动感的画面，从而实现了他的几何抽象原则。

因此，经典作品一定有它独特的艺术魅力，我们不能光看表面的简单，更要理解大师的审美思维和创作理念，这样我们才能看懂作品的独到之处。

2. 创作引导

材料箱：铅画纸、记号笔、水彩笔

创作步骤：

① 用黑色记号笔划分横竖不同长短的线条，形成大小不一的格子。

② 用红、黄、蓝三原色选择格子涂色。

③ 根据画面，合理分配三原色。

（三）将美内化，体验"像艺术家一样创作"

第三课时：引导学生掌握用大师的艺术风格和知识技能，结合自己的情感和理解进行转化和创作，提升学生的审美情趣与创新意识。其中最值得探究的就是"二度创作"环节的学习与体验。通过欣赏视频软件中的学习内容,鼓励学生像艺术家一样创作。其中可操作性的方式如下:1. 指导学生关注现实生活、生成有意义的创作主题(文化理解);2. 通过鉴赏经典作品,研究大师生平、风格与创作观(图像识读、审美判断);3. 熟悉材料与工具、学习大师的表现技法(美术表现);4. 搜集创作素材、构思构图(创意实践),寻找媒材与工具动手创作(设计、制作);5. 不断地克服困难、解决问题、修改完善(美术表现、审美判断);6. 最终完成作品、展示交流、学习总结等,从而使学生的美术核心素养得到持续提升。

课例呈现:将艺术融入生活

1. 交流与讨论

格子国王是一个会魔法的画家,可以把我们住的房子、坐的椅子等所有的东西都画进他的格子王国里。

2. 思考与探究

小朋友们观察一下图片中的景物并讨论,蒙德里安爷爷笔下的格子可以运用于哪些景物上呢?

我们可以用格子表现水乡建筑,使建筑富有童话韵味;将格子画用于描绘小朋友衣服花纹,使小朋友更具动感和活力气息;将格子画在生活用品上,体现出物品的现代化和艺术化。

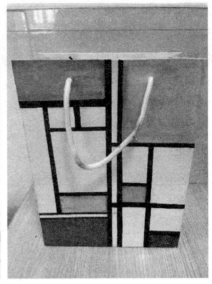

3.展示与评价

小朋友们的作品可真棒！短短的时间里就画出了一幅幅充满节奏和美感的作品，让我们一起来评一评吧！请选出"最美格子"奖和"小小格子国王"奖。并且完成下列评价单：

评　　价　　单			
内　　　容	自　评	互　评	师　评
欣赏并理解作品的艺术特色和独特美感	☆☆☆	☆☆☆	☆☆☆
学会像蒙德里安一样表现富有美感的格子	☆☆☆	☆☆☆	☆☆☆
结合蒙德里安笔下的格子表现生活中的景物	☆☆☆	☆☆☆	☆☆☆
通过创作和展示，更热爱自己的生活	☆☆☆	☆☆☆	☆☆☆

三、挖掘资源　研发课程体系

以"美术馆进课堂"视频软件设备为蓝本，由校艺术领导小组牵头，聘请市、区层面专家指导，我校美术教研组六位教师编写，最终出版了校本课程资源《我向大师致敬》和《艺术创想家》。

这两本校本资源充分巧用"美术馆进课堂"视频软件设备，开发系列美术课程，让优质的美术学习资源走进课堂，打破学生美术学习的时间与空间限制，拓宽美术学习的内容。通过阶段性的实施，事实表明，该课程取得了良好的效果，有效地使学生从欣赏大师的经典作品中提升了审美素养与创作能力。

艺术是抒发情感的很好手段之一，尤其是对情感表达欲望强、表现手法大胆的儿童来说，而对于受到资源条件影响的农村学校学生来说，只要提供一个好的资源和渠道，帮助他们打开艺术眼界、打开审美意识、打开创作思维，他们同样也可以吸收并探索出一条艺术之路。

阶段性的实施表明，该课程取得了良好的效果，依托虚拟艺术馆让学生领略了不同大师的经典作品，不但使学生拓宽了艺术视野，更重要的是帮助学生形成了正确的审美思维和创作能力，不是由老师和课本来定义经典作品一定就是美的道理，而是由学生在与大师"心灵互动"的过程中，自己学会去判断和体会作品"美"的来源和艺术特点，从而对作品有新的认识。学会从自己的生活中获取艺术创作的灵感，懂得如何像大师创作经典作品一样来描绘生活之美，并把自己的思想感情融入作品中，将"美"内化。

授之以鱼，不如授之以渔。作为教师应该教授学生欣赏美的方法，并形成自己的审美思维和创作能力，这才是美术教育的真正意义。当然，在学生发展得益的同时，身为教师的我也得到了成长，通过课程的设计和教授，也提高了我的艺术科研能力，同时也从这些经典作品中提升了自我的艺术精神与教育追求。

线上教学"三部曲"，云上诗会暖人心

——以四年级下册第三单元《轻叩诗歌大门》教学为例

上海市浦东新区塘桥第一小学　沈静文

疫情当下，停课不停学，如何才能最大限度让学生学有所获，如何打造积极高效的线上互动课堂，是我思考的问题。

四年级下册第三单元是诗歌单元，语文要素为"初步了解现代诗的特点，体会诗歌表达的感情"，安排了主题为"轻叩诗歌大门"的综合性学习活动。本次综合性活动依托本单元的课文学习展开，分步骤依次推进：根据课后的"活动提示"，多途径收集诗歌，做好摘抄记录；尝试创作现代诗，表达自己的感受；根据学生收集、创作的诗歌，以合作编诗集、举办诗歌朗诵会等形式展示成果。

本文以"轻叩诗歌大门"教学组织为例，分析并阐述如何利用晓黑板、腾讯会议等平台进行线上教学互动，弹好线上教学"三部曲"，办好云上诗歌朗诵会。

一、精心酝酿"前奏曲"

（一）小粉丝先行，粉丝暖场掀热潮

疫情期间，学生各自在家学习，只能依赖网络进行沟通。线上交流隔着屏幕，如何才能调动学生参加本次线上诗歌朗诵会的积极性呢？

我启动了自己的"粉丝团队"，让那些线上学习自律积极，平日里喜欢围着老师转的同学，通过班级微信群把小伙伴们联系起来，让学生带动学生。这群活泼可爱、活力无限的"小粉丝"在晓黑板讨论群上课期间，积极参与本单元的诗歌学习活动，踊跃发言，积极投稿，激起全班学生学习诗歌的兴趣。

通过发挥"粉丝效应"，为即将到来的云上诗会暖场，烘托学生学习诗歌的热情，掀起收集诗歌、阅读诗歌、创作诗歌的热潮。

（二）用好课文练习册，仿写创作诗歌

光有学习诗歌热情还不够，我继续引导学生利用人人手头都有的课本、练习册等资料，独立自主进行诗歌仿写、创作。例如：《白桦》一课的练习册中，第四题为：读一读，注意加点的部分，再仿照写一写。

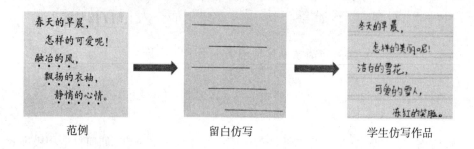

| 范例 | 留白仿写 | 学生仿写作品 |

我运用补充留白的方法，引导学生进行仿写。学生完成创作后，我再用好晓黑板这一平台，开设"云上诗歌收集会"讨论群。学生可以在讨论群内利用晓黑板自带的发图片、发文档等功能，投稿自己创作或仿写的诗歌。

对收集到的学生诗歌作品进行归类整理，将相同题材的创作归为一类。如：将描写四季的诗歌归为一类，将描写节日的诗歌归为另一类。通过对诗歌分类，不仅能拓宽学生对诗歌创作的对象、情境和内容的构思范围，还能为之后的诗歌创编奠定基础。

（三）指导收集资料，汇总归类

疫情期间，学生们无法走出家门查阅收集与诗歌相关的资料和书籍。考虑到学生居家学习所面临的困境，我提前录制好上网搜索资料的操作流程，以微课视频的形式，"手把手"教给学生收集资料的两种方式。

方式一：收集相同作者的现代诗歌。指导学生收集本单元诗歌作者的其他短诗，选择自己最喜欢的诗歌，认真地抄写在摘抄本上。须提醒学生，勿遗漏作品的名称和内容，并要注意形式和排版的美感。

方式二：收集同时代的其他作者的现代诗歌。引导学生拓宽诗歌阅读的范围，拓展诗歌赏析和学习的外延，助力学生感悟现代诗的丰富意蕴，增强学生的情感体验。使他们在收集诗歌的过程中，潜移默化间学习诗歌创造性的表达。

由于资料收集的途径不同，内容类型不同，整理起来比较杂乱。于是我再次以微课视频的形式，"手把手"引导学生制作资料卡，通过整理资料卡的形式总结诗歌

信息,感悟诗歌丰富的情感,理解诗歌更深层次的内涵,为云上诗歌朗诵会做好充足准备。至此,课前精心酝酿的"前奏曲"已准备到位。

二、深情演绎"进行曲"

本次云上诗歌朗诵会在腾讯会议上直播举行。我提前预定好直播间后,利用晓黑板的通知功能发布会议号。学生复制号码进入诗歌朗诵会的直播课堂。

进入直播间后,我要求每位学生打开摄像头,端正地坐在镜头前。这样不仅让老师看到学生上课的精神面貌,更能让全班同学们见到彼此亲切的伙伴,这样一来,线上课堂顿时拉近了彼此的距离。

(一)回顾单元我来思

直播伊始,我通过镜头与学生们课前谈话,调动课堂氛围,提高学生线上课堂的注意力。出示课件,回顾本单元已经学习的课文《短诗三首》《绿》《白桦》《在天晴了的时候》,请学生们思考并复习现代诗歌的特点。

(二)云上诗集齐分享

1.扣号上线,积极有序

我开启屏幕共享,向全班展示收集整理到的学生诗集,并邀请学生朗诵自己的诗篇。

线上分享伊始,我把朗诵会的主动权交还给学生,不再是老师指名让学生发言,而是鼓励学生踊跃"云举手":通过在评论区扣数字来"抢位"。第一位扣出老师直播中语音给出的正确数字的同学,可以抢先获得分享的机会,以此来决定每个同学出场的顺序。在聊天区扣号"抢位"的方法,不仅能增强学生的参与感,还能把举手发言的主动权交到学生手里。同学们跃跃欲试,纷纷扣号,让云上朗诵会的气氛活跃起来。

2.师生互动,共屏讲解

学生上麦后,我随即调整课件到该生的诗集页。先让该生介绍他的作品,再请该生朗诵分享,提醒并指导学生根据诗歌意境、情感需要,调整语速、语气。

我利用共享屏幕,紧跟孩子的朗诵发言,边听边圈画备注,师生共赏诗歌。遇到格外优秀的作品分享,我也会抓住机会,及时拓展讲评。线上教学中运用平台自带的共享投屏等功能,不仅能让作业展示具有及时性和便利性,还能有效地让优秀作业起到榜样作用。学生作业经过赏析和展评后,同学们模仿优秀作业进而展开诗歌创作的积极性油然而生。

3. 有效聆听,生生"暖"评

线上教学中,学生的学习状态容易松弛,尤其是班级里自控力较差的学生,注意力更加容易涣散。这就要求在云上诗歌朗诵会中注重多形式的交流,运用多样化的评价方式,加强有效聆听,提升参与度。

本次云上诗歌朗诵会的评价方式,除了有传统课堂里的自评、老师评、指名学生评之外,我引导学生在聆听同学发言和朗诵时,利用腾讯会议直播间的聊天功能,以表情包的形式为同学"云送花""云鼓掌"。云上诗会顿时热闹无比,小听众们在聊天区的呐喊和鼓励,让发言的同学更加自信。

生生"暖"评,互动不停。多样化的评价方式,不仅让课堂聆听更高效,更让每一位学生化身"大众评审",都能获得上线点评发言的机会,以儿童的眼光来读诗、评诗、赏诗,选出自己最喜欢的或者印象最深的作品。

(三)小试牛刀我挑战

诗歌源于生活,是人们对生活的情感抒发,诗歌创编也应回归生活。

结合当下疫情居家的现状,我发起了"以爱为笔、以诗暖心"的诗歌创编活动。引导学生回顾本单元所学诗歌的表达和写作的方法,并试着学习诗歌的写作手法创编一首现代诗,记录自己在居家生活期间看到或听到的感人故事。

联想到小区里每日为大家忙碌着、奉献着的"大白"志愿者们,学生们心潮澎湃,纷纷有感而发,用现代诗来致敬每一位在抗疫中无私奉献的平凡却伟大的英雄。一首首暖人心的抗疫诗歌呼之欲出:

致逆行者

2022年的春天,

是个不平凡的春天,

病毒肆虐了我们的城市。

是谁在逆境中战斗?

是你们啊! 白衣战士!

你们是最美的天使。

你们是最亮的星星。

你们与时间赛跑，

你们与病毒斗争。

我相信，我们定会战胜疫情，

因为我们有你们！

——张昕伊

向你们致敬

2022年正当人们满怀喜悦，

准备拥抱春天的时候。

冠魔再次悄然无息地肆虐起申城。

春天瞬间变得寒冷起来。

一场没有硝烟的战争开始了。

看，他们来了！

他们放下了个人的安危，

他们放下了自己的小家，

他们就是最美逆行者。

医生、护士、志愿者们等一群群可爱的人，

带着温暖和安慰来到了我们的身边。

逆行者们用他们的汗水和血肉之躯，

为我们筑起坚实的壁垒。

我们相信美好的春天终将来临。

我们也祝福这些逆行者们。

并说一声——辛苦了！

向你们致以最崇高的敬礼！

——孙偌惜

三、课后总结"推进曲"

根据学生集体的投票，以及学生线上参与情况和作品质量，在本课的最后列出了朗诵会的表扬名单,授予"小诗人"称号并给予一定的积分奖励。

我"乘胜追击",将本次线上诗歌朗诵的作品整理成一本班级诗集。在第二天的语文课中,将诗集发布在晓黑板的讨论群中,学生们十分惊喜!线上诗歌朗诵会的成功举办,为疫情之下的居家学习生活,增添了一份温暖的诗意。

云上诗会,不仅提高了学生诗歌朗诵的水平,更拓展了诗歌的阅读量,促进了对诗歌内容和感情的理解。令我更加惊喜的是,学生们在创编诗歌的过程中享受到了作品诞生的喜悦,并尝试着用诗歌去表达内心个性化的情感。

线上诗歌朗诵会是对传统诗歌教学的突破,是一种创新的综合性学习活动,更是一次贴近学生实际的线上生活教育。疫情之下的线上教学,关注学生生活实际,贴合"空中课堂",有针对性地运用不同教学组织方式重组设计,弹好线上教学"三部曲",办好云上诗歌朗诵会,诵诗抒怀,以诗暖心,奏响线上综合性学习活动的新乐章。

网络环境下作文教学的探索

上海市浦东新区进才实验小学　殷月丽

【摘　要】在网络环境下进行作文教学,是教者借助于网络并运用网络资源来调动学生的写作兴趣、拓宽学生的写作思路、丰富学生的写作素材、提高学生的写作能力的一种新型的作文教学形式。作文课因网络而精彩,呈现的问题也随之而来。本文主要从网络环境下作文教学优势的分析、实施策略的探究及由此而带来的几点思考几个方面来谈。

【关键词】网络环境　作文教学

一、网络环境下作文教学优势分析

1.借助网络,培养观察分析能力

计算机对培养学生的观察力独具优势。它不仅能打破时间的界限、地域的阻隔,将事物展现于学生面前,而且可将文字、声音、图像直接形象地显示出来。例如,指导观察校园的细叶榕,我们用希沃或者微信搜一搜、抖音等视频网站搜索关于细叶榕的图片或者小视频,亦可用摄像机把细叶榕摄录下来,通过剪映等视频编辑软件剪辑,然后在屏幕上播放,先采用远镜头让学生观察整体,再用分镜头看它的干、枝、叶,指导学生掌握"从整体到部分"的观察方法,然后进行叶的特写,让学生观察叶的颜色、形状,最后播放树的静态与在风中摇曳时的动态,指导观察细叶榕在静态与动态时的不同情景。这样,学生观察有序细致,写起来也就言之有物、言之有序了。

2.借助网络,捕捉作文素材

在平时生活中,不乏感人的习作材料,或看到的听到的,或亲身经历的,只是没及时记下而轻易地"放"走了,待到要"用"时,印象淡忘了。平时,我们勤于把广播操、升旗仪式、运动会等常规活动拍摄下来,还时常根据作文训练要求,摄录参观访问、社会活动等有关场景,唤起学生的回忆,并进行观察、交流、口述、评议等教学活动,自然就降低了写作难度,学生写出的作文也就容易做到内容具体、感情真挚了。

3. 借助网络,拓展写作思路,培养思维的多向性

通过再现现场,能较好地解决怎样写的难点,为学生描述创设条件。由于再现现场,使观察的对象比较集中,观察的时间比较充裕,学生有充分的感知过程,还可以在再现的场景中自选画面,从各个不同的角度描述事物,这样既培养了思维的独创性,又培养了思维的多样性。如指导学生写"春天",为了丰富学生的感性认识,课前组织一次"找春天"活动,并把富有春天特征的植物(花、草)、动物(小鸟、蝴蝶)、人(穿上春装的小朋友)、天气(太阳、风)摄下来。当把这一切借助计算机再现在学生面前时,学生的思路一下子拓展了,他们从不同的角度,选择了不同的内容,用自己的语言把春天的美景描述得生动传神。

4. 借助网络查询,组织网络主题作文

电脑网络为我们提供了一个相当便利的查询功能,在这里我们只要输入几个关键字,它就可以帮助我们找到所要查阅的一切资料。在平常的作文教学中,指导学生选材构思,教师口头的讲解,不仅要花费很多的时间,而且会让学生听得厌烦,收效甚微。而电脑网络作为媒介用于作文教学中,可以利用它的查询功能及学生对电脑网络独有的兴趣爱好,来帮助学生进行习作,既方便快捷地查阅信息,又能拓宽学生的写作思路,激发学生的写作兴趣,丰富学生的写作素材,何乐而不为呢。为了找到它们两者间的结合点,笔者做了大胆的尝试——组织网络主题作文。

例如,疫情期间我们要写一篇写景的文字,我选了《桂林山水》作为范文,学生在学完《桂林山水》之后,都陶醉于课文描述的桂林景色。这时,有位同学突然问我:"老师,我们想看一看桂林的风景,可以吗?"这个问题触发了我的灵感,迫于无法将学生全部带到桂林去,又为了满足同学们的需要,我安排学生上网搜集桂林的资料,到网上去看一看桂林的山、桂林的水。很快,学生们来到了"桂林旅游网",目睹了桂林的山山水水,满足了自己的需求。正当学生看得入神时,我借这一契机,安排学生写一篇以"网上游____"为主题的作文。这一来,学生的思路活了,大家争相寻找各种资料,"游历"祖国大好河山,并且在相关平台分享给老师、同学。教师也给学生推送了自己制作的短视频,作为导学资源,启发学生思考。学生写作的兴趣油然而生,不再没东西写了。相反,这次的作文感情丰富、文采飞扬,令我惊叹。

同时,电脑网络也为我们的作文提供了丰富的写作资源。我们应当充分利用这一有利的网络资源为我们的作文服务。比如,北京冬奥会成功开幕之后,年幼的学

生非常关心冬奥会的情况。于是,我指导学生通过抖音、快手、百度等自媒体平台,通过关键字检索,搜索资源并及时进行分享。学生在老师的指导下搜索到大量有关奥林匹克运动的信息和短视频,对冬奥会先有一个系统的了解,看到了谷爱凌、苏翊鸣的飒爽英姿,也为运动员们的拼搏精神所感动。在此基础之上,再结合自己的想象和展望,以"2022年的北京冬奥运"为主题进行创作。

5. 借助网络,引导学生学会评改

好文章是改出来的。《语文新课程标准》指出,作文评估可以是书面的,也可以是口头的;可以用等级,也可以用评语表示,还可以综合运用多种形式评价。作文评改是作文教学的重要一环,但在我们日常习作评改中,不少教师花费大量时间,带来繁重的工作负担,付出与收获不成正比。利用网络技术手段评改作文,能大大提高评改的效率。

在疫情期间网络教学评改作文时,我利用钉钉和晓黑板直播的方式,指导学生自改,学生在自改中感悟语感,体会遣词用句的准确性,训练思维逻辑能力。采用多种评改方式。老舍说:"念一念,那些不恰当的字句、不顺口的地方就都显露出来了。"发现存在问题,及时通过网络反馈给学生,进行针对性评改;还可以将有代表性的作文,共享在屏幕上,师生共同对文章内容、遣词造句乃至标点符号进行修改,评改过程中,展现修改的每一步骤,把原文和修改稿进行比较对照,使学生对正误了然于胸,大大提高了作文讲评的质量,培养了学生自己修改作文的能力。我还常常把学生的优秀习作显示在屏幕上,作为范例讲评;把典型的病例显示在屏幕上供大家分析、推敲、修改;从一般的习作中找出精彩的词、句、片断显示在屏幕上供大家品味、欣赏……另外运用电脑,还可以让学生把自己认为满意的作文存盘建档,随时取出自己的作品进行对比、分析。习作批改不是写作的结束,教师还应想办法让学生展示自己。比如班级设立作文园地、汇集佳作打印成册、定期召开佳作朗诵会。在家长会上,每个学生向全体家长宣读自己满意的作品,设立班级习作展示公众号等,让学生在展示中得到肯定与鼓励,增强信心,感受习作的成功与快乐。

借助网络平台,进行互评作文,充分发挥了学生的主体作用,让学生在活泼自由的气氛中,不知不觉提高了自己的写作能力和文章的鉴赏能力,丰富了审美情感,体会到了文学的美感。

二、网络环境下作文教学实施的策略

1. 寻找平台——为学生提供素材

给学生提供大量的写作素材,建立学生作文网站是至关重要的。网络作文

教学实施的前提是专题学习网站的设计、开发、建设与管理。网站的设计制作要满足学生学习的需要，页面的设置必须有良好的交互性，可供学生自主选择学习内容。教师把各种教学内容制作成网页，组成网站，存放到 Web 服务器上。利用浏览器，学生可随时在专题学习网站和因特网上获得所需要的信息和进行网上交流。

也可依托一些平台实现这一操作。例如我们平时使用的晓黑板等平台，网课教学时就充分发挥了这一作用。老师可以把搜集到的资料，例如视频、图片、各种优美的词句乃至自己用喀秋莎、EV 等录屏制作的短小视频片段上传到晓书包，同学们能对搜集到的写作素材进行剪切、粘贴、整合；能通过计算机输入，在网络上发表自己的习作；能通过"评改天地"相互评改、交流习作。学生在明确了学习任务和目标之后，可按照作文教学内容及要求，点击搜索引擎、专题网页上的"素材仓库"或教师提供的相关链接网站，根据自己的兴趣和爱好自主选择素材欣赏，从而获得所需的信息。

2. 引导上网——选择素材

光有网站是不够的，还要引导学生如何上网，让学生在网上选择自己所需要的素材。因为网上的素材可以说是图文并茂、五彩缤纷、丰富多样，这就必须有一个筛选的过程。如在教学"写一种动物或植物"的作文时，首先引导学生在网上查阅相关资料；然后对这些素材进行筛选；再看看名师是怎样指点迷津的；紧接着找一找有没有自己需要的语段或优美词句；最后还得走出网络，走向生活，和生活中观察的动植物进行比较，抓住特点，优化组合。网上资料加上生活实际，再注入自己的真情实感，便是你理想的作文。

学生在明确了作文话题和写作目标后，带着问题分组或独立，各有侧重地利用搜索引擎自主地搜集网络资料，充实作文素材。在搜索中，有时找到的内容量极大，而阅读时间有限，有时所需的资料又会很少。这时，需要在教师的指导下，学生通过网络进行各种形式的协作学习，发挥自己的聪明才智和想象，结合各自的特点，通过微信、QQ，或到指定的论坛、平台（如校园网论坛、晓黑板）进行讨论。通过这些交流，学生们互通有无，共同解决碰到的问题。例如要写"茶"这个话题，学生可以借助 Google、百度等网络搜索引擎，通过关键词如"茶""茶之乡""茶文化"等进行查找所需的网络信息，进行浏览和阅读，并引导学生就此在网上展开交流和讨论。这样，教师和每位学生的思维和智慧就可以通过网络被整个群体共享，从而共同完成作文知识的意义构建。

3. 教给方法——活用素材

网络虽然提供了不少素材,但毕竟和学生生活实际有很大的差距。学生在作文时,不能照搬照套网上的素材,必须活用素材。如在教学"小花猫和小白兔"时,先让学生比较观察网上提供的各式各样的小花猫和小白兔后,再联系生活实际进行口述。同学们有的说,小花猫的眼睛在暗光下,总是瞪得大大的、圆圆的,并且眼珠子是绿绿的,绿得像两颗绿灯泡;在强光下,小花猫的眼睛就眯成了一条线。而小白兔的眼睛也是圆圆的,眼珠子是红红的,像两颗红珍珠。有的说,小白兔的耳朵是长长的、尖尖的,还会转动,特别灵活。而小花猫的耳朵是短短的,不能转动。有的说,小白兔的四肢是前腿短、后腿长,跳跃式走动。小花猫的脚心有肉垫,走路很轻,便于捉老鼠。还有的说,小白兔全身是雪白的毛,而小花猫身上的毛,是黄、白、黑三种颜色,像穿了一件花衣服,挺好看的。学生为什么能够说得生动具体呢? 是因为网上提供的画面就是这样清楚明白,再加上学生的生活实际的体验,才有这样的效果。

4. 勇于创新——加工素材

"创新"是新概念作文所要追求的目标,但它又不同于成人的文学创作。小学生的习作主要特点,就是把生活中所看、所听、所想、所感,用纪实的手法来表达。然而,要使文章有新意,不是人云亦云老生常谈,就必须做到:立意新、构思巧、语言美,既有实,又有虚,虚实结合,巧夺天工——这就是语文课程标准所要求的写文章要有一定的联想和想象。只有这样才能写出高质量的文章来,只有这样才能提高学生的写作能力。

网上的资料虽然经过老师的精心设计和技术加工,所提供的素材都是学生要写的主要内容,看起来只是照录纪实,不需要什么想象,但实际上文章要写得生动、形象、具体,还必须进行创新,合理加工,合理想象。只有合理想象,才能拓展学生的写作思路。如在指导学生说写"小花猫"时,本来在网上资料中看不到猫捉老鼠的情景,也不知道猫的胡须是管什么用的,同时,也看不到它平常是怎么玩耍的。这就必须把生活实际联系起来,进行合理想象。结果同学们的想象不但合理,而且十分丰富。有的说,猫的胡须是用来探测什么的;有的说,是用来量鼠洞大小的;有的说,猫捉老鼠时,眼睛瞪得又大又圆,在鼠洞前耐心地等待着老鼠的到来,当老鼠出现在眼前时,猫以迅雷不及掩耳之势,就逮住了老鼠。当它把老鼠捉到了,玩弄一阵子后才美美地饱餐一顿。

诚然,在网络环境下进行小学作文教学,还有很多值得思考和存在的问题,比如老师和学生用网络的能力参差不齐、学校的电脑硬件不跟上、学校没有作文网的平台等问题都将制约网络作文教学的进行。但我们坚信，网络作文，对学生的影响是很大的。当然提高学生的写作能力不局限于网络技术，它的途径很多。实践证明，网络引进课堂，对提高学生的写作水平，成效是显著的。

社会性科学议题（SSI）教学的设计与研究

上海市浦东新区罗山小学　潘晶靓

【摘　要】科学技术的进步对人类社会生活产生了深远影响，具有争议性的社会性科学议题（SSI）越来越引起了社会大众的关注和讨论。将SSI议题与科学类课程相结合可帮助学生在学习科学知识的同时，从更全面的角度思考实际生活中的问题，培养学生的科学本质观、科学论证能力、非形式推理能力等综合科学素养。本文分别研究和归纳了SSI教学领域的教学模式和教学策略，并以"外来人口"相关教学内容为载体，融合"外来人口对上海发展的利弊"这一SSI议题进行了教学设计，通过实际课堂实施进行了课程优化和探讨，对一线教师开展SSI教学实践具有指导借鉴作用，尤其是在议题选择、课程设置、教学设计等方面。

【关键词】社会性科学议题　科学教学　SSI课程设计

随着社会科学技术水平的发展与进步，"转基因食品是否安全""克隆人的利弊""工业发展与环境保护的矛盾"等问题也随之出现，这些具有争议性、复杂性、开放性、两难性等特点的问题被称为社会性科学议题（简称SSI）。

在教育领域中，把社会性科学议题融入科学教育的想法，已经在国际科学教育界和许多国家的文件中得到了认可。以社会性科学议题为主题进行教学或在教学中引入社会性科学议题，并融合学科特点，在学习科学知识的同时，有助于提高学生对于科学与社会相互作用的理解，引导其将科学知识与实际生活联系起来，并结合社会、经济、道德、伦理等，从更高的层面看待社会问题，更好地理解学习科学知识。本文研究了SSI课程的教学模式和教学策略，以"外来人口对上海发展的利弊"为议题进行教学设计，将SSI议题融入和运用到科学课堂中，并在实际的教学活动中进行课程设计、优化和探讨。

一、社会性科学议题（SSI）教学模式

不同的教学策略结合成一套教学计划和流程时，就成了一种教学模式，而每一种教学模式都引导着教师帮助学生达成教学目标。SSI教学模式需要考虑教学中的科学本质、课堂讨论、文化问题及实际案例四方面的内容，其中科学本质是学生自身所掌握的科学知识，会影响其对观点的选择和判断；课堂讨论中，通过学生课堂上对议题的讨论、辩论，教师可以观察到学生建构论证的过程、思考议题的角度、所表达的道德情感等；文化问题强调对不同观点、不同地域文化之间，对同伴提出的决策要相互包容、相互尊重；实际案例能够解释议题背后所隐含的科学权威，促进学生伦理道德的发展，借助案例帮助学生从多角度思考议题，倾听不同的声音。

二、社会性科学议题（SSI）教学策略

教学策略是指为完成教学目标而制订的教学程序计划或实施措施，教师在进行SSI教学时，运用不同的教学策略有助于促进学生对本议题的理解和探讨，有助于更好地开展SSI教学，达到更好的教学成效。在进行SSI课程设计时，主要运用的教学策略包括：

1. 新闻批判

通过视频或图片等途径让学生感知真实的新闻、事件，使学生面对真实情境发表自我见解，能够帮助他们感受并表达自己对议题的观点，同时也帮助教师了解他们在争议性议题上的本质观点。

2. 小组讨论

小组讨论是一种学生合作学习的教学活动，是指学生分工合作共同完成同一个学习目标。小组中的成员各自按照自己的能力完成学习任务，随后进行组内交流，分享各自的学习成果。这样的学习方式，被视为一种高阶的认识策略，因为参与该学习活动的过程中必定会产生观点分歧，需要学生相互讨论协调，在这个过程中强化了学生的学习动机、学习理解等。

3. 课堂辩论

课堂辩论是指学生持有各自的SSI议题观点，用一定的理由来口头论述自己的观点，同时指出对方论述中的矛盾，并通过这样的对话方式试图达到对议题观点的共识。组织学生辩论可以使他们获得更多的参与感，同时帮助他们逐渐形成自己的

立场。课堂辩论是SSI教学中最常用的教学策略，也是一个适合鼓励学生探索社会性科学议题较有效的途径。

4.角色扮演

角色扮演是指教师根据议题分配不同的角色给学生扮演，学生从所扮演角色出发重新思考议题。不同的角色能够帮助学生从不同的角度考虑问题，拓宽学生的思考面。此外，课堂辩论配合角色扮演更有利于学生对议题理解的提高，并产生情感迁移作用，根据角色与议题关联发生情感或评价的转变。

三、社会性科学议题（SSI）教学课程设计

根据对SSI教学模式和教学策略的研究学习与自身理解，从科学课堂教学入手，选择的SSI议题是社会性较强的内容。研究对象是上海市小学五年级学生，该年级学生已经有了一定的认知基础。从学生的生活环境考虑，上海作为国内一线城市，外来人口流动较为普遍，学生对这一现象或多或少有所认知。因此，结合SSI议题本身的特点等各方面因素，确定了"外来人口对上海发展的利弊"为教学议题。在教学设计中运用适合SSI课程的教学策略，设计一个初步的SSI课程教案，经由多名在职科学教师等的讨论，修改SSI课程教案，确定教案初稿。

随后选择一个与实验班水平无明显差异的班级，利用设计的SSI课程教案初稿进行课堂试教。试教的课堂效果较好，整体教学流程顺畅，过程中发现有四个问题：第一，学生对于SSI社会科学议题这一概念相当陌生，需要教师加以解释和举例说明，所以在第一课时的教学设计中增加了教师对SSI社会性科学议题的解释环节；第二，由于学生很少面对有争议、开放性的问题，所以在选择立场时，出现了一面倒的现象，需要教师强调议题答案的不唯一性，引导学生坚定自我立场；第三，大多数学生接触辩论极少，不熟悉辩论规则，需要教师讲明辩论规则，主持辩论赛，因此在第一课时结束时，下发的学习任务单中，特别增加了辩论规则的说明，让学生在辩论前能够熟悉辩论规则；第四，由于学生较少或几乎没有接触过类似于SSI课堂教学模式，而传统教学往往使学生处于一个比较被动的学习状态中，因此教师必须要根据课堂任务设计相对应的学习任务单来驱动和引导，辅助学生学习。综上，根据试教情况，对SSI课堂教案初稿进行再次修改。经过这样一个迭代的过程，最终确定用于课堂实验干预的SSI课程教案。SSI课程共四个课时（见表1）：

表1 SSI教学课程设计

教学阶段	课时安排	教学目标	教学内容	教学策略
确定立场	第一课时	1. 认识社会性科学议题； 2. 熟悉"外来人口"议题； 3. 确定立场	a. 认识社会性科学议题 b. 通过视频新闻案例等引出议题 c. 理解人口专业名词及相关人口政策 d. 交流各自对议题的立场 e. 布置辩论任务	教师讲授 视频播放 小组讨论
小组辩论	第二课时	1. 熟悉辩论规则； 2. 通过辩论，对议题深入思考	a. 强调辩论规则 b. 以小组形式开展辩论活动 c. 布置角色扮演任务	教师讲授 小组辩论
角色扮演	第三课时	通过不同的角色从不同角度思考议题	a. 说明角色扮演的要求 b. 学生进行角色扮演 c. 各小组角色间进行辩论	小组讨论 角色扮演 组间辩论
议题总结	第四课时	更全面地思考议题	a. 全班辩论并总结 b. 教师补充总结	全班辩论 学生总结 教师补充

1. 第一课时：确定立场

（1）认识SSI社会学科学议题

教师首先让学生了解什么是SSI社会学科学议题并举例说明，强调议题没有标准答案、开放性、争议性、多角度等特点。

（2）引出"外来人口"议题

紧接着，先播放了一段关于上海外来人口流动的基本介绍及数据统计的视频，让学生感受上海外来人口的数量已经排名全国第二。再通过观看一些关于外来人口正反面的社会新闻案例和解读几张关于外来人口的生活写照漫画，感性地帮助学生熟悉"外来人口对上海发展有利有弊"这一议题。

（3）理解人口专业名词及相关人口政策

随后，呈现一些关于人口的专业名词和人口的相关政策，例如人口流动、人才引进等专业名词，上海居住证办理政策、随迁子女中高考政策等相关政策。先由学生解释，再由教师补充说明。

（4）交流各自想法，确定立场

学生自由发表对议题"外来人口对上海发展的利弊"的看法，先小组讨论，再全班讨论，最终确立各自立场。这时教师强调议题没有正确答案，引导学生坚定自我立场，不受他人观点的干扰。随后，教师下发立场确认单，学生根据自己的立场勾选。以这样的方式，目的是避免学生确定立场时受到干扰，同时也便于教师协调分组。

第一课时结束时，教师布置辩论任务，讲解辩论规则，同时要求学生课后收集相关资料为下节课辩论做准备。此外课程结束当天，教师结合学生填写的立场确认单及学生的成绩进行分组，尽可能均衡分配。

2. 第二课时：小组辩论

本节课以学生辩论为主，辩论必须熟悉辩论规则，教师在课上再次强调。辩论主要以小组形式展开，组内分成正反两方，正反两方的座位以面对面的形式排布，整个辩论过程由发言立论、相互攻辩、自由辩论和总结陈词四个环节组成，教师作为计时员，控制整场辩论秩序，最后再由各组的正反方代表总结观点，辩论流程见下表2。

表2 辩论流程及用时规则

流 程	程 序	时 间
发言立论	正方一辩发言	2分30秒
	反方一辩发言	2分30秒
相互攻辩	正方二辩提问 反方二辩回答	1分45秒
	反方二辩提问 正方二辩回答	1分45秒
	正方三辩提问 反方三辩回答	1分45秒
	反方三辩提问 正方三辩回答	1分45秒
自由辩论	自由辩论（正方先开始）	8分钟（双方各4分钟）
总结陈词	反方一辩总结陈词	3分钟
	正方一辩总结陈词	3分钟

辩论结束后，教师布置下次课程角色扮演的任务。以现在的辩论小组为单位，每组派一人进行抽签，确认教师设置的角色（某大学外来教授、上海公安人员、外来务工人员、正在找工作的上海大学毕业生、上海保洁阿姨），角色的制定由作者与一名科学老师、一名科学教育专业的研究生综合考虑角色的背景、年龄、文化等因素以及与该议题的相关性，一同商讨确定。要求学生从角色出发，重新考虑"外来人口对上海发展的利弊"这一问题，并在课后收集该角色立场的支撑资料，强调尽可能从正反两方面考虑全面。

3. 第三课时：角色扮演

根据角色（某大学外来教授、上海公安人员、外来务工人员、正在找工作的上海大学毕业生、上海保洁阿姨），课上先组内分享各自观点，总结梳理。随后组间进行角色辩论，每组派一人陈述一个观点，其他组出一人对该观点提出反驳，再由陈述观点小组进行辩护，小组依次轮流进行。

4. 第四课时：议题总结

通过前两节课不同形式的辩论，学生最终确定自我立场，以自己的观点出发进行全班辩论，议题总结，教师在此基础上补充总结，对上节课中各个角色的立场也进行补充总结。强调考虑社会性科学议题往往需要站在不同的立场，需要从各个角度去分析，让学生明白思考问题的方式方法。在整个SSI教学过程中，教师是配角，是引导者、主持者，其作用在于帮助学生思考，鼓励学生大胆发言。

四、经验分享与建议

1. SSI课程设计建议

SSI课程不同于传统课程。首先，它是依托于议题而展开的教学，因此教学议题的选择层面相当广泛且至关重要，可选类别包括环境类（绿色与发展、湿地开发）、伦理道德类（克隆利弊、基因工程）、人类健康类（转基因食品）、能源资源类（核能使用、水电站利弊）等，教师可根据现有学科内容，结合各年级段学生的认知水平，考虑将适合的SSI问题融入教学课堂。其次，在设计SSI课程时应从多形式、多元化的角度考虑，不同形式的课堂活动，例如角色扮演、辩论、小组合作等，不但有利于课程的开展，更能激发学生对SSI课堂的学习兴趣。

2. SSI课程实施建议

课堂实践确实提供了培养青少年论证能力的机会。对于绝大多数人来说，有效论证的使用并非自然而然，而是通过实践获得的。因此，在SSI课程实施过程中，教师应多引导学生在面对两难的社会性议题时,能够坚持自己的观点;多鼓励学生勇于发表自己的看法和见解;给学生更多的肯定,给学生更多的时间和空间思考、表达自己,并更有耐心地倾听学生的言论。

参考文献:

[1] 曹程.大学生论证思考能力的调查分析[D].杭州:杭州师范大学,2012.

[2] 陈菲菲,范锴,陈志伟.社会性科学议题教学对高二学生论证能力的影响[J].生物学通报,2015,50(5):17-21.

[3] 陈允任.社会性科学议题融入高中有机化学STSE教学的研究初探——以"有机合成的巨星PX"为例[J].化学教育,2017,38(7):45-50.

[4] 邓阳.科学论证及其能力评价研究[D].武汉:华中师范大学,2015.

[5] 胡芳祯.小学高年级社会性科学议题教学成效之研究——以土石流发生教学模块为例[D].台中:台中教育大学,2008.

[6] 胡久华,罗铖吉,王磊,等.在中学课堂中开展社会性科学议题教学的探索[J].教育学报,2018,14(5):47-54.

[7] 黄丹燕,李娘辉.高中学生对全球变暖议题的论证能力调查[J].生物学通报,2016(6):20-23.

[8] 靳知勤,吴静宜.国小学童在社会性科学议题教学中的非形式推理改变:以不同条件下之能源决策为例[J].科学教育学刊,2017,25(1):21-46.

图书在版编目（CIP）数据

蔚岚清音：上海市浦东新区进才实验小学教育集团
教师文集. 2022卷 / 赵国弟主编. —上海：文汇出版
社，2023.4
　　ISBN 978－7－5496－4002－7

Ⅰ.①蔚…　Ⅱ.①赵…　Ⅲ.①小学-教学研究-文集
Ⅳ.①G622.0-53

中国国家版本馆CIP数据核字（2023）第042298号

蔚 岚 清 音
——上海市浦东新区进才实验小学教育集团教师文集·2022卷

主　　编 / 赵国弟
责任编辑 / 张　涛
封面装帧 / 梁业礼

出 版 人 / 周伯军
出版发行 / 文匯出版社
　　　　　上海市威海路755号　（邮政编码：200041）
经　　销 / 全国新华书店
排　　版 / 南京展望文化发展有限公司
印刷装订 / 上海新文印刷厂有限公司

版　　次 / 2023年4月第1版
印　　次 / 2023年4月第1次印刷
开　　本 / 787×1092　1/16
字　　数 / 378千字
印　　张 / 21.75

ISBN 978－7－5496－4002－7
定　　价 / 65.00元